Anônima

UMA MULHER EM BERLIM

Anônima

UMA MULHER EM BERLIM

Tradução de
RENATO ZWICK

EDITORA RECORD
RIO DE JANEIRO • SÃO PAULO

2008

CIP-Brasil. Catalogação-na-fonte
Sindicato Nacional dos Editores de Livros, RJ.

M922 Uma mulher em Berlim / Anônima; tradução Renato Zwick. – Rio de Janeiro: Record, 2008.

Tradução de: Eine Frau in Berlin
ISBN 978-85-01-07939-8

1. Guerra Mundial, 1939-1945 – Berlim (Alemanha). 2. Berlim, Batalha de, 1945-. 3. Guerra Mundial, 1939-1945 – Mulheres – Berlim (Alemanha). 4. Guerra Mundial, 1939-1945 – Atrocidades – Berlim (Alemanha). 5. Guerra Mundial, 1939-1945 – Narrativas pessoais alemãs.

CDD – 940.5343155
08-2687 CDU – 94(100)"1939/1945"

Título original em alemão:
EINE FRAU IN BERLIN

Originalmente publicado na Alemanha com o título "Eine Frau in Berlin" pela Editora Eichborn

Impresso no Brasil

ISBN 978-85-01-07939-8

PEDIDOS PELO REEMBOLSO POSTAL
Caixa Postal 23.052
Rio de Janeiro, RJ – 20922-970

Prefácio

Os apontamentos da autora referentes ao período de 20 de abril a 22 de junho de 1945 preenchem três cadernos escolares com uma escrita compacta. A partir de julho de 1945, ela começa a transcrever esses cadernos à máquina para um amigo. Ao fazê-lo, apontamentos se transformam em frases. Alusões são esclarecidas, lembranças inseridas. Folhas soltas cheias de rabiscos encontram o seu devido lugar. O resultado são 121 páginas de acinzentado *Kriegspapier*[1] datilografadas em espaço um. Anos depois, elas chegam às mãos de conhecidos da autora, entre eles o escritor Kurt W. Marek (C.W. Ceram), para quem tais páginas, ultrapassando a vivência pessoal, constituem o documento de uma época. Ele entrega o texto a um editor de Nova York. Este publica uma tradução no outono de 1954. No verão de 1955, segue-se a edição inglesa. Desde então, foram publicadas traduções em sueco, norueguês e holandês, em dinamarquês e italiano, em japonês e espanhol, em francês e finlandês.

A recepção compreensiva de seu relato em tantos países, assim como a sua confiança na força curativa do tempo desde então transcorrido levam a autora a aprovar também a publicação de uma

[1]Papel de má qualidade, com elevado índice de acidez. Literalmente, "papel de guerra".

edição alemã. Por deferência às pessoas mencionadas, todos os nomes próprios e numerosos detalhes do manuscrito foram alterados ou trocados. É decerto compreensível a qualquer leitor o fato de que a autora deseje permanecer anônima. Sua pessoa, aliás, não tem importância, visto que aqui não se descreve um caso isolado de maior interesse, mas um cinzento destino coletivo de incontáveis mulheres. Sem o seu testemunho, a crônica de nossa época, até agora escrita quase exclusivamente por homens, seria unilateral e incompleta.

Crônica iniciada no dia em que Berlim se defrontou pela primeira vez com a batalha.

Sexta-feira, 20 de abril de 1945, dezesseis horas

Sim, a guerra vem rolando em direção a Berlim. O que ontem ainda eram resmungos distantes, hoje é um rufar contínuo. Respira-se o ruído da artilharia. Os ouvidos ensurdecem e escutam apenas os tiros de maior calibre. Há muito já não se pode mais precisar uma direção. Vivemos dentro de um círculo de canos que diminui a cada hora que passa.

Entrementes, horas de silêncio sinistro. De súbito, nos damos conta de que é primavera. Através das ruínas do bairro popular enegrecidas pelo fogo, o perfume dos lilases sopra em nuvens vindas dos jardins sem dono. O tronco de acácia em frente ao cinema está coberto de verde. Em algum momento entre um alarme e outro, os hortelões de Schreber[2] devem ter cavoucado, pois junto à vegetação da Berliner Strasse vemos a terra afofada há pouco. Apenas os pássaros desconfiam desse mês de abril; não há um só pardal em nossa calha.

Por volta das três, o distribuidor de jornais estacionou diante da banca. Duas dúzias de pessoas já o esperavam. Em pouco tempo ele desapareceu entre mãos e moedas. A Gerda do porteiro apa-

[2]"Hortelões de Schreber": em alemão, *Schrebergärtner*, termo para designar quem fosse proprietário de um *Schrebergarten* ("jardim de Schreber"), pequeno jardim ou horta para trabalhadores que fazia parte de uma *Gartenkolonie* ("colônia de jardins") nos subúrbios. Tais colônias foram idealizadas pelo médico e pedagogo Daniel Gottlob Moritz Schreber (1808-1861).

nhou uma mancheia de "edições da noite" e leu uma para mim. Não há mais nenhum jornal propriamente dito, apenas uma espécie de edição extra, impressa de ambos os lados e bastante úmida. Depois, li primeiro o informe da Wehrmacht.[3] Novos nomes de lugares: Münchenberg, Seelow, Buchholz. Soam malditamente brandemburgueses[4] e próximos. Um olhar fugaz ao front ocidental. Que nos importa ele agora? Nosso destino vem rolando do leste e mudará nosso clima como um dia o fez a era do gelo. Por quê? Nós nos atormentamos com perguntas estéreis. Agora eu quero ver apenas o dia, as tarefas imediatas.

Em torno da banca, grupos de pessoas por toda parte, rostos pálidos, burburinho:

— Não, quem teria imaginado isso.

— Um pouquinho de esperança, assim ó, todo mundo ainda tinha.

— Essa coisa não chegará até nós, só vamos sentir o cheiro.

E, com respeito ao oeste da Alemanha:

— Aqueles têm sorte. Acabaram escapando.

Ninguém mais pronuncia a palavra "russos". Ela não quer escapar entre os lábios.

No sótão, outra vez. Ele não é minha casa. Não tenho mais casa nenhuma. Claro que a peça mobiliada que me foi tirada pelos bombardeios também não era minha. Ainda assim, ao longo de seis anos eu a preenchi com a atmosfera de minha vida. Com os meus livros e quadros e as centenas de coisas que acumulamos em torno de nós. Minha estrela-do-mar do último verão pacífico em Norderney. A tapeçaria que Gerd me trouxe da Pérsia. O despertador amassado. Fotos, cartas antigas, a cítara, minhas moedas de doze países, o tricô começado — todas as recordações, peles, cascas, sedimentos, os cálidos trastes dos anos vividos.

---

[3]O conjunto das forças armadas alemãs de 1921 a 1945.

[4]Alusão ao estado fronteiriço de Brandemburgo, em cujo centro se localiza Berlim.

Agora que tudo se foi e só me resta uma mala de mão com roupas, me sinto nua e leve. Por não ter mais nada, tudo me pertence. Por exemplo, este sótão desconhecido. Quer dizer, ele não me é de todo desconhecido. O proprietário é um ex-colega meu. Quando ele ainda não havia sido convocado, fui sua convidada com freqüência. Fazíamos negócios apropriados à época: sua carne em conserva dinamarquesa em troca de meu conhaque francês; meus sabonetes franceses em troca das meias que ele conseguia em Praga. Pouco depois de perder tudo no bombardeio, ainda consegui entrar em contato com ele e recebi permissão de me mudar para cá. Suas últimas notícias vieram de Viena, onde ele estava retido numa repartição de censura da Wehrmacht. Onde ele está agora? Em todo caso, os sótãos são pouco procurados. Além disso, chove para dentro, pois parte das telhas está quebrada ou foi deslocada pelo vento.

Não encontro sossego aqui em cima, troto sem parar pelas três peças. Examinei sistematicamente todos os armários e gavetas em busca de coisas úteis, ou seja, comestíveis, potáveis, combustíveis. Infelizmente, não encontrei quase nada. A senhora Weiers, que fazia a limpeza aqui, decerto adiantou o trabalho. Agora tudo pertence a todos. As pessoas estão ligadas às coisas apenas de um modo frouxo, não distinguem mais claramente entre os bens próprios e os alheios.

Presa na fresta de uma gaveta, encontrei uma carta destinada ao proprietário. Envergonhei-me de lê-la, e contudo a li. Uma carta apaixonada, que joguei no vaso para depois dar a descarga. (Ainda temos água a maior parte do tempo.) Coração, dores, impulsos, amores. Que palavras distantes, estranhas. Obviamente, uma vida amorosa refinada, exigente, pressupõe refeições regulares e satisfatórias. O meu centro, enquanto escrevo isso, é a barriga. Todo pensamento, sentimento, desejo e esperança principia com a alimentação.

Duas horas depois. O gás queima numa chamazinha moribunda. As batatas já estão há horas sobre ela. A batata de aguardente[5] mais miserável do país, ela se desfaz numa pasta e tem gosto de papelão. Engoli uma delas meio crua. Já estou me empanturrando desde hoje cedo. Com Bolle, troquei os cupons de leite azul-claros que Gerd me mandou por ocasião do Natal. Estava mais do que na hora. A vendedora já segurava o jarro de viés ao tirar seu conteúdo e disse que agora não haveria mais fornecimento de leite em Berlim. Isso significa a morte das crianças.

Tomei alguns goles ainda na rua. Em casa, enchi o estômago com mingau de sêmola, seguido de uma crosta de pão. Teoricamente, estou tão saciada como há muito não ocorria. Na prática, me tortura uma fome bestial. Somente depois de comer é que fiquei verdadeiramente com fome. Certamente há uma explicação científica para isso. É possível que a comida estimule a secreção estomacal e prepare os sucos para a digestão. E quando estes se encontram plenamente em ação, a pequena reserva já foi digerida. Então os sucos vociferam.

Ao remexer na escassa provisão de livros do dono do sótão (foi lá que achei o caderno vazio em que agora escrevo), abri um romance. O ambiente é o da aristocracia inglesa, e a frase que encontrei é mais ou menos a seguinte: "... lançou um olhar fugidio à sua refeição intocada, levantou-se e foi..." Eu já tinha avançado dez linhas, quando fui magneticamente atraída de volta à frase acima. Eu a li uma dúzia de vezes, e me surpreendi raspando as unhas sobre as letras, como se pudesse arrancar a refeição — ela fora descrita anteriormente em pormenores — do alfarrábio. Loucura, algo assim. Início de uma insanidade leve causada pela fome. Pena que não posso ler a respeito no romance *Fome*, de Hamsun. Mesmo quando ainda não havia perdido minhas coisas no bombardeio, eu já não possuía mais

[5]Em alemão, *Schnapskartoffel*, batata empregada na fabricação de aguardente.

esse livro. Há mais de dois anos ele me foi roubado da sacola de compras, no metrô. Ele estava encadernado com uma capa de ráfia. O ladrão evidentemente o havia tomado por uma carteira para cupons de racionamento. Pobre dele! Como deve ter ficado decepcionado! De resto, uma história que agradaria Hamsun.

Hoje pela manhã, no padeiro, corria o boato:

— Se vierem, eles vão tirar tudo o que é comestível das casas. Não nos darão nada. Eles combinaram que primeiro os alemães devem passar fome por oito semanas. Na Silésia, as pessoas já vagueiam pelos bosques e cavam em busca de raízes. As crianças esticam as canelas. Os velhos comem capim feito os bichos.

Até aí a *vox populi*. Pois não se sabe de nada. Não se encontra mais nenhum *Völkischer Beobachter* na escada. Nenhuma senhora Weiers lê para mim no café-da-manhã os cabeçalhos em negrito que noticiam estupros. "Violentada mulher idosa de setenta anos. Freira violentada vinte e quatro vezes." (Quem foi que ficou contando?) Essas são as manchetes. Será que elas devem incitar os homens de Berlim a proteger e defender a nós, mulheres? Ridículo. Elas servem de fato apenas para empurrar milhares de mulheres e crianças desamparadas para as estradas de saída rumo ao oeste, onde serão mortas pela fome ou através do fogo aéreo. Ao ler, a senhora Weiers sempre ficava com os olhos bem abertos, brilhantes. Algo nela gozava o horror. Ou o seu inconsciente se alegrava pelo fato de ele não atingi-la. Pois ela tinha medo, e queria ir embora sem falta. Desde anteontem, não a vi mais.

O rádio emudeceu há quatro dias. Percebe-se outra vez que coisas duvidosas a técnica nos deu de presente. Elas não possuem nenhum valor em si, são valiosas apenas condicionalmente, desde que se possa ligá-las em algum lugar. O pão é absoluto. O carvão é absoluto. E ouro é ouro, em Roma ou no Peru ou em Breslau. O rádio, o fogão a gás, o aquecimento central, o fogareiro elétrico, todas as grandes dádivas da modernidade — lastro sem sentido quando a central falha. Atualmente, estamos andando em marcha a ré para séculos passados. Trogloditas.

Sexta-feira, aproximadamente dezenove horas. Às pressas, ainda fiz uma última viagem de bonde, rumo à Câmara Municipal. Estrondos e ribombos, trovoada ininterrupta dos canhões. A condutora vociferava ridiculamente contra isso. Devorei os rostos das pessoas em volta. Eles expressam tudo aquilo que ninguém diz. Nós nos tornamos um povo de mudos. Apenas no porão familiar é que as pessoas ainda falam umas com as outras. Quando andarei novamente de bonde? Se é que andarei? No jornal consta que a partir de amanhã os bilhetes de nível I e II, com os quais eles nos atormentaram nas últimas semanas, perderão a validade — que apenas os possuidores do bilhete vermelho de nível III poderão utilizar os meios de transporte. Portanto, talvez uma pessoa em quatrocentas, portanto nenhuma, portanto acabou.

Noite fria, torneiras secas. Minhas batatas ainda cozinham sobre a minúscula chamazinha do gás. Remexo minhas coisas, acondiciono ervilhas, cevadinha, farinha e substituto de café em sacos de papel que arrumo numa caixa. Outra bagagem extra para carregar ao porão. Já tinha amarrado tudo outra vez quando me lembrei que havia esquecido o sal. Sem sal o corpo não pode se manter, pelo menos não por muito tempo. E devemos nos preparar para ficar por longo tempo presos no porão.

Sexta, onze da noite, no porão, com iluminação de petróleo, meu caderno sobre os joelhos. Por volta das dez horas, caíram três ou quatro bombas uma após a outra. Ao mesmo tempo, a sirene começou a uivar. Isso significa que agora ela funciona manualmente. Não há eletricidade. Escada abaixo na escuridão, como faço desde terça. Às apalpadelas e aos escorregões. Em algum lugar range um pequeno dínamo manual e lança gigantes de sombra nas paredes da escadaria. O vento sopra através das vidraças quebradas e faz bater as corrediças que ninguém mais baixa — para quê, afinal?

Pés sapateiam. Malas batem pelos cantos. Lutz Lehmann grita "mãezinha!". O caminho atravessa a rua até à entrada lateral, em seguida escada abaixo, através de um corredor, por um quadrado de pátio com estrelas lá em cima e o zumbido de marimbondo dos aviões. Outra vez escada abaixo, soleiras, corredores. Finalmente, atrás de uma porta de ferro de cinqüenta quilos, que é fechada por duas alavancas, revestida com borracha nas bordas, o nosso porão. Denominado oficialmente de abrigo antiaéreo. Chamado por nós de caverna, submundo, catacumba do medo, vala comum.

Uma floresta de troncos, apenas toscamente descascados, escora o teto. Mesmo nessa atmosfera fechada eles cheiram à resina. O velho Schmidt, Schmidt das cortinas, tagarela todas as noites acerca de cálculos estatísticos segundo os quais a floresta de vigas deve resistir mesmo que a casa venha abaixo. Quer dizer, caso as massas de escombros desmoronem em determinados ângulos de inclinação e proporções de peso. O senhorio, que deveria saber a respeito, não pode nos dar satisfações. Ele se retirou para Bad Ems e já é americano.

Em todo o caso, o povo aqui do porão está persuadido de que sua caverna é uma das mais seguras. Nada é mais estranho do que um porão estranho. Já são quase três meses aqui e apesar disso ainda me sinto estranha. Cada porão tem tabus diferentes, manias diferentes. Em meu antigo porão, eles tinham a mania da água para apagar incêndios. Por toda parte se tropeçava em jarros, baldes, panelas e cubas que continham um caldo turvo. Apesar disso, a casa queimou até os alicerces feito uma tocha. Todo o caldo para apagar incêndios seria o mesmo que uma cusparada.

A senhora Weiers me contou que em seu porão grassa a mania pulmonar. Logo que cai a primeira bomba, todos se curvam para frente e respiram bem de leve enquanto apertam as mãos contra o corpo. Alguém lhes disse que isso impediria fissuras pulmonares. No porão daqui eles têm a mania das paredes. Todos ficam sentados com as costas apoiadas na parede que dá para o exterior. Apenas debaixo da válvula de ventilação há uma lacuna na fileira. Ouve-se uma explosão, e então se soma a mania dos lenços: todos envolvem um lenço, sempre à mão, em volta da boca e do nariz, e o amarram atrás da cabeça. Ainda não tinha visto isso em porão algum. Não sei contra o quê os trapos deveriam ajudar. Mas já que lhes faz bem, então...!

Nos outros momentos, é o habitual povo dos porões nas habituais cadeiras de porão, entre as quais, desde a cadeira de cozinha até a poltrona de brocado, todos os tipos estão representados. As pessoas: grandes e pequenos burgueses misturados com proletários isolados. Olho em volta, tomo nota:

À frente, a mulher do padeiro, duas bochechinhas rosadas sob a gola de pele de carneiro. A viúva do farmacêutico, que se formou em enfermagem e às vezes põe as cartas para as outras mulheres aqui embaixo sobre duas cadeiras justapostas. A senhora Lehmann, marido desaparecido no leste, nos braços a sacola acolchoada com o bebê que dorme, no colo o pequeno Lutz de quatro anos, cujos cadarços desamarrados pendem balouçantes. O jovem de calça cinza, óculos com aro de chifre, que, olhando mais de perto, se mostra como sendo uma mocinha. Três irmãs velhuscas, costureiras, acocoradas parecendo um pudim preto. A jovem refugiada de Königsberg/Prússia Oriental em meio à misturada de suas bugigangas. Schmidt, casa bombardeada, encaminhado para cá, atacadista de cortinas sem cortinas e, apesar de sua idade avançada, tagarela que não dá trégua. O casal de livreiros que viveu alguns anos em Paris e na maior parte do tempo conversa entre si à meia-voz em francês...

Agora mesmo acabei de ouvir o que uma mulher de seus quarenta anos, cuja casa foi bombardeada em Adlershof, abrigada aqui na casa de sua mãe, contou acerca do bombardeio que sofreu. Uma bomba de fragmentação se enterrou no jardim do vizinho e fez da casa dela, fruto de poupança, um monte de cavacos. Com a explosão, sua porca cevada foi centrifugada até o alto dos caibros.

— Não havia mais o que aproveitar dela.

O casal de vizinhos também teve de concordar com isso. Cataram os dois entre os destroços da casa e a lama do jardim — aquilo que pôde ser encontrado. Foi um belo funeral. Um coro masculino do sindicato dos alfaiates cantou junto à cova. No final, porém, houve confusão. O uivo das sirenes se misturou ao cântico da providência divina. Às pressas, os coveiros tiveram de baixar o caixão. Ouvia-se o conteúdo sacudindo lá dentro. E agora o ponto alto, a narradora misturando antecipadamente seu riso furtivo à história até hoje pouco engraçada:

— E imaginem: quando a filha, três dias depois, remexia no jardim e procurava por alguma coisa que ainda pudesse ser aproveitada, ainda encontrou um braço do pai detrás do tonel que serve para recolher a água da chuva.

Alguns riram um pouco, a maioria não. Será que fizeram o sepultamento do braço?

Adiante, a ronda do porão. Diante de mim, enrolado em cobertores, um senhor de certa idade suando febrilmente, comerciante de profissão. Ao seu lado, a esposa, que pronuncia o "s" de um modo agudo, à maneira dos hamburgueses, e cuja filha de dezoito anos tem um nome que começa justamente com "s", Stinchen. Depois a loira recém-chegada que ninguém conhece, de mãos dadas com o seu igualmente desconhecido sublocatário. O alto funcionário aposentado dos correios e a esposa, ambos debilitados — ela sempre, sempre com a prótese de uma perna nos braços, uma coisa artificial de níquel, couro e madeira — uma Pietà incompleta. O filho de uma só perna se encontra — ou se encontrava, não se sabe — num hospital militar de Breslau. Sentado na poltrona, parecendo um gnomo, o químico corcunda da fábrica de refrigerantes. Depois a família do porteiro, consistindo de mãe, duas filhas e um neto órfão de pai. E a Erna e a Henni da padaria, que não podem mais ir para casa e agora moram com o mestre. O belga Antoine, de cachos pretos, metido a ajudante de padaria e que tem alguma coisa com a Henni. A gerente do restaurante deixada para trás, que, apesar de todas os regulamentos do abrigo antiaéreo, segura no braço um *fox terrier* avelhentado. Eu própria: loira pálida, sempre com o mesmo sobretudo salvo por acaso; empregada numa editora até que esta fechou na semana passada e dispensou os funcionários "até nova ordem".

Além desses, mais um ou outro sem expressão. Nós somos as sobras que nem o front nem a Volkssturm[6] quiseram. Falta o mestre padeiro, que, sendo o único no prédio a possuir o bilhete vermelho III, viajou para a sua casa de campo com o propósito de enterrar a sua prata. Falta a senhorita Behn, funcionária dos correios, solteira e ousada, que acabou de sair correndo para a superfície, aproveitando que não caía nenhuma bomba, para buscar o jornal de hoje. Falta uma senhora, que atualmente está em Potsdam, para lá enterrar sete de seus parentes que morreram por ocasião do grande ataque. Falta o engenheiro do terceiro andar com mulher e filho. Ele embarcou semana passada em uma barcaça que deve levá-lo em segurança, com sua mobília, sobre o canal de Mittelland até Braunschweig, para onde foi deslocada a sua fábrica de armamentos. Todas as forças se aglomeram no centro. Lá deve se produzir um perigoso excesso de pressão humana. Caso os americanos também não estejam lá. Pois não se sabe mais de nada.

Meia-noite. Sem eletricidade. Na viga acima de mim fumega o lampião de petróleo. Lá fora um murmúrio grosso, intumescente. A mania dos lenços entra em ação. Cada um envolve o nariz e a

[6]Literalmente, "tempestade popular". Foi uma organização criada no final da Segunda Guerra para apoiar a Wehrmacht na defesa nacional.

boca no lenço sempre à mão. Um fantasmagórico harém turco, uma galeria de máscaras mortuárias semiveladas. Apenas os olhos vivem.

Sábado, 21 de abril de 1945, duas horas da madrugada

Bombas, as paredes oscilaram. Meus dedos ainda tremem ao segurar a caneta-tinteiro. Estou encharcada como se tivesse trabalhado pesado. Antes, comi no porão grossas fatias de pão com manteiga. Desde que perdi tudo nos bombardeios e, na mesma noite, ajudei no salvamento dos soterrados, experimento o medo da morte. São sempre os mesmos sintomas. Primeiro o suor à altura dos cabelos, um verrumar na medula espinhal, pontadas na garganta, o palato resseca e o coração bate em síncopes. Os olhos fitam o pé da cadeira em frente e fixam suas protuberâncias e cartilagens torneadas. Pudesse rezar agora. O cérebro se agarra a fórmulas, farrapos de frases: "Passe ao largo do mundo, ele não é nada... E nenhum se perde neste mundo... *Noli timere...*"[7] Até que a onda se dissipa.

Como que sob uma ordem, irrompe uma parolice febril. Todos riem, uns gritam mais alto que os outros, contam piadas. A senhorita Behn aparece com a folha de jornal e lê o discurso de Goebbels por ocasião do aniversário do *Führer* (uma data que a maioria já tinha esquecido completamente). Ela lia com acentuação toda es-

[7]O primeiro "farrapo" faz parte da epígrafe d'*O Gulistan* ("O jardim das rosas", obra do poeta persa Saadi de Shiraz, 1175-1282), citada por Schopenhauer em seus *Parerga e Paralipomena* (Aforismos para a sabedoria de vida, Cap. 5, "Parêneses e máximas"). O segundo "farrapo" é um verso do poema *Säerspruch* ("Lema do semeador"), de Conrad Ferdinand Meyer (1825-1898). Por fim, *Noli timere*, "não temas", é uma exortação de Sêneca (*Epistulae morales ad Lucilium* 12.10).

pecial, com uma voz diferente, zombeteira e maldosa que ainda não tínhamos ouvido aqui embaixo. "Grão dourado nos campos... Homens que vivem em paz..." Estás muito enganado, diz o berlinense. E "Que belo seria". Sons de charamela que não encontram mais ouvidos.

Três da madrugada, o porão trepida. Várias vezes ouvimos o sinal que antecede o "fim de alerta", mas logo depois o alarme soou novamente. Nenhuma bomba. Eu escrevo, isso faz bem, me distrai. E Gerd deve ler o que escrevi, caso retorne — caso ele de fato ainda — não, risco isso, não se deve conjurar tal coisa.

A mocinha que se parece com um rapaz chegou-se sorrateiramente a mim e me perguntou o que eu escrevia. Eu:

— Coisa sem valor. Apenas anotações pessoais, para me ocupar.

Depois da primeira onda, apareceu o "Vitório", senhor idoso da vizinhança que enxotaram de seu próprio porão, supostamente por sempre falar de vitória, donde também o seu apelido entre nós. Vitório acredita realmente que a salvação está próxima e que nossa vitória é certa, e que "Aquele" (nossa mais nova designação para A.H.) sabe exatamente o que faz. Enquanto Vitório fala desse modo, os vizinhos de cadeira trocam olhares mudos e eloqüentes. Ninguém se mete numa disputa com ele. E quem discutiria com um doido? Além disso, os doidos às vezes são perigosos. Apenas a mulher do porteiro concorda com veemência e proclama através de suas duas presas que "Naquele" se pode confiar tanto quanto no velho Deus Nosso Senhor.

Nove da manhã, no sótão. (Todas as minhas indicações de hora são aproximadas; enquanto não for possível consultar relógios, vivo desligada do tempo.) Manhã cinzenta, chove torrencialmente. Escrevo sobre o peitoril, que é minha estante. Pouco depois das três, veio o sinal de "fim de alerta". Tirei o vestido e os calçados e caí na cama, que não é mais arrumada. Cinco horas de sono profundo. O gás está em greve.

Contei há pouco o meu dinheiro, 452 marcos, sem saber o que fazer com tudo isso, visto que as poucas compras que ainda podemos fazer podem ser pagas com fênigues. Há ainda minha conta no banco, na qual se encontram aproximadamente mil marcos não gastos em razão da escassez de mercadorias. (Quando abri a conta no primeiro ano da guerra, eu ainda pensava que podia poupar para o tempo de paz e para uma viagem pelo mundo. Isso já vai longe, muito longe.) Nesses dias, muitas pessoas acorrem aos bancos, enquanto ainda funcionam, e sacam o seu. Para que, exatamente? A correria de nada adianta, o marco já foi por água abaixo. Dinheiro, ou seja, papel-moeda, é só uma ficção, e não representa mais valor algum quando a central falha. Completamente insensível, folheio o maço de dinheiro. Parece-me que poderia servir, quando muito, de recordação. Como retratinhos de épocas afundadas. Suponho que os vencedores tragam o seu próprio dinheiro e que nos proverão com ele. Ou que será impressa alguma espécie de dinheiro militar — caso nos deixem chegar outra vez tão longe e não nos condenem a trabalhar por uma concha de sopa.

Meio-dia. Chuva incessante. Marchei a pé até a Parkstrasse e busquei mais um pacote para juntar às minhas "figurinhas de papel". O gerente me pagou o salário do último mês e me deu "férias". A editora inteira se desfez no ar. E a Repartição do Trabalho está morta, ali ninguém mais está à caça da mão-de-obra dispensada; neste ponto, todos somos agora nossos próprios patrões.

A burocracia me parece uma coisa de tempo bom. De qualquer modo, todas as repartições se dissolvem tão logo chovem os estilhaços das granadas. (Agora, aliás, está muito calmo. Silêncio inquietante.) Não somos mais comandados. E no entanto sempre volta a se produzir por si mesma uma espécie de ordem, em todo lugar, em cada porão. Quando perdi tudo no bombardeio, vivenciei como até mesmo os soterrados, os feridos e os transtornados sumiam de cena em boa ordem. Também aqui no porão os espíritos ordenadores, coordenadores, têm autoridade. Deve estar dentro do homem. Já na idade da pedra a humanidade deve ter funcionado assim. Animais de rebanho, instinto de conservação da espécie. Entre os animais, devem ser sempre os machos, os touros-líder e garanhões-líder. Nesse porão, pode-se falar antes de éguas-líder. A senhorita Behn é uma dessas; também a hamburguesa muito calada. Eu não sou uma delas, também não o fui no meu porão anterior, no qual, porém, dominava um touro-líder que mugia com imponência, um major aposentado que não deixava homem nem mulher se aproximar dele. Ficar agachado compulsoriamente um ao lado do outro no porão sempre me foi repugnante, sempre me isolei, procurei um canto para dormir. Mas quando o animal-líder grita, obedeço docilmente.

No caminho, vim ao lado dos trilhos do bonde. Não me era permitido embarcar, visto que não tenho o bilhete III. O bonde passou quase vazio, contei oito pessoas no vagão. E centenas caminhavam ao lado na chuva torrencial, embora o bonde, que afinal precisa circular, pudesse muito bem levá-los junto. Mas não — vide o princípio da ordem. Está profundamente dentro de nós, nós obedecemos.

Comprei pãezinhos na padaria. As prateleiras ainda estão aparentemente cheias, não se vê nenhuma ansiedade de fazer compras. Fui depois à repartição de senhas. Hoje foi a vez de minha inicial para a carimbagem dos cupons de batata 75 até 77. Foi surpreendentemente rápido, embora apenas duas atendentes estivessem no serviço, em vez das tantas de sempre. Elas nem sequer olhavam, carimbavam os cupons mecanicamente como máquinas. Para que, afinal, esses carimbos? Ninguém sabe, mas todos vão lá, supõem que possua algum sentido. Segundo um cartaz, no dia 28 de abril as iniciais X até Z devem fazer o encerramento.

Em meio à chuva, arrastam-se carroças rumo à cidade, cobertas de lonas encharcadas, debaixo delas, soldados. Vejo pela primeira vez tipos sujos, de barba grisalha, os verdadeiros porcos do front,[8] todos velhos. Cavalos puxando as carroças, escuros de umidade. A carga das carroças: feno. Não parece mais uma guerra-relâmpago motorizada.

No caminho para casa, entrei no jardim abandonado do professor K. e, atrás das ruínas negras da casa, colhi açafrão e apanhei lilases. Levei uma parte para a senhora Golz, pessoa que morou no mesmo prédio que eu. Sentamos uma diante da outra à mesa de cobre e conversamos. Quer dizer, vociferamos contra o tiroteio que começou há pouco. A senhora Golz, com voz desfalecida:

— As flores, as belíssimas flores...

Ao dizê-lo, as lágrimas escorreram pelo seu rosto. Eu também me sentia horrível. Agora a beleza dói. Estamos tão cheios de morte.

Pensei hoje pela manhã em quantos mortos já vi. O primeiro foi o senhor Schermann. Na época eu tinha cinco anos, ele, setenta, de uma brancura prateada sobre seda branca, velas à cabeceira, sublime e cheio de significados. Assim, a morte era solene e bela. Até que em 1928 vi o irmão de Hilde e Käte P., morto no dia anterior. Feito uma trouxa de frangalhos, ele estava deitado sobre o sofá, o queixo amarrado com um pano azul, o joelho torto — uma porcaria, um nada. Mais tarde, parentes mortos, unhas azuis entre flores e coroas de rosas. Então, em Paris, o atropelado em meio ao mingau de sangue. E o morto pelo frio às margens do Moscou...

Mortos, sim, mas o próprio morrer eu ainda não vi. Agora, essa experiência decerto logo me estará reservada. Que ela possa me apanhar é algo em que não acredito. Já escorreguei tantas vezes da pá da morte e me sinto poupada. Esse deve ser um sentimento que vive na maioria dos homens. Fosse de outro modo, como eles poderiam estar tão animados em meio a tanta morte? Fato seguro é que a ameaça à vida intensifica as forças vitais. Eu queimo com

---

[8]Tradução literal de *Frontschweine*. Na gíria dos soldados, aquele que combate no front.

mais intensidade e com uma chama maior do que antes da guerra de bombas. Cada novo dia de vida é um dia de triunfo. Sobrevivemos outra vez. Resistimos. Assumimos uma postura mais ereta, por assim dizer, e ficamos mais firmes sobre o solo. Quando fomos atingidos por bombas pela primeira vez, escrevi a lápis um trecho em latim, que ainda consegui juntar, na parede do quarto:

Si fractus illabatur orbis,
Impavidum ferient ruinae.[9]

Daquela vez, ainda era possível mandar cartas ao exterior. Numa carta aos meus amigos D., de Estocolmo, citei, alardeando vigor, e decerto também para me fortalecer, os versos acima, e escrevi acerca da intensidade de nossa existência ameaçada. Ao fazê-lo, tinha um sentimento ligeiramente compassivo, como se eu, agora crescida e admitida no âmago da vida, falasse com crianças inocentes às quais cabia poupar.

Domingo, 22 de abril de 1945, uma hora da madrugada

Estou deitada na cama do sótão, venta através das vidraças quebradas, olho sonolenta para o vazio, aos pés um tijolo aquecido por horas sobre a minúscula chamazinha de gás. Por volta das vinte horas, a senhora Lehmann bateu:

— Desça, agora não há mais nenhum alarme e nenhuma sirene. Os outros já estão todos lá embaixo.

[9]"Se o mundo desabar em pedaços, / As ruínas atingirão um impávido" (Horácio, *Odes* III, 3, 7-8).

Uma descida arriscada pelas escadarias. Fiquei com o salto preso na aresta de um degrau. Um susto de morte, ainda consegui agarrar o corrimão no último instante. Em frente, com os joelhos bambos. Por longo tempo e com o coração aos pulos, procurei e tateei em volta no corredor escuro como breu até encontrar as alavancas da porta do porão.

Lá dentro, um novo quadro. Os que acabaram de chegar ajeitaram camas para si. Por toda parte, travesseiros, cobertores, espreguiçadeiras. Com esforço, me espremo até chegar ao meu lugar. O rádio está mudo, não há mais sinais radiofônicos do aeroporto. O lampião de petróleo pestaneja debilmente. Caem algumas bombas, em seguida há sossego. Surge Vitório, ainda com a bandeira levantada. O Schmidt das cortinas murmura alguma coisa a respeito de Bernau e Zossen, onde dizem que os russos estão agora: contra isso, Vitório anuncia que a virada está próxima. Estamos sentados, as horas se arrastam, a artilharia dá tiros de morteiro, ora longe, ora perto.

— Não suba mais ao seu quarto andar — adverte-me a viúva do farmacêutico.

E ela me oferece um alojamento noturno no primeiro andar de sua casa. Subimos pela escada de caracol traseira. (No passado, "entrada para criados e entregadores".) A escada é um fuso estreito. Cacos de vidro rangem sob os meus pés, o vento assobia pelas clarabóias abertas. Sou acolhida por um sofá, na sala da frente logo ao lado da cozinha, que me permite duas horas de sono sob um cobertor de lã com um cheiro desconhecido. Até por volta da meia-noite, bombas caindo próximas, e fugimos novamente rumo ao porão. Horas noturnas aflitivamente longas, estou muito cansada para continuar a escrever aqui embaixo agora...

No sótão na manhã seguinte, por volta das dez horas. Até por volta das quatro horas, permanecemos no porão. Subi sozinha ao sótão, aqueci uma sopa de beterrabas sobre o gás cansado, descasquei batatas, cozinhei meu último ovo, quer dizer, comi-o quase cru, e então borrifei o último resto de água-de-colônia sobre o corpo. É estranho o modo como agora fazemos certas coisas pela última vez, quer dizer, pela última vez por agora, por um tempo ilimitado, certamente longo. De onde me viria outro ovo? E outro perfume? Assim, aprecio esses deleites de modo muito consciente, muito atento. Depois me enfiei vestida na cama, dormi a prestações acompanhada de sonhos inquietos. Agora preciso sair, fazer compras...

Outra vez sob o teto, duas da tarde. Lá fora, chuva torrencial, e nenhum jornal mais. Apesar disso, o povo se aglomera pontualmente nos postos de distribuição anunciados, convite que teria sido feito por algumas folhas ou edições extras. Agora temos uma espécie de correio boca a boca. Tudo se espalha.

Recebemos adiantamentos, como são chamados oficialmente, em carne, lingüiça, cereais, açúcar, conservas e substituto de café. Tomei lugar no fim de uma fila, fiquei duas horas na chuva e finalmente ganhei 250 gramas de sêmola, 250 gramas de flocos de aveia, novecentos gramas de açúcar, cem gramas de substituto de café e uma lata de rábano. Ainda falta carne, lingüiça e café em grão. Bulício na casa de esquina em que funciona o açougue; para os dois lados, filas quádruplas intermináveis sob as pancadas de chuva. Não! Em minha fila, crepitavam os boatos: Köpenick já teria sido cedida pelos nossos, Wünsdorf ocupada, os russos estariam no canal Teltow. "Daquilo", aliás, como que por um acordo, de repente nem uma única mulher falava mais. Depois dessas conversas de fila, em que rebaixamos involuntariamente o nível de nossa fala, na forma e no conteúdo, e em que nos banhamos nos sentimentos da massa, sinto-me sempre pegajosa e repulsiva. E, no entanto, não quero levantar barreiras contra isso, quero me entregar à massa humana, quero viver junto, quero tomar parte. Discordância entre o isolamento altivo, em que de hábito transcorre minha vida privada, e o impulso de ser igual aos outros, de pertencer ao povo, de padecer a história.

E aliás, o que mais posso fazer? Preciso esperar por ela. A defesa antiaérea e a artilharia dão os acentos ao longo do nosso dia. Às vezes, desejo que tudo já tenha passado. Época singular. Vive-se a história em primeira mão, coisas das quais mais tarde haverá o que cantar e contar. Em sua proximidade, porém, elas não passam de fardos e temores. A história é muito enfadonha.

Amanhã quero procurar urtigas e arranjar carvão. Separam-nos da fome as pequenas provisões novas. Elas me deixam preocupada como o dinheiro ao rico. Elas poderiam ser bombardeadas, roubadas, roídas pelos ratos, pilhadas pelo inimigo. Por fim, arrumei toda a tralha em outra caixa a ser levada ao porão. Apesar disso, ainda posso carregar comodamente escada abaixo e escada acima todas as minhas posses terrenas.

Tarde da noite, amanhecendo. Fiz outra visita à senhora Golz. O marido estava sentado junto a ela, de sobretudo e cachecol, visto que estava frio e ventava muito na sala. Ambos quietos e abatidos. Eles não compreendem mais o mundo. Mal conversamos. Lá fora, o tempo inteiro ruídos metálicos. Entrementes, pancadas da defesa antiaérea, como se entre o céu e a Terra batessem gigantescos tapetes.

O eco dos tiros enche os pátios. Pela primeira vez entendi a expressão "troar dos canhões", que até agora estava para mim na mesma categoria de "coragem de leão" e "peito de herói". Mas a expressão é realmente boa.

Lá fora, aguaceiros e tempestades. Na porta da frente, segui com os olhos grupos de soldados que passavam. Eles arrastavam os pés, extenuados. Alguns mancavam. Mudos, cada um por si, desse modo trotavam, sem marchar, rumo à cidade. Os rostos barbados e encovados, às costas, pesada bagagem.

— O que está acontecendo? — gritei atrás. — Para onde isso vai?

Nenhum respondeu. Um deles resmungou algo incompreensível. Um deles falou claramente, com seus botões:

— O *Führer* mandou; nós te acompanhamos na morte.

Todas essas figuras são tão miseráveis, tão pouco lhes resta de homens. Apenas se pode ter pena. Também não se tem mais absolutamente nenhuma esperança ou expectativa em relação a eles. Já agora parecem derrotados e prisioneiros. Para nós, parados no meio-fio, eles olham embotados e sem enxergar. Evidentemente, nós, povo ou civis ou berlinenses ou o que quer que sejamos, lhes somos indiferentes, até incômodos. Que se envergonhem de sua degradação exterior é algo em que não acredito. Estão muito embotados e cansados para tanto. Exauridos. Não pude mais continuar olhando.

Nos muros, diluídas em lambuzeira, letras caiadas que aparentemente devem orientar as tropas rumo a alguns pontos de encontro. No bordo em frente, presos com percevejos, há dois cartazes. Pedaços de papelão, nitidamente escritos à mão com lápis vermelho e azul e com as palavras "Hitler" e "Goebbels" ao fundo. Um dos letreiros adverte contra a capitulação e ameaça com enforcamento e fuzilamento. O outro, intitulado "Desafio aos berlinenses", adverte contra estrangeiros rebeldes e desafia todos os homens a lutar. Os cartazes não chamam qualquer atenção. Os rabiscos à mão têm um efeito tão deplorável e pouco sério, tão sussurrado.

Sim, a técnica nos deixou mal-acostumados. Que não sejamos servidos pelas rotativas e pelos alto-falantes nos parece algo miserável. Escrito à mão ou gritado debilmente por uma boca — o que isso ainda pode ser? Nossa técnica desvalorizou o próprio efeito da fala e da escrita. A gritaria de um indivíduo, cartazes desenhados à mão, noventa teses numa porta de igreja em Wittemberg, coisas assim desencadeavam rebeliões populares no passado. Para nós, hoje, a coisa precisa chegar com mais força, traçar círculos mais amplos, precisa ser multiplicada e potencializada por meio de equipamentos para que faça efeito. Uma mulher, observando os cartazes, resumiu isso numa frase:

— Aí se vê como os irmãos caíram na miséria.

No porão, vinte e duas horas. Depois da sopa noturna, me permiti um pouco de descanso na cama do sótão, depois trotei para baixo. A comunidade do porão já estava completamente reunida. Poucas bombas hoje e, embora o tempo esteja propício, nenhum ataque aéreo até agora. Irrompe uma jovialidade nervosa. Circula todo tipo de histórias. A senhora W. grita:

— Antes um russo sobre a barriga que um americano sobre a cabeça.

Um chiste que combina mal com o seu crepe de luto. A senhorita Behn cacareja pelo porão:

— Agora sejamos sinceras: não há mais nenhuma virgem entre nós.

Ela não obteve resposta. Penso em quem talvez seja. Possivelmente a jovem filha do porteiro, que tem apenas dezesseis, e desde o passo em falso da irmã mais velha é fortemente vigiada. E, seguramente, se entendo algo de rostos de mocinhas, a Stinchen com seus dezoito anos, que dorme em paz ali adiante. A coisa me parece duvidosa com a mocinha que parece um rapaz. Mas este possivelmente seja um caso especial.

Hoje há uma mulher nova no porão, até agora ela ia sempre seis esquinas adiante até o *bunker* público, que é considerado mais seguro. Ela vive sozinha em seu apartamento, se viúva, abandonada ou separada, ainda não sei. Atravessando sua face esquerda, espalha-se um eczema purulento. Ela conta, primeiro sussurrando, depois em voz alta, que atou seu anel de casamento no elástico da calcinha.

— Se eles chegarem ali, o anel também não me importa mais.

Gargalhada geral. Em todo o caso, eczemas purulentos no rosto deveriam proteger de tais experiências. Também valem alguma coisa hoje.

Segunda-feira, 23 de abril de 1945, nove da manhã

Noite espantosamente sossegada, mal se ouviu a defesa antiaérea. Apareceu um novo cidadão dos porões, o marido da mulher que perdeu sua casa no bombardeio de Adlershof e se refugiou aqui na casa de sua mãe. Ele veio de uniforme e inteiramente na surdina, uma hora depois vestia roupas civis. Como assim? Ninguém falou a respeito, ninguém lhe deu atenção. Soldado escaldado do front, ainda parece razoavelmente robusto, e nos é cordialmente bem-vindo.

A deserção parece de repente algo natural, até francamente aceitável. Tenho de pensar nos trezentos espartanos de Leônidas que, nas Termópilas, resistiram e caíram tal como a lei ordenava. Aprendia-se isso na escola, diziam que devíamos admirá-los. Pode ser que aqui ou ali trezentos soldados alemães ajam de maneira semelhante. Três milhões não o farão. Quanto maior, quanto mais casual a tropa, tanto menor a chance para o heroísmo de livros escolares. Nós, mulheres, também carecemos, por natureza, de sensibilidade para isso. Nós somos racionais, práticas, oportunistas. Nós queremos os homens vivos.

Por volta da meia-noite, quase caí de cansaço da minha cadeira de porão (onde achar um lugar para me deitar?), e cambaleei pela escada de caracol acima até o primeiro andar, onde dormi no sofá-cama do apartamento da viúva do farmacêutico até por volta das seis horas. Ouvi espantada que nesse meio-tempo caiu uma série de bombas. Meu sono as ignorou sem dificuldade.

No padeiro havia pãezinhos, os últimos. Também eram as minhas últimas fichas de pão. Não há perspectiva de novos cupons de racionamento. Não há mais absolutamente nenhuma ordem, nenhuma notícia, nada. Não há mais vivalma que se importe conosco. Subitamente somos indivíduos, não somos mais compatriotas.[10] Todos os velhos laços entre amigos e colegas estão mortos na medida em que a distância que os separa ultrapasse a de três prédios. A turba das cavernas, a família, como nas épocas primevas. O horizonte não vai além de cem passos.

No padeiro, diziam que os russos agora estão em Weissensee e Rangsdorf. Tomei banho muitas vezes na praia de Rangsdorf. A título de experiência, pronuncio em voz alta para mim mesma: "Os russos em Rangsdorf." Uma coisa não quer se harmonizar com a outra. Ao leste, o céu está hoje igneamente rubro, incêndios intermináveis.

Acabo de comprar carvão, uma da tarde. Rumo ao sul, marchei sensivelmente em direção ao front. O túnel do trem já está bloqueado. Pessoas que estavam paradas em frente diziam que na outra ponta enforcaram um soldado, de cuecas, um cartaz de "traidor" pendurado ao pescoço. A corda é tão longa que se pode girá-lo pelas pernas. Era o que contava alguém que, ele próprio, tinha visto isso e enxotara os garotos que se divertiam a girá-lo.

A Berliner Strasse tem um aspecto de abandono, com a pavimentação meio arrancada e bloqueios de barricadas. Filas diante das lojas. Rostos embotados em meio ao ruído da defesa antiaérea. Caminhões se dirigem rumo à cidade. Figuras imundas, respin-

---

[10]Em alemão, *Volksgenossen*. No âmbito da doutrina nacional-socialista, o termo tinha uma conotação toda especial, designando a coletividade unida por um pronunciado sentimento de pertença à nação, à *Volksgemeinschaft*.

gadas de terra, com fisionomias vazias, em unidades esfarrapadas, passam trotando. Uma caravana de carroças com feno, velhotes nas boléias. Na barricada, a Volkssturm monta guarda em uniformes confusamente misturados. Lá se vêem crianças, rostos imberbes sob capacetes de aço muito grandes, ouvem-se com espanto suas vozes agudas. Devem ter no máximo quinze anos, tão magros e miúdos pendem dentro dos casacos de uniforme muito largos.

Por que a sensibilidade resiste tanto a esse infanticídio? Se as crianças são apenas três ou quatro anos mais velhas, parece-nos perfeitamente natural que sejam abatidas a tiros e estraçalhadas. Onde está o limite? Talvez na mudança de voz? Pois, na realidade, me atormenta sobretudo a lembrança das vozes altas, agudas, desses vermes. Até agora, soldado e homem eram idênticos. E um homem é um genitor. O fato de que esses garotos já sejam desperdiçados antes que estejam maduros provavelmente deve infringir alguma lei natural, é algo contrário aos impulsos, dirigido contra todos os impulsos de conservação da espécie. Assim como certos peixes ou insetos que devoram a sua descendência. Não deve ser assim entre seres humanos. E que no entanto seja assim, é um sintoma de loucura.

Na editora, agora abandonada por todos os funcionários, os porões ainda estão cheios de carvão. A mulher atingida pelos bombardeios que agora se refugia no porão me cobriu de perguntas sobre o que aconteceria agora. Parece que sua filha mais velha, mãe de uma criança de oito semanas, não tem mais leite desde ontem. Repentinamente, ela não pode mais amamentar, e o pequeno chora. Agora todos se preocupam com o que farão para salvar a criança, visto que não há mais leite de vaca. Sugeri que a jovem mãe fizesse uma tentativa com hortaliças silvestres. Talvez ela volte a ter leite novamente. Inclinadas sobre a grama úmida de chuva do jardim, lenços protegendo as mãos, arrancamos do muro os brotos novos das urtigas. Também dente-de-leão, o que havia. Odor de ervas e cheiro de terra, prímulas, espinheiros com flores vermelhas, primavera. Mas a defesa antiaérea ladra.

Peguei uma mochila de carvão de pedra, carregava provavelmente uns 25 quilos. Apesar disso, no caminho de volta ainda ultrapassei um pelotão de soldados. Vi armas pela primeira vez em todos esses dias: duas bazucas antitanque, uma metralhadora, caixas de munição. Tipos jovens usavam as cartucheiras como um adorno de bárbaros.

Soube por ouvir dizer que em torno do meio-dia houve um enterro em nossa rua, a viúva do farmacêutico tomou parte. Uma jovem de dezessete anos, estilhaço de granada, perna arrancada, esvaída em sangue. Os pais enterraram a garota no quintal, atrás de groselheiras. Como caixão, usaram o armário para guardar vassouras.

Agora também temos a liberdade de sepultar nossos mortos onde quisermos, tal como nos tempos primevos. Preciso pensar na vez em que um grande dogue morreu em meu antigo prédio, finalmente enterrado no quintal. Mas que teatro antes disso, o proprietário, o porteiro, os outros inquilinos — todos foram contra. E agora uma pessoa, e ninguém acha inconveniente nisso, sim, eu até acredito que essa proximidade deve ser um consolo para os pais. E eu me apanhei pensando involuntariamente em como eu já distribuía as sepulturas em nosso pequeno jardim entre os prédios.

Por volta das dezesseis horas, no sótão. Passei por algo extraordinário. Fiz há pouco uma visita de consolação à senhora Golz e, por brincadeira, experimentei usar o telefone. Para minha perplexidade, havia ruído no fone, o que há dias já não acontecia mais. Disquei o número da Gisela — e consegui falar com ela, que mora há aproximadamente uma hora daqui, no oeste de Berlim. Conversa ávida, não queríamos mais parar. Para a felicidade geral, a firma de Gisela se dissolveu. O chefe se mandou rumo ao oeste, deixou o povinho entregue a si mesmo depois de arrebatadoras palavras de despedida. Nós fomos todos esquecidos, com esforço prestamos atenção ao vazio, estamos sozinhos.

Gisela me contou ao telefone que está quase com a idade de seu pai quando este caiu em Verdun, na Primeira Guerra Mundial. Ela nunca o viu. Por estes dias, diz ela, anda pensando muito nele, mantém com ele conversas imaginárias, como se agora fosse a vez dela, como se logo fosse encontrá-lo. Nunca falamos sobre tais coisas antes, teríamos tido vergonha de desnudar o nosso coração dessa maneira. O que há de mais profundo vem agora à tona. Adeus, Gisela, ambas vivemos os nossos trinta anos, talvez ainda nos vejamos outra vez com saúde.

De volta à caverna do porão, segunda-feira, vinte horas. Ao entardecer de hoje, os primeiros impactos de artilharia em nossa esquina. Pragas, assobios, uivos. Relampejos de fogo. Gritos apavorados no pátio. Depois de descer a escada aos tropeções, ouvi embaixo que os embates acontecem em frente ao cinema. O inimigo treina a pontaria em nós. De resto, corre a notícia de que os russos disparam apenas projéteis de pequeno calibre. Lentamente, nos sobrevêm dúvidas acerca do derradeiro, tão temido ataque aéreo americano — agora ele também já atingiria os russos em Berlim.

Um novo rumor assombra nosso porão. A esposa do licorista sabe de fonte segura e absolutamente secreta, e o anuncia de peito erguido: o Ami e o Tommy teriam se desentendido com o Ivã, e agora estariam pensando em se aliar conosco para enxotá-lo do país.[11] Gargalhadas de escárnio e disputas. A licorista ficou profundamente ofendida e, por irritação, descambou para o seu dialeto saxão de origem. Apenas ontem ela voltou de sua (relativamente pequena) fábrica de licores atrás da Moritzplatz, onde até agora ela pernoitava com o seu marido, para o seu apartamento e para o nosso porão, a fim de conservar sua posição aqui. O marido ficou

[11]Ami, Tommy e Ivã: referência às tropas de ocupação norte-americanas, inglesas e russas, respectivamente.

para trás com as garrafas e as retortas — e com uma ruiva de nome Elvira, como todo mundo sabe no porão.

De resto, as compras continuam. Pouco antes do final do expediente, ainda adquiri 150 gramas de farinha de sêmola. Na esquina, súbito vozerio e excitada correria: foi descarregado um caminhão no Bolle, levavam manteiga aos barris para dentro do estabelecimento, mercadoria rançosa a ser distribuída, segundo diziam. Quase meio quilo por cabeça, e, o que é alarmante, grátis! Em troca, apenas um carimbo na ficha. Será o primeiro sinal de pânico? Ou é a razão que ultrapassa os atos? Num ai surgiu uma aglomeração diante da porta da venda, as pessoas se batiam com os guarda-chuvas e os punhos. Por alguns minutos, tomei parte no empurra-empurra, ouvi alguma coisa acerca de reservas, reforços e tanques alemães a caminho daqui vindos de algum lugar — noite passada, uma mulher teria ouvido algo do gênero pelo rádio. Então deixei a manteiga ser manteiga, não gostaria de brigar por isso. Pelo menos hoje ainda não. Talvez tenha de aprendê-lo em breve.

Noite sossegada. Tiroteio ao longe. O povo do porão está completamente estafado hoje. Não se ouve mais um ruído sequer, nenhuma palavra. Apenas roncos e a respiração assobiante das crianças.

Terça-feira, 24 de abril de 1945, meio-dia

Nenhuma notícia. Estamos isolados. Um pouco de gás; em compensação, canos de água vazios. Da janela, vejo montes de gente diante das lojas. Ainda a pancadaria por causa da manteiga rançosa gratuita. Hoje, contudo, distribuem apenas pouco mais de cem gramas por ficha. Conto quatro policiais da segurança pública, que precisamente agora conseguem controlar o tumulto. Além disso, chuva.

Neste instante, estou no apartamento da viúva do farmacêutico, sentada no peitoril da janela. Há pouco ela entrou precipitadamente, toda agitada. Uma bomba acertou em cheio a fila do açougue do Hefter. Três mortos, dez feridos — mas a fila já está formada outra vez. A viúva me mostra de que modo os circunstantes limparam com as mangas os respingos de sangue das fichas de carne. Comenta então:

— Pois é, apenas três mortos. Mas o que é isso se a gente pensar em um ataque aéreo.

Sim, nós estamos mal-acostumados.

Apesar disso, tenho de me espantar. Com alguns quartos de gado e traseiros de porco diante dos olhos, mesmo a mais trêmula das avós resiste. Ali estão elas de pé, como paredes, elas que antes desatavam a correr para o *bunker* tão logo três caças estivessem sobre a Alemanha Central. No máximo, uma dessas mulheres cobre a cabeça com um balde ou um capacete de aço. Famílias inteiras se revezam na espera; cada um agüenta por algumas horas. Ainda não consegui me decidir pela fila da carne, ainda me parece muito longa. Carne, ainda por cima — é preciso consumi-la logo, só uma refeição e basta. Parece-me que todas essas pessoas sonham em comer fartamente mais uma vez, uma única, última vez, a derradeira refeição de condenados à morte.

Duas horas da tarde. Há pouco o sol deu as caras. Inteiramente sem pensar, trotei para a varanda do pátio e por algum tempo tostei no calor em minha cadeira de vime — até que uma série de rápidos tiros de artilharia sibilou em minha direção. Os ribombos dos tiros se misturavam uns aos outros. Simplesmente esqueci da guerra. De um modo geral, minha cabeça está singularmente vazia — estou aqui encolhida ao escrever, alguma coisa explodiu aqui perto, uma vidraça estourou tinindo. Outra vez estou de estômago cheio e sou atormentada pela fome. Preciso mastigar alguma coisa. De que deve viver agora a criança de peito cuja mãe está sem leite? Uma senhora idosa recomendou ontem, na fila, quando a conversa derivou para a morte das crianças, pão mastigado, bem impregnado de saliva, na falta de leite para as mais pequenas.

Que pobre coitado é um lactente de cidade grande quando o mecanismo artificial de seu fornecimento de leite se quebra. Mesmo que as mães ainda tenham agora mais ou menos o que comer e até possam dar de mamar — diante do que impiedosamente se aproxima de todos nós, suas fontes secarão. Por felicidade, a menor em nosso porão já tem um ano e meio de idade. Ontem vi como alguém passou de maneira furtiva algumas bolachas para a mãe. Possivelmente, o único ato do gênero nesses dias. O normal é que cada um camufle e esconda o seu e absolutamente não pense em passá-lo adiante.

Outra vez no porão, vinte e uma horas. À tardinha, apareceu uma mulher estranha e pediu a mim e à viúva que fôssemos com ela ao hospital militar para prestar auxílio.

No horizonte, fumaça e vermelho. O leste queima. Ou seja, os russos já estão na Braunauer Strasse. Precisamente Braunau, o lugar em que Adolf veio à luz. No que me ocorre um chiste de porão, ouvido ontem:

— Rapaz, como as coisas estariam boas para nós se aquele tivesse nascido morto.

No hospital militar, fomos parar num pavilhão cheio de fumaça. Caótica agitação de homens, brigas e gritaria:

— Tenho um com uma bala metida no pulmão lá fora, no veículo!

— Se mande, vá adiante. Saiba que não temos leitos.

O motorista da ambulância vocifera:

— Eles me mandaram para cá.

— Dê o fora, ou...!

O sargento ameaçou com os punhos. O motorista sai, praguejando furioso com seus botões.

Pelo corredor, feridos leves caminham lentamente, um deles de pés descalços, a mão sangrando enrolada nas meias. Um outro, igualmente descalço, deixa pegadas de sangue atrás de si; pegajosas, as solas se despegam delas. Rostos de um amarelo ceráceo sob ataduras na cabeça, com manchas vermelhas se formando rápido nelas. Ainda entramos em dois, três pavilhões.

Por toda parte, atmosfera de homens, mau cheiro, acampamento, nervosismo. Um deles ralha conosco:

— O que as senhoras querem aqui afinal?

A mulher que nos buscou disse timidamente que alguém tinha passado de carro e gritado que no hospital militar precisavam da ajuda de mulheres.

— Papo furado, não temos nada para as senhoras fazer. Agora voltem para casa.

Peculiar o tom desdenhoso, de menosprezo, com que a ajuda feminina é recusada por aqui. Como se quiséssemos nos meter a usar os canhões ou, de algum modo, bancar o soldado. Mais idéias inculcadas pela escola que preciso jogar fora. Em guerras anteriores, o papel da mulher consistia em bancar o anjo bondoso. Desfiar panos de linho. Mão que refresca testas masculinas a arder, sempre bem longe dos tiros. Agora não há mais hospitais militares pátrios em nosso país. Por toda parte é front.

Contudo esse hospital militar busca se manter como uma espécie de ilha em meio aos estrondos. O teto está pintado com cruzes gigantescas, e sobre o gramado diante do prédio há lençóis dobrados em forma de cruz. Mas as bombas aéreas são imparciais, e no tapete de bombas[12] não há buracos de misericórdia. O pessoal do

[12]Em alemão, *Bombenteppich*, termo da gíria dos soldados — assimilado pela linguagem popular — para designar um bombardeio aéreo maciço.

hospital sabe disso. Caso contrário, não teriam lotado tanto os seus porões. Das janelas ao rés-do-chão, olhavam, por toda parte, rostos de homens através das grades...

Novamente no porão, por volta das nove da noite. O povo do porão febrilmente excitado hoje, agitado, nervoso. A hamburguesa, emitindo "ss" agudos, conta que recebeu uma ligação telefônica hoje de manhã, mais exatamente, de amigos da Müllerstrasse, norte de Berlim.

— Já somos russos — teria gritado a amiga no aparelho. — Os tanques acabam de entrar lá embaixo. Os ivãs riem. O povo se aglomera no meio-fio, ri e acena, erguem alto as crianças...

O Wedding vermelho, antiga região de comunistas. Poderia estar certo. Imediatamente começa uma disputa violenta acerca da novidade. No fim, assim pensam alguns, a propaganda apenas nos enganou? No fim, "eles" nem são assim... Mas a moça refugiada da Prússia Oriental mete-se na conversa, ela que normalmente não diz nada grita frases entrecortadas em seu dialeto, não encontra as palavras certas, gesticula com os braços, berra:

— Os senhores ainda vão ver o que é bom... — e se cala de novo.

Depois disso, o porão também silencia outra vez.

De resto, a licorista anda incomodando com um novo boato: Ribbentrop e Von Papen acabaram de voar para Washington a fim de conversar pessoalmente com os americanos. Ela não recebe qualquer resposta.

O porão está sombrio. O lampião de petróleo fumega. Os círculos de fósforo pintados nas vigas à altura dos olhos, para que ninguém bata nelas no escuro, emitem um brilho verde. Tivemos um acréscimo. O casal de livreiros trouxe o seu canário para baixo. Coberta por uma toalha, a gaiola está pendurada em cima, na viga. Tiros lá fora, dentro, silêncio. Tudo cochila ou dorme.

Quarta-feira, 25 de abril de 1945, à tarde

Recapitulo: por volta da uma da madrugada, subi do porão para o primeiro andar, descansei outra vez no sofá-cama do apartamento da viúva. De súbito, violenta queda de bombas, a defesa antiaérea vocifera. Eu aguardo, estou tão ébria de sono, tudo me é indiferente. A vidraça já está partida, vento com cheiro de incêndio sopra para dentro. Sob as roupas de cama tenho um sentimento idiota de segurança, como se as cobertas e lençóis fossem de ferro. E, apesar disso, dizem que justamente a roupa de cama é muito perigosa. O Dr. H. me contou certa vez como teve de tratar uma mulher que fora atingida na cama; as partículas de penas penetraram profundamente em seus ferimentos, de tal modo que mal se conseguia extraí-las. Mas vem o instante em que o cansaço mortal vence o medo. É dessa maneira que, provavelmente, os soldados do front também dormem na imundície.

Levantei às sete horas, o dia começou com paredes tremendo. Agora a batalha se dirige enfurecida sobre nós. Não há mais água nem gás. Esperei por um minuto mais ou menos tranqüilo e subi às pressas os quatro andares até o meu sótão. Semelhante a um animal em sua caverna cercada, assim me esgueirei para dentro dos quartos, sempre pronta a uma retirada rápida. Peguei alguma roupa de cama e tralhas de lavanderia e voei para baixo, para o primeiro andar da viúva. Nos damos bem uma com a outra. Em dias como esses, as pessoas aprendem a se conhecer depressa.

Com um balde em cada mão, caminhei através dos floridos terrenos ajardinados até a bomba de água. O sol brilhava bastante quente. Uma longa fila junto à bomba, cada um manipulou a alavanca para si; ela se move pesadamente, com chiados. Baldes transbordando nos quinze minutos do caminho de volta. "Somos todas formosas burras de carga." (Nietzsche, creio.[13]) No Bolle, continua o empurra-empurra por causa da manteiga grátis. No Meyer, fila interminável, de cor escura, composta exclusivamente por homens; lá vendem aguardente, meio litro por cartão, todas as marcas disponíveis.

Logo fui buscar água outra vez. Na volta, súbita queda de bombas. No gramado diante do cinema elevou-se uma coluna de fumaça e poeira. Dois homens à minha frente se jogaram rente ao chão na sarjeta. Mulheres corriam para dentro do primeiro vestíbulo que se apresentasse, descendo as escadas. Fui atrás, para baixo, entrando num porão inteiramente desconhecido, sem sinal de iluminação. Carreguei os baldes cheios comigo, senão alguém os teria roubado. No breu lá embaixo, um bando assustado, sinistro. Uma voz feminina geme:

— Meu Deus, meu Deus... — e silêncio outra vez.

Isso era uma reza? Recordo-me de dois anos atrás, vejo-me no mais miserável de todos os porões, uma verdadeira sepultura, sob uma casa de aldeia de um só pavimento. Um lugarejo com três mil habitantes, insignificante, mas localizado no caminho para a região do Ruhr. Uma vela ardia na escuridão, e as mulheres (quase não havia homens) rezavam o terço, o doloroso; ainda as ouço, monocórdias, engrolando:

— ... que por nós foi açoitado...

E novamente o pai-nosso, a ave-maria, monótonos, abafados, lenientes e libertadores, como possivelmente deve ser o "om mani padme hum" dos cilindros de oração tibetanos. Em meio a isso, eventuais roncos de motores e uma queda de bombas que fez a chama da vela tremular. E outra vez:

— ... que por nós carregou a pesada cruz.

---

[13]Em *Assim falava Zaratustra* (Primeira parte. Do ler e do escrever) consta: "Somos todos formosos burros e burras de carga."

Daquela vez foi evidente para mim como a reza espalhou uma camada de óleo sobre os ânimos exaltados, como fez bem, como ajudou. Desde então, nunca mais vi um porão com pessoas a rezar. Aqui em Berlim, nesses variegados prédios de aluguel de quatro andares, dificilmente se encontrará uma comunidade de rezadores para o pai-nosso comum. Com certeza também se sussurram orações por aqui, com mais freqüência talvez do que as aparências sugerem. E as pessoas gemem "meu Deus, meu Deus". Só que a gemedora mal deve saber o que fala, recorre a fórmulas esvaziadas, utiliza-as mecanicamente e sem sentido.

Nunca gostei do provérbio *Not lehrt Beten*, "a necessidade ensina a rezar". Soa tão sarcástico, tal como *Not lehrt Betteln*, "a necessidade ensina a mendigar". Uma reza, extorquida da boca daqueles que em dias bons nada sabiam de reza, é uma lamentável pedinchice.

Não existe um provérbio como "a felicidade ensina a rezar". Uma tal prece de agradecimento deveria se elevar livre como incenso aromático. Mas isso são especulações. Nossa língua deverá ter razão ao moldar as palavras *beten*, rezar, e *betteln*, mendigar, como se parecessem irmãs. Havia mesmo uma época em que o lugar do mendigo à porta da igreja era tão certo quanto o da maçaneta; visto que, por assim dizer, ele existia com tanta legitimidade e pela mesma graça de Deus quanto o rei, para que este tivesse um pólo extremo sobre a Terra, e o rezador e pedinchão de Deus alguém com quem exercitar a função doadora divina. Mas com isso ainda não descobri se a gemedeira no porão escuro era uma reza. Uma coisa é certa: no lagar e sob a tortura de nossa aflição e nosso medo, poder rezar com facilidade e sem sentir vergonha são uma felicidade e uma graça. Eu não posso — ainda não, ainda me defendo contra isso.

Quando retornei da tarefa de buscar água, a viúva me mandou colher informações na fila da carne. Lá, grande xingação. Parece que o fornecimento de salsicha e carne sempre volta a sofrer interrupções. No momento, isso incomoda às mulheres mais do que toda a guerra. Essa é a nossa força. Nós, mulheres, sempre temos na cabeça o que está mais próximo. Sempre ficamos alegres se nos é permitido escapar para o presente das reflexões acerca do futuro. No momento, a salsicha está no primeiro plano dessas cabeças e lhes obstrui, perspectivamente, as coisas grandes, porém distantes.

Outra vez no porão, por volta das dezoito horas. Não pude ficar por mais tempo deitada tranqüilamente lá em cima, fiquei com medo, pois bombas acertaram em cheio na vizinhança e grossos fragmentos de cal caíram sobre meu cobertor de lã. Cochilei aqui embaixo até que veio a Henni do padeiro e comunicou que uma bomba acertou em cheio a drogaria ao lado do cinema. O proprietário teve morte instantânea. Se por estilhaços, pressão do ar ou ataque cardíaco, não era possível determinar logo. Henni disse que ele não sangrou. Do pudim negro formado pelas três irmãs, levantou-se uma delas e, com a boca fazendo um distinto biquinho, perguntou:

— Por favor, como foi que o sujeito bateu as botas?

É dessa maneira que falamos agora, de tal modo decaiu nossa linguagem. A palavra "merda" nos escapa com facilidade da boca. A gente a pronuncia com satisfação, como se com isso a gente pudesse eliminar o lixo interior. Vamos ao encontro da degradação ameaçadora também com a nossa linguagem.

Quinta-feira, 26 de abril de 1945, onze horas da manhã

Escrevo com dedos trêmulos. Ainda respiramos a poeira da cal. Faz trinta minutos que uma bomba acertou em cheio o quarto andar. Estou sem fôlego, saí a galope de meu sótão. Um chiqueiro de fragmentos de cal, de estilhaços e de cacos de vidro. Adeus, meu breve quase-lar, estás, por enquanto, inabitável.

Apanhei todo tipo de coisa, uma panela, toalhas, bandagens — que tanto precisamos. Minha garganta está ressecada, a faringe ainda arde da poeira da cal. Não tenho nada para beber aqui embaixo. Ao mesmo tempo, incontáveis litros de água acabaram de vazar dos aquecedores lá em cima. Nós fomos —

Pausa, primeiro quero recapitular; há tanto tempo que não escrevo mais e aconteceu tanta coisa. Para começar, alguém veio ao porão ontem à noite, por volta das dezenove horas, e comunicou que lá em cima no mercado da esquina distribuíam farinha para pudim. Fui junto para lá e entrei na fila. De repente, bombas russas. A fila continuou formada, apenas se deslocou para dentro do prédio vizinho em ruínas, como se houvesse proteção atrás dos restos de paredes. Na direção da Berliner Strasse via-se fumaça e chamas. Então nova série de bombas, mais próxima. Desisti da farinha para pudim e atravessei a rua correndo, de volta ao porão. Um homem gritou para mim:

— Ao longo da parede!

Detonações, destroços espirravam. Enfim no porão, ainda que sem a farinha para pudim. A mulher do porteiro se lamentava porque sua filha havia ficado lá em cima; possivelmente ela não se arriscou a atravessar a rua em pleno bombardeio.

Passada uma meia hora ela apareceu, sem a farinha para pudim. Teve, assim disse ela, uma sorte danada. Ainda pôde se espremer no porão do mercado da esquina antes que a bomba caísse na frente do prédio. Um daqueles que não conseguiu mais entrar no porão, um adolescente, foi atingido por um estilhaço no crânio. Ao sair, a narradora passou por cima do cadáver. Agora ela nos mostra como vertia branco e rosa das têmporas dele. A distribuição de farinha para pudim deve prosseguir amanhã. Dizem que ainda há bastante no mercado.

Por volta das nove da noite, a comunidade do porão foi dormir. A viúva arrumou, também para mim, uma espécie de cama, e ainda que seja no vestíbulo, pois lá dentro, entre as vigas de escoramento, não há mais lugar, ela é macia e quente. Adormeci, e acordei por causa das bombas. Alguma coisa lambia a minha mão pendente. Era Foxel, o *terrier* de nosso senhorio ausente. Foxel, sujeito simpático, não tenha medo. Ambos estamos sozinhos no vestíbulo. Aqui não há escoras, em compensação o ar é puro e nem roncos nem gemidos nos perturbam.

Em pé logo cedo, a fim de buscar água na bomba. Lá fora, li pela primeira vez em dias algo impresso, recentemente impresso, inclusive. Um jornal chamado *Panzerbär*, "Urso blindado". Alguém o fixou na padaria, ao lado da vitrine. Trazia o boletim da Wehrmacht de terça-feira, dois dias atrás, portanto. De acordo com ele, a) o inimigo avança e b) reforços alemães estão a caminho. Além disso, também anunciava que Adolf e Goebbels estavam em Berlim e lá permaneceriam. E na estação Schöneberg, informava uma reportagem toda contente, balançava, para que todo mundo visse, o soldado Höhne, desertor.

Café-da-manhã no porão. Cada um praticava, tão bem quanto podia, uma espécie de vida em família. Sobre malas, caixotes e cadeiras, com a ajuda de guardanapos de papel e toalhinhas, preparam o café-da-manhã familiar. Do café subterrâneo surgem jarras com bebidas preparadas sobre o fogo alimentado com madeira ou sobre fogareiros a álcool. Vêem-se manteigueiras, açucareiros, potes de geléia, colheres de prata. Está tudo aí. Em sua cozinha, sobre um fogo feito com caixas de champanhe desmanteladas, a viúva fez a mágica de preparar café em grão, um café que faz bem. Em volta, uma atmosfera irritada e discussões. O povo do porão se aborrece mutuamente.

Então, pouco antes das dez horas, a bomba atingiu o telhado. Um golpe brutal, gritaria. A mulher do porteiro chegou cambaleando, branca como papel, e se agarrou a uma viga. Apoiada por sua mãe, em seguida chegou Stinchen, a garota de dezoito anos. Os cabelos desgrenhados, cinzentos da cal, emolduravam o rosto jovem, o sangue pingava entre eles. Ela foi surpreendida ao atravessar o pátio. Até mesmo o passarinho em sua gaiola percebeu a excitação geral, e pulava de um lado para o outro pipilando agudamente.

Apenas uns quinze minutos depois alguém percebeu que os aquecedores vazavam. Corremos para cima. Quer dizer, pouquíssimos. A esposa do alto funcionário dos correios, por exemplo, sacudiu um atestado e gritou que seu marido era doente do coração e não devia ir junto. O Schmidt das cortinas também apertou logo a sua pintalgada pata senil contra o peito. Outros também hesitaram, até que a senhorita Behn, em seu papel de égua-líder, gritou:

— Vocês com esse papo furado de imbecis e lá em cima os quartos sendo levados embora pela água — e disparou à frente, sem cuidar se alguém a seguia.

Com cerca de quinze outras figuras, corri atrás dela.

Em cima, no terceiro andar, um oceano, que marulhava e marulhava. Trabalhamos pesado, a água escorria de cima, patinhamos com água até os tornozelos, torcemos os tapetes, tiramos água com pás de lixo e a despejamos pelas janelas, sem cerimônias, na rua que se estendia completamente deserta e iluminada por um sol ofuscante. Explosões o tempo inteiro, algumas próximas. Em dado momento, um torvelinho de estilhaços de vidro e de fragmentos de cal, que caiu com barulho na água, mas sem ferir ninguém.

Encharcados e de bom humor, voltamos outra vez ao porão. Tenho as meias úmidas cruzadas embaixo de mim, ainda calçadas, entende-se, e penso: foi racional ou irracional o que fizemos? Não sei. Em todo caso, foi algo soldadesco. Tenente Behn disparou na frente, um destacamento de voluntários a acompanhou e garantiu, sob fogo inimigo e com risco de morte, a própria posição ameaçada. (Não se pode falar de qualquer avareza com relação a tapetes; a minoria dos que vierem junto tinha algo a ver diretamente com os apartamentos — tão pouco quanto eu, por exemplo.) Obedecemos à ordem cegamente, não poupamos a nossa pele. Mas nenhuma canção, nenhum livro de feitos heróicos registra algo assim, e não se prevêem cruzes de ferro para isso. Sei de uma coisa, em todo o caso: que no tumulto da batalha, no fazer e no agir impetuosos, não se pensa em nada. Que não se sente sequer o medo, pois se está completamente distraído e absorto.

Fomos valentes? É esse, provavelmente, o nome que se dá. A senhorita Behn, a égua-líder, é uma heroína? No posto de tenente, ela com certeza ganharia a cruz de ferro. Preciso, portanto, mudar logo o que penso acerca de heroísmo e de ânimo combativo. Não é tão ruim como seria de esperar. É algo que nos impele adiante tão logo se tenha dado o primeiro passo.

Algo típico, também, foi que no tumulto aquático não pensei de modo algum em meu próprio sótão, apenas lembrada por outros é que me dei conta que ele também poderia ter recebido a sua parte no ataque. Voei para cima — e encontrei o chiqueiro que já descrevi. Assim, daqui por diante, vou morar com a viúva. Para ela, fica muito bem assim. Ela tem medo, tão sozinha no apartamento. Ainda em março eles buscaram o seu sublocatário para fazer parte da Volkssturm. Quem saberá se ele ainda está vivo. Mas algo assim só se pensa. Não se diz em voz alta.

Quatro horas depois, três da tarde, outra vez no porão. Outra vez estou sem fôlego, outra vez escrevo com as mãos trêmulas, e com razão.

Quando, por volta do meio-dia, ficou mais calmo lá fora, fui ao portão e deixei a corcunda úmida tomar sol. Ao meu lado, o mestre padeiro. Passou um homem correndo por nós, vindo da antiga caserna da polícia de segurança pública, que ultimamente havia sido usada como caserna da Força Aérea, e carregando um lombo bovino a sangrar debaixo do braço. Na corrida, ele gritou:

— Apressem-se, lá adiante estão distribuindo tudo.

Nós nos entreolhamos e disparamos correndo do jeito que estávamos, sem mochilas, sem nada. A Henni do padeiro, que sempre tem o nariz metido aqui fora, correu atrás. O sol ardia, davam tiros outra vez, mal perceptíveis. Curvados, corríamos ao longo das casas. Na esquina, soldados grisalhos sentados no meio-fio, decerto da Volkssturm; eles sequer olham para nós, as cabeças curvadas sobre os joelhos. Diante da caserna, muitas pessoas com cestos, sacos, bolsas. Entro correndo no primeiro corredor que aparece; está escuro, frio e inteiramente vazio, decerto me enganei.

Corri de volta, ouvi como à minha frente as pessoas andavam às apalpadelas, ofegavam e gritavam:

— Para cá! Aqui!

Apanhei lá fora um caixote atirado, que agora arrasto comigo.

No escuro, dou encontrões nas pessoas, recebo pontapés nas canelas. Estou de repente num porão, todo escuro, pessoas ofegantes, gritos de dor, uma peleia na escuridão. Não, aqui não há distribuição. Aqui há saque.

Acende-se uma lanterna de bolso, reconheço prateleiras, latas e garrafas sobre elas, mas apenas embaixo, as prateleiras superiores já foram esvaziadas. Eu me curvo, jogo-me no chão e, remexendo no compartimento inferior, tiro de lá cinco ou seis garrafas e as meto no meu caixote. No escuro, consigo apanhar uma lata de conservas, recebo uma pisada nos dedos e uma voz masculina grita:

— Essas são as minhas coisas!

Saio com as minhas coisas em direção à porta que dá para a sala contígua. Uma luz débil entra por uma fenda na parede. Reconheço pães, muitos deles, outra vez apenas no compartimento inferior, apanho alguns, ajoelho-me novamente e apalpo e remexo. Ajoelhei-me no vinho, dá para sentir o cheiro, toco estilhaços de vidro, enfio todo pão que posso apanhar em meu caixote. Arrasto minha carga, que não consigo mais levantar, atrás de mim pela porta, através do corredor, rumo à saída, que acena como um palco intensamente iluminado na ponta da escura mangueira do corredor.

Lá fora, topo com o padeiro. Ele também apanhou pães e os enfia em meu caixote. Corre outra vez para dentro da casa a fim de apanhar mais coisas. Estou presa ao meu caixote, aguardo. O padeiro volta carregado com conservas, pratos de porcelana, toalhas grossas e um novelo de lã feltrada, azul-clara.

De repente, também Antoine, o pequeno belga auxiliar de padeiro, está conosco e carrega uma coxa bovina. E chega Henni e traz *chartreuse* em garrafas bojudas. Ela está furiosa:

— Tem de tudo lá dentro, de tudo. Café, chocolate, aguardente. Viviam bem, os irmãos!

E desaparece outra vez na casa. Vigio meu caixote. Um homem se aproxima; ele fez um saco da sua jaqueta e colocou algumas garrafas de álcool dentro dela. Suplicante, ele olha para meus pães no caixote:

— Posso pegar um deles?

Eu:

— Sim, em troca de aguardente.

Trocamos um pão de caserna por uma garrafa de Steinhäger, e ambos ficamos satisfeitos.

Cenas selvagens em volta, sob o sol ofuscante, em que às vezes estalam explosões, duas delas próximas. Homens estouram gargalos de garrafas contra os ângulos das paredes e bebem em goles ávidos. Antoine e eu pegamos meu caixote, um pela direita, outro pela esquerda, e nossos pés tomam o caminho de casa.

O caixote está cheio e pesado. É difícil segurá-lo, e precisamos colocá-lo no chão com freqüência. Estou com muita sede, e faço como acabei de ver: quebro o gargalo de uma garrafa de vinho tinto contra o meio-fio (peguei apenas borgonhas de etiqueta francesa). Bebo do gargalo denteado e me corto no lábio inferior, mas não percebo nada até que Antoine chama minha atenção e limpa o sangue com o seu lenço enquanto mantém a caixa entre as pernas, vigilante. O sangue já havia escorrido até o meu decote.

O padeiro vem atrás de nós, ofegante. Ele carrega junto a si a coxa de boi azulada, lambuzada com esterco de cavalo, como se fosse um bebê. O sol queima, estou encharcada de suor. Algumas explosões próximas. Além disso, à distância, o tac-tac-tac do fogo aéreo e o pá-pá-pá da artilharia antiaérea leve.

Diante da porta da rua, dividimos nossa pilhagem. A estúpida lã azul tinha se enredado em tudo. Meu butim: cinco garrafas de borgonha, três garrafas de conserva de verdura para sopa, uma garrafa de Steinhäger, quatro pães de caserna, seis pacotinhos de farinha de ervilhas, deixados para mim generosamente pelo padeiro, e uma lata de conserva sem rótulo contendo sei-lá-o-quê. Arrastei tudo até o primeiro andar da viúva.

Estou quente, suada, e conto a minha aventura a uma dúzia de pessoas enquanto, parada junto ao fogão com o prato na mão esquerda, devoro depressa algumas colheradas do mingau de batatas que a viúva preparou num fogão usado por várias famílias e aquecido com donativos da coletividade. Lá fora, outra vez uma série de bombas. Os outros examinavam meu butim com olhos arregalados, mas não se atreviam a outras pilhagens na caserna. Além disso, ela já deve ter sido inteiramente saqueada nesse meio-tempo.

Algumas horas depois, por volta das dezoito, outra vez no porão. Consegui dormir um pouco no intervalo; estava bem embriagada depois que esvaziei, com a viúva, a garrafa de borgonha aberta. Acordei zonza, com um gosto amargo na boca, e demorei a entrar em contato com o submundo que tremeluzia à chama do petróleo. Até que vi pessoas correndo para fora e gritando que precisavam de sacos:

— Vamos, lá adiante nos barracos estão buscando batatas!

Fui para lá junto com a viúva. Precisamente naquela hora o inimigo fazia uma pausa, estava bastante calmo. Por isso, decerto, o súbito bulício nas ruas tão vazias depois do meio-dia. Sobre um carrinho de bebê, duas mulheres empurravam um barril intacto que cheirava a chucrute. Pessoas jovens e bem velhas corriam em direção aos barracos como se estivessem em fuga. Eu e a viúva nos munimos de todos os baldes disponíveis, dois para cada uma. No caminho, batatas pisoteadas e cenouras podres, cujo rastro era só seguir. Diante dos degraus de pedra do acesso ao barraco, jaz uma massa sangrenta. Eu recuo, mas a viúva ri:

— Geléia!

E, de fato, é isso; a geléia é rolada para fora em barris.

Nós nos apertamos através do corredor fervilhando de gente, descemos aos tropeções por degraus escorregadios e chegamos às batatas podres, fedorentas. À luz de clarabóias estreitas, remexemos com as mãos e com os pés em meio ao lodo, escolhendo o que ainda podia ser aproveitado. Deixamos de lado os nabos barrentos e as cenouras, enchendo os baldes com batatas. Topamos com um saco, já cheio pela metade, e, sem perguntar a quem pertencia, o arrastamos conosco escada acima, pelas ruas, para casa, até o primeiro andar.

Em torno de nós, outra vez detonações e estrondos; ninguém liga a mínima, a febre do saque contagiou a todos. Corremos logo uma segunda vez, trazendo nossos baldes para casa cheios de briquetes. Em torno de nós, a corja que corre e saqueia.

Agora também começou a pilhagem das lojas abandonadas. Um homem de cabelos brancos, "senhor" cabe melhor, leva embora uma gaveta cheia de caixas de sabão em pó. Na gaveta está escrito "arroz".

No primeiro andar. Nós nos sentamos no sofá da sala de estar. Nossos braços estão cansados, as pernas tremem. As vidraças, aquelas que ainda estão inteiras, oscilam de leve. Através dos batentes quebrados das janelas sopra um calor ameno, misturado com o cheiro dos incêndios. Às vezes, o vuu-ummm, com um eco prolongado, da defesa antiaérea pesada. Então péééng! Um golpe bem rápido, que pressiona o tímpano: um tiro das baterias pesadas da artilharia. E, bem longe, por vezes, um rapidíssimo knackvum-knackvum, acompanhado de uivos e latidos. Não sei o que é isso. A viúva acredita que seja o assim chamado "órgão de Stalin"[14] dos russos. De resto, o russo não estendeu nenhum tapete até agora, mas sempre mandou bombas isoladas.

Por fim, saímos ambas a passear para ver se encontrávamos farinha para pudim no mercado da esquina, atingido ontem por uma bomba, e que era o único que ainda funcionava. E, de fato, ainda há clientes lá e mercadoria à venda. Essa farinha para pudim possui o preço impresso em fênigues, 38 fênigues, acredito. O vendedor, também proprietário e morando junto à loja, insiste em devolver os fênigues a mais para cada comprador, e pergunta por toda parte, dentro e fora do mercado, por troco. E isso durante o bombardeio! Algo assim só acontece por aqui. Contando os fênigues, voltamos para o covil.

Apenas por brincadeira, viramos a esquina para dar uma olhada no açougue, já que eu ainda não busquei minha ração de carne. E lá, deveras, também vendiam; havia no máximo uma dúzia de pessoas e mais mercadoria do que exigia a demanda atual. Conseguimos, assim, bons pedaços, carne suína limpa e honestamente pesada.

Ao sairmos da loja, passou por nós um caminhão; transportava tropas alemãs que usavam um distintivo vermelho, portanto, soldados da defesa antiaérea. Eles se dirigiam à cidade, rumo ao centro. Sentados em silêncio, fitavam o vazio. Uma mulher gritou para eles:

— Estão se mandando?

---

[14]Instalado sobre a carroceria de caminhões, o temido "órgão de Stalin" consistia em um conjunto de trilhos que permitia o lançamento simultâneo de vários foguetes, dos mais diversos calibres. O apelido foi dado em alusão ao ruído dos lançadores ao disparar. O "tapete", mencionado a seguir, é o "tapete de bombas" (cf. nota 12).

Não recebeu resposta. Dando de ombros, nos entreolhamos. A mulher disse:

— Também, são apenas uns pobres porcos.

Percebo nesses dias, repetidamente, que o meu sentimento com respeito aos homens, o sentimento de todas as mulheres, se modifica. Eles nos dão pena, nos parecem tão miseráveis e débeis. O sexo frágil. Sob a superfície, prepara-se entre as mulheres uma espécie de desilusão coletiva. O mundo nazista, dominado pelos homens, glorificador do homem forte, desmorona — e com ele, o mito "homem". Em guerras anteriores, os homens podiam exigir para si o privilégio de matar e morrer pela pátria. Nós, mulheres, temos hoje parte nisso. Isso nos transforma, nos torna audaciosas. No fim dessa guerra, ao lado de muitas outras derrotas, também se encontra a derrota dos homens na condição de sexo.

Depois, no porão, a comunidade janta mergulhada em reflexões. Aconchegantes naturezas-mortas na proporção de um metro quadrado por lar. Aqui, chá com fatias de pão, lá, mingau de batatas. Com faca e garfo, a Stinchen pica de modo impecável um pepino em conserva. A cabeça ferida está envolvida por ataduras limpas. A esposa do livreiro pergunta:

— Posso servi-lo?

— Por favor, minha senhora — sussurra o Schmidt das cortinas.

Estendem uma toalha sobre o canário. Entra o soldado desertor e comunica que os russos fazem sondagens nas proximidades do cinema. Nossa esquina já se encontra sob fogo de pequeno calibre. Nenhum uniforme deve entrar em nosso porão, ordena o ex-soldado — caso contrário, seremos enquadrados na lei marcial e executados segundo as regras do conselho de guerra.

Palavreado intermitente sobre as notícias do *Panzerbär*. Dizem que há de fato dois exércitos a caminho para a libertação de Berlim, Schörner do sul, e um outro do norte. Treuenbrietzen, Oranienburg e Bernau deverão ser libertadas à bala.

E nós? Sentimentos muito variados, quase aterrorizados.

— Então a algazarra deve começar agora, e nós no meio dela. Vamos ter de morar meses aqui embaixo? Estamos perdidos, de um modo ou de outro. Caso não haja problema com o Ivã, virão os americanos pelo ar. E que Deus nos guarde dos tapetes deles. Aí seremos soterrados no porão.

Há pouco, novidades da rua: a Volkssturm recuou, o Ivã avança sobre nós. A artilharia alemã se posicionou em nossa esquina, seus disparos retumbam através do porão. Enquanto isso, seis mulheres estão sentadas em volta de uma mesa e a viúva põe as cartas para a licorista. Isso ela sabe fazer com perfeição:

— Em breve, a senhora terá uma desilusão com respeito ao seu marido. (Ele ainda conserva a posição na sua fábrica de licores ao lado da ruiva Elvira.)

Quero dormir logo. Alegro-me com a perspectiva. Dia cheio até a borda. Balanço: estou com saúde, animada e insolente, o medo está por enquanto razoavelmente longe. No cérebro, fortes impressões de cobiça e ira. Costas fracas, pés cansados, a unha de um polegar quebrada, o lábio cortado arde. "O que não me mata, me fortalece":[15] pois não é que está certo?

A acrescentar: uma imagem que vi na rua. Um homem empurra um carrinho de mão com o cadáver rígido de uma mulher. Madeixas grisalhas esvoaçando soltas, avental azul. As pernas secas, calçadas com meias cinzentas, avançam muito além da borda traseira do carrinho. Quase ninguém olha. Foi como a recolha de lixo, no passado.

---

[15]Nietzsche, *O crepúsculo dos ídolos ou Como filosofar com o martelo*, Ditos e setas, 8 ("Da escola de guerra da vida").

Sexta-feira, 27 de abril de 1945, dia da catástrofe, torvelinho selvagem — notas tomadas no sábado pela manhã

A coisa começou em silêncio. Noite por demais silenciosa. Lá pela meia-noite, a senhorita Behn comunicou que o inimigo já tinha avançado até os jardins de Schreber, e que a linha alemã já estava à nossa frente.

Demorei a pegar no sono, experimentei mentalmente o meu russo, treinei locuções das quais suponho que agora poderia fazer uso. Hoje, em poucas palavras, disse pela primeira vez ao povo do porão que sei falar alguma coisa em russo; que, dentre a dúzia de países que percorri na juventude, também se encontra a Rússia européia.

Meu russo é simplório, mera linguagem utilitária, apanhada a caminho. Ainda assim, sei contar, marcar uma data e ler as letras. O russo me voltará depressa, agora que o exercício acena. Sempre tive imensa facilidade para línguas. Contando em russo, finalmente adormeci.

Dormi até por volta das cinco horas da madrugada. Então ouvi alguém circulando no vestíbulo. Era a livreira; ela vinha de fora, me pegou pela mão e sussurrou:

— Eles estão aqui.

— Quem? Os russos? — Mal consegui abrir os olhos.

— Sim. Acabaram de entrar pela janela do Meyer (a loja de bebidas alcoólicas).

Terminei de me vestir, me penteei, enquanto no abrigo antiaéreo a mulher divulgava sua novidade. Em poucos minutos, o porão inteiro estava de pé.

Tateei na escada dos fundos até o primeiro andar; queria esconder nossos poucos gêneros alimentícios que ainda não estavam escondidos. Fiquei ouvindo atrás da porta estilhaçada dos fundos, que não podia mais ser trancada à chave. Tudo quieto, a cozinha vazia. De joelhos, me arrastei até a janela. A rua, iluminada pelo sol do amanhecer, estava sob tiroteio, ouvia-se o estampido e o assobio das balas.

Na esquina, um canhão quádruplo da defesa antiaérea russa — quatro girafas de ferro; pescoços ameaçadores, da altura de torres. Dois homens sobem pela rua com passo pesado: costas largas, casacos de couro, botas de couro de cano alto. Carros se aproximam, estacionam no meio-fio. Peças de artilharia matraqueiam à luz matutina pela rua. A pavimentação trepida. Através das vidraças quebradas, o vento traz o cheiro de gasolina para dentro da cozinha.

Retorno ao porão. Tomamos café como se estivéssemos num pesadelo. Apesar disso, para o espanto da viúva, devoro várias fatias de pão. Algo formiga em meu estômago. Lembra-me a sensação da colegial antes de um trabalho de matemática — mal-estar e inquietação, e o desejo de que tudo já tivesse passado.

Depois, subimos juntas, eu e a viúva. No apartamento dela, espanamos, limpamos, varremos e esfregamos utilizando nossa penúltima água. Sabe lá o diabo por que nos esfalfamos assim. Provavelmente, para mexer os membros ou para escapulirmos outra vez do futuro para o presente sólido.

Entrementes, nos arrastávamos sem cessar até a janela. Lá fora passava um trem de guerra interminável. Éguas gordas, potros entre as pernas. Uma vaca, que mugia surdamente em busca do ordenhador. Na garagem em frente, eles já armam sua cozinha de campanha. Pela primeira vez reconhecemos tipos, rostos: sujeitos gordos de crânio grande, cabelo à escovinha, bem-nutridos, despreocupados. Civis em parte alguma. Nas ruas, os russos ainda estão inteiramente entre eles. Mas debaixo de todas as casas há cochichos e calafrios. Quem alguma vez teria imaginado esse submundo cheio de medo, oculto, da grande cidade. A vida escondida nas profundezas, cindida em células minúsculas que nada mais sabem uma da outra.

Lá fora, céu azul, luz sem nuvens.

Depois do meio-dia — a hamburguesa e eu acabávamos de buscar o segundo caldeirão cheio de sopa de cevadinha, cozinhada para todo o povo do porão na panificadora do padeiro —, o primeiro inimigo encontrou o caminho de nosso porão. Um tipo campônio de bochechas vermelhas, seus olhos piscavam ao examinar o povo do porão à luz da lâmpada de petróleo. Ele entra hesitante, dois passos em nossa direção.

Palpitações. Medrosos lhe estenderam seus pratos cheios de sopa. Ele balança a cabeça e sorri, ainda mudo.

Então eu disse minhas primeiras palavras em russo, num grasnar, pois de repente estava rouca:

— *Schto viy sheláitie?* (O que o senhor deseja?)

O homem olha em torno e me fita perplexo. Noto que ele me considera inquietante. Parece que ainda não lhe aconteceu que uma "muda" lhe dirigisse a palavra em sua língua. Pois em sua linguagem cotidiana, o russo chama os alemães de "Niemtse", o mesmo que "os mudos". Possivelmente, desde os tempos da liga hanseática, quinhentos anos atrás, quando os comerciantes, mudos, comunicando-se por sinais, negociavam com eles em Novgorod e outros lugares, trocando panos e rendas por peles e cera.

Esse russo, em todo caso, nada responde à minha pergunta; apenas balança a cabeça. Pergunto então se ele não quer, talvez, algo para comer. Ele arreganha um pouco os dentes e diz em alemão:

— *Schnaps.*

Schnaps? Todos balançam a cabeça, pesarosos. Não há álcool aqui embaixo. Quem ainda tem um pouco, escondeu muito bem. O Ivã se retira, procura o caminho de volta através do labirinto de corredores e pátios.

Em nossa rua, alegre movimentação de soldados. Eu me arrisco na companhia de mais duas ou três mulheres e observo o tumulto. Em nosso portão de acesso, um sujeito jovem limpa uma motocicleta, uma Zündapp alemã quase nova. Ele me estende os trapos e me convida por gestos a prosseguir com a limpeza. Quando lhe digo em russo que não tenho vontade de fazê-lo, e até rio, ele me encara surpreso e ri também.

Na rua, alguns russos pedalam bicicletas que acabaram de roubar. Uns ensinam os outros a pedalar, sentam-se tão rígidos sobre o selim quanto Susi, a chimpanzé ciclista do zoológico, batem nas árvores e gritam contentes.

Noto como alguns de meus temores cedem. Pois, afinal, também os russos são "apenas homens", com os quais se poderia lidar de alguma maneira feminina, com astúcias e manhas; que se pode entreter, distrair, mandar passear.

Por toda parte, cavalos sobre os passeios, eles estercam e urinam. Forte cheiro de estrebaria. Dois soldados me perguntam onde fica a bomba de água mais próxima — os cavalos estão com sede, dizem. Juntos, caminhamos um quarto de hora através dos jardins. Tom amistoso, rostos cordiais. Ouço pela primeira vez as perguntas que depois sempre retornam:

— A senhora tem marido?

Quando se diz que sim, as perguntas prosseguem, querem saber onde ele está. Quando se diz que não, perguntam se não queremos "casar" com um russo. Segue-se então uma galanteria grosseira.

De início, ambos me tratavam por "tu". Não aceitei isso; disse que, de minha parte, eu também não os tratava por tu. Seguimos ao longo do caminho verde e deserto. Sobre nós, o vôo em arco dos tiros da artilharia. A linha alemã se encontra dez minutos à nossa frente. Não se vêem mais aviões alemães, mal se ouve a defesa antiaérea. Não há mais fornecimento de água, energia elétrica, gás, nada. Apenas ivãs.

De volta com os baldes de água. Os cavalos bebem. Contentes, os soldados do trem de guerra os observam. Eu passeio pelas redondezas, tagarelo com este ou aquele russo. A manhã passa, agora o sol arde com um calor quase estival. Noto um quê de estranho no ar, difícil de apreender, malévolo e ameaçador. Alguns sujeitos bastante esquivos me olham de relance, trocam olhares. Um deles, um jovem, pequeno e amarelo, cheirando a álcool, me enreda numa conversa, quer me atrair para o pátio ao lado, aponta para dois relógios em seu antebraço cabeludo e quer me dar um deles de presente se eu —

Retiro-me de volta para o corredor do porão, safo-me através do pátio interno, penso já ter me livrado dele, e de repente lá está ele ao meu lado e se mete junto em nosso porão. Ele cambaleia de uma viga a outra, ilumina os rostos do porão, cerca de quarenta, com uma lanterna de bolso em formato de bastão, deixa o cone de luz demorar-se oscilante sobre os rostos das mulheres.

O porão congela. Todas as pessoas estão como que paralisadas. Ninguém se move, ninguém fala. Ouvem-se respirações opressas. Agora o cone de luz se detém na garota de dezoito anos, na Stinchen que descansa numa espreguiçadeira, com a atadura, de um branco reluzente, na cabeça. Ameaçador, o russo pergunta em alemão, enquanto aponta para a moça:

— Quantos anos?

Ninguém responde. A moça está deitada como se fosse de pedra. O russo grita outra vez, áspero e furioso:

— Quantos anos?

Respondo depressa em russo:

— Ela é uma estudante, tem dezoito.

Ainda quero dizer que ela está ferida na cabeça, não encontro os vocábulos e me socorro com a palavra internacional "kaputt":

— Cabeça *kaputt*, das bombas.

Agora se segue um diálogo entre o homem e mim, um rápido

vaivém de perguntas e respostas que seria absurdo registrar, pois foi absurdo. Tratou de amor, de amor verdadeiro, de amor cálido, que ele me amava, se eu o amava, se nós queríamos fazer amor.

— Talvez — digo, e me movo passo a passo na direção da porta.

O sujeito se deixa apanhar na minha armadilha. O povo do porão, em volta, ainda paralisado do susto, não entende nem de longe o que se passa.

Eu gracejo com as mãos a tremer, mal consigo pronunciar as poucas palavras devido às palpitações. Olho o homem em seus olhos negros e me espanto com seus globos oculares amarelos, ictéricos. Já estamos fora, no corredor mal-iluminado, eu recuo em passos curtos à frente dele, ele não conhece esse labirinto e me segue. Eu sussurro:

— Para lá. Lá muito bonito. Sem pessoas.

Mais três passos, dois degraus — e estamos na rua, em meio ao ofuscante sol do meio-dia.

Corro logo para os meus dois tratadores de cavalo, que estão precisamente a escovar seus animais. Aponto para meu perseguidor:

— Mas esse é terrível, hahaha!

O rapaz me mede com um olhar venenoso e desaparece. Os escovadores de cavalo riem. Tagarelo por um momento com eles e me restabeleço. As mãos voltam a se acalmar.

Enquanto eu papeava lá fora, alguns heróis, que não procuravam mais mulheres, recolhiam relógios em nosso porão. Vi muitos ivãs mais tarde com uma coleção inteira de relógios em ambos os antebraços — com cinco, seis, que comparavam, davam corda, acertavam constantemente — com uma alegria imensa e infantil.

Nossa esquina é um bivaque agora. O trem de guerra se instala nas lojas e garagens. Os cavalos comem aveia e feno, suas cabeças acenam pelas vitrines quebradas de maneira engraçada. Há uma espécie de alívio no ar: pois bem, os relógios se foram. "Voina kaputt", como dizem os russos; para nós, a guerra está *kaputt*, acabada. A tempestade se afasta, estamos ao abrigo do vento.

Assim pensávamos.

Por volta das dezoito horas, a coisa começou. Um deles entrou no porão, forte como um touro, podre de bêbado, agitando seu revólver, e foi em direção à licorista. Essa ou nenhuma. Com o revólver, ele a conduziu através do porão, empurrando-a diante de si para a porta. Ela se defendia, se debatia, uivava — até que o revólver disparou de repente. O tiro passou entre as vigas e acertou a parede, sem causar dano. Em conseqüência, pânico no porão, todos se levantavam de um pulo, gritavam... O herói do revólver, ele próprio assustado de maneira evidente, se mandou de lado para os corredores.

Por volta das dezenove horas, eu estava sentada tranqüilamente com a viúva em seu apartamento, jantando o mingau da noite, quando a filha mais nova do porteiro entrou correndo aos gritos:

— A senhora tem que descer depressa, a senhora tem que falar russo com eles, de novo há alguns atrás da senhora B.

Outra vez, portanto, a licorista. Ela é de longe a mais gorda de todas nós, com seios imensos, salientes. Já corre o boato de que eles procuram as gordas. Gordura equivale à beleza, pois há mais mulher, há mais diferenças com relação ao corpo masculino. Afirma-se que entre os povos primitivos as gordas eram respeitadas como símbolo de abundância e fertilidade. Eles terão de procurar muito em nosso país. Precisamente as mulheres já de certa idade, antes tão gordas, na maioria encolheram de modo assustador. A licorista, porém, não passou miséria. Durante toda a guerra, ela sempre tinha algo para trocar. Agora tem de pagar pela sua banha injusta.

Quando desci, ela estava parada na porta da rua, choramingando e tremendo. Ela correu para fora do porão, conseguiu escapar dos sujeitos. Agora ela não se atreve a voltar, não se atreve tampouco a subir até seu apartamento, quatro andares acima, pois vez por outra há canhoneios da artilharia alemã. Ela também tem medo de que os sujeitos possam segui-la até lá. Ela se agarra em meu antebraço, tão firme que se vêem as marcas das unhas em minha pele, e me implora para que eu vá com ela ao "comandante" para pedir uma escolta, alguma espécie de proteção. Não sei bem o que ela está pensando.

Dirijo a palavra a um passante com estrelas no ombro, procuro lhe explicar o medo da mulher, quando percebo que me falta o vocábulo "medo". Mas ele me interrompe, com impaciência:

— Que nada, ninguém fará nada à senhora, vá para casa.

Por fim, a mulher soluçante cambaleia escada acima. Desde então não a vi mais, deve ter se escondido lá no alto. Bem melhor assim. Ela é um chamariz muito forte.

Mal estava outra vez em cima, a menina do porteiro, que evidentemente é amestrada como mensageira, veio correndo de novo. Homens no porão outra vez. Agora eles querem a padeira, que, atravessando os anos de guerra, também foi capaz de salvar alguma gordura corporal.

O mestre vem cambaleando ao meu encontro no corredor, está branco como a sua farinha, estende as mãos para mim, balbucia:

— Estão com a minha mulher...

Sua voz se altera. Por um segundo, tenho a impressão de tomar parte numa peça de teatro. É impossível que um simples padeiro se mova assim, coloque tais acentos sentidos em sua voz, pareça tão nu, tão escancarado, como até hoje só vi grandes atores fazê-lo.

No porão. A lâmpada de petróleo não arde mais, decerto o combustível acabou. À luz tremulante da chamazinha de uma vela de sebo, uma das assim chamadas velas de Hindenburg, reconheço o rosto calcário da padeira, a boca tremendo... Há três russos com ela. Um deles puxa pelo braço a mulher deitada na espreguiçadeira, outro a empurra; ela quer se levantar, sentar-se outra vez. É como se ela fosse uma boneca, uma coisa.

Enquanto isso, eles conversam muito rápido entre si; discutem, evidentemente. Entendo pouco, eles usam gírias. Que fazer?

— Comissário — gagueja o padeiro.

Comissário, ou seja: alguém que tenha algo a dizer. Subi até a rua, que agora se estende sossegada e numa calma vespertina. Os bombardeios e o vermelhão dos incêndios estão distantes. Encontro exatamente o oficial que há pouco despachou a licorista, dirijo-lhe a palavra em meu russo mais cortês, peço ajuda. Ele entende e faz uma cara azeda. Hesitante, a contragosto, por fim ele me segue.

No porão, ainda silêncio e pasmo. É como se todas essas pessoas, os homens, mulheres e crianças, estivessem petrificadas. Dos três em torno da padeira, um deles se afastou no meio-tempo. Os outros dois ainda estão parados ao lado dela e discutem.

O oficial se envolve na conversa, sem usar tom de comando, de igual para igual. Compreendo várias vezes a expressão "Ukas Stalina" — decreto de Stalin. Parece que segundo tal decreto, "isso" não deveria acontecer. Mas, naturalmente, acontece, conforme o oficial, dando de ombros, me dá a entender. Um dos dois advertidos protesta. Seu rosto está desfigurado pela raiva:

— Que é? Como foi que os alemães fizeram com nossas mulheres?

Ele grita:

— Minha irmã foi... — e assim por diante; não compreendo todas as palavras, porém o sentido.

Com toda calma, o oficial tenta, por alguns instantes, persuadir novamente o homem. Nisso, ele se afasta devagar na direção da porta do porão, também já conseguiu tirar os outros dois. A padeira pergunta rouca:

— Eles foram embora?

Faço que sim, mas por precaução saio outra vez para o corredor escuro. Aí eles me apanham. Ambos ficaram de tocaia.

Eu grito, grito... Atrás de mim, a porta do porão bate com um ruído surdo.

Um deles me arrasta pelo pulso, corredor acima. Então o outro também me arrasta enquanto aperta de tal modo o meu pescoço que não posso mais gritar, não quero mais gritar, de medo de ser estrangulada. Ambos me dominam, já estou deitada no chão. Algo cai, tinindo, do bolso de meu casaco. Devem ser as chaves da casa, meu molho de chaves. Com a cabeça apoiada no degrau inferior da escada do porão, sinto as lajotas úmidas e frias às costas. No alto, à porta entreaberta que deixa entrar um pouco de luz, um dos homens fica de guarda, enquanto o outro arranca minha roupa de baixo, e procura o caminho com violência —

Tateio com a esquerda pelo chão, até encontrar enfim o meu molho de chaves. Com força, agarro-o com os dedos da esquerda. Protejo-me com a direita, mas de nada adianta, ele simplesmente rasgou a liga das meias. Quando, cambaleante, tento subir, o segundo se lança sobre mim e me obriga, com punhos e joelhos, a voltar ao chão. Então é o outro que fica de sentinela, ele sussurra:

— Rápido, rápido...

Depois ouço russos falando em voz alta. O corredor se ilumina. A porta foi aberta. Entram dois, três russos, a terceira figura é uma mulher de uniforme. E eles riem. O segundo sujeito, perturbado, levantou-se num pulo. Depois, na companhia dos três, ambos se retiram e me deixam deitada.

Agarro-me na escada para levantar, apanho minhas coisas, arrasto-me ao longo da parede até a porta do porão. Nesse meio-tempo, ela foi fechada por dentro. Eu:

— Abram, estou sozinha, foram todos embora!

Por fim, as duas alavancas de ferro se abrem. Lá dentro, o povo do porão me encara. Só agora percebo minha aparência. As meias pendem sobre os calçados, o cabelo está desgrenhado, ainda tenho os pedaços da liga na mão.

Eu grito:

— Seus porcos! Estuprada duas vezes e vocês fecham a porta e me deixam atirada como um lixo qualquer!

E dou meia-volta e quero sair. Atrás de mim, primeiro o silêncio, depois a coisa estoura. Todos falam, gritam ao mesmo tempo, discutem, se agitam. Por fim, uma decisão:

— Vamos todos juntos ao comandante para pedir proteção para a noite.

É assim que, finalmente, um punhado de mulheres, também alguns homens, sai para a tarde crepuscular, para o ar morno, que cheira a queimado, e se dirige ao quarteirão fronteiro, onde, dizem, mora o comandante.

Fora, o silêncio, os canhões estão calados. No portão em frente, figuras descansam no chão, russos. Um deles se levanta quando nosso grupo se aproxima. Um outro murmura:

— Ora, apenas alemães — e se vira outra vez.

Dentro, no pátio, pergunto pelo comandante. De um grupo de homens parado junto à porta que dá para a casa traseira, uma figura se destaca:

— Sim, o que a senhora deseja?

Um sujeito grande com dentes brancos, um tipo caucasiano.

Mas ele apenas ri de meus balbucios e do punhado miserável que quer fazer queixas ali.

— Que nada, isso com certeza não fez mal nenhum à senhora. Nossos homens são todos sadios.

A passos lentos, ele retorna ao grupo de oficiais, nós os ouvimos rir a meia-voz. Eu, para o nosso grupo cinza:

— Não tem sentido algum.

Saímos — o grupo retorna ao porão. Não quero, não quero mais ver as caretas do porão, subo ao primeiro andar, junto com a viúva, que fica em torno de mim como de uma doente, fala em voz baixa, me afaga, me observa, a ponto de já me aborrecer. Quero esquecer.

No banheiro, tiro a roupa e, pela primeira vez em dias, me lavo o melhor que posso com a pouca água, escovo os dentes diante do espelho. De repente, silencioso como um fantasma, surge um russo no batente da porta, pálido e elegante. Ele pergunta em voz baixa, e em alemão:

— Onde — por favor — porta?

Ele se perdeu dentro do apartamento, está claro. Eu, paralisada de espanto e vestindo camisola, aponto-lhe, muda, o caminho da porta da frente, a que dá na escadaria. Ele, cortês:

— Obrigado.

Corro para a cozinha. Sim, ele entrou pela porta dos fundos. O armário das vassouras, com que a viúva a bloqueou, está deslocado. Subindo pela escada dos fundos, a viúva acaba de chegar do porão. Juntas, atravancamos de novo a porta dos fundos, mas desta vez a valer. Construímos uma torre de cadeiras diante dela e, para terminar, ainda empurramos contra ela o pesado armário da cozinha. Isso irá segurar, acha a viúva. Na porta da frente ela passa o ferrolho como sempre, gira a chave duas vezes. Nós nos sentimos mais ou menos seguras.

Uma chamazinha minúscula tremula sobre o sebo da vela de Hindenburg. Ela lança as nossas sombras, imensas, contra o teto. A viúva arrumou a minha cama na sala de estar, sobre o divã. Pela primeira vez em muito tempo não baixamos as corrediças. Para quê, afinal? Não haverá mais ataques aéreos nessa noite de sexta para sábado, não para nós, que já somos russos. A viúva está comigo, sentada na borda da cama, ela acaba de tirar os sapatos, quando — barulheira, estrondos.

Pobre porta dos fundos, baluarte miseravelmente construído. Ela já estala, as cadeiras barulham sobre as lajotas. Ouvem-se pateadas e empurrões e muitas vozes grossas. Nós nos entreolhamos. Uma luz tremula através de uma fenda na parede que separa a cozinha da sala de estar. Agora, passos no corredor. Alguém arromba a porta de nossa peça.

Um, dois, três, quatro sujeitos. Todos fortemente armados, a automática junto aos quadris. Eles apenas nos olham rápido, não dizem uma palavra. Um deles logo atravessa a sala até o armário, abre as duas gavetas com violência, remexe dentro delas, fecha as portas com estrondo, diz alguma coisa, desdenhoso, e sai com passo pesado. Nós o ouvimos remexer no quarto ao lado, antes habitado pelo sublocatário da viúva até o dia em que teve de tomar parte da Volkssturm. Os outros três ficam parados à toa, cochicham entre si, me examinam a furto. A viúva calçou outra vez os sapatos, me sussurra que vai correr para cima e buscar ajuda em outros apartamentos... Foi-se. Nenhum dos homens a impede.

Que devo fazer? De repente, pareço loucamente ridícula a mim mesma, sentada na cama em minha camisola cor-de-rosa com laços, diante de três sujeitos. Não suporto mais isso, preciso dizer alguma coisa, fazer alguma coisa. E outra vez pergunto em russo o meu "Schto viy sheláitie?".

Eles se viram. Três rostos perplexos, logo começam as perguntas:

— Donde é que sabes russo?

Faço meu discurso decorado, explico quando e como viajei pela Rússia de ponta a ponta, desenhando e fotografando. Agora os três soldados sentam-se nas poltronas, colocam suas armas de lado e esticam as pernas. Tagarelamos sobre isso e aquilo, presto atenção sem parar ao corredor, aguardando que a viúva retorne com a anunciada tropa auxiliar de vizinhos. Mas não se ouve nada.

Nesse meio-tempo, o quarto rapaz olha outra vez para dentro e então sai com o soldado número três para nossa cozinha. Ouço-os lidar com a louça. Os outros dois papagueiam em voz baixa, é evidente que não querem que eu entenda nada. Atitude particularmente reservada. Há algo no ar, uma centelha voa em torno, a questão é para onde.

A viúva não aparece. Sob meu cobertor, busco reatar a conversação com os dois nas poltronas, mas não sai nada. Olhares de esguelha. Eles deslizam em torno. Agora a coisa deveria começar de fato, como sei pelos jornais, do tempo em que ainda havia alguns: dez, vinte vezes, sei lá. Tenho febre. Meu rosto arde.

Agora os dois na cozinha ao lado gritam para cá. Os homens sentados nas poltronas se levantam vagarosamente, caminham sem pressa rumo à cozinha, obedecendo ao chamado. Saio da cama sem fazer ruído, ouço por um momento à porta que dá para a cozinha, onde, segundo parece, estão bebendo. Deslizo então pelo corredor escuro como breu, me esgueiro de pés descalços, pego meu casaco do gancho ao passar e o visto sobre a camisola.

Com cautela, abro a porta da frente. Agora que a viúva saiu, ela está apenas fechada com o trinco. Presto atenção na escadaria silenciosa, negra. Nada. Nenhum som e nenhuma claridade em parte alguma. Para onde terá ido a viúva, afinal? Quando quero subir as escadas, um deles, que se esgueirou sem ruído atrás de mim, me agarra pelas costas na escuridão.

Manzorras de gigante, bafo de aguardente. Meu coração salta como louco. Eu sussurro, eu imploro:

— Só um, por favor, por favor, só um. Por mim, o senhor. Mas expulse os outros.

Ele promete aos sussurros e, como uma trouxa, me carrega nos braços pelo corredor. Não faço idéia de qual dos quatro seja, de sua aparência. No quarto da frente, escuro, quase completamente sem vidraças, ele me deita sobre a cama nua, sem cobertores, do antigo sublocatário. Grita então alguns fragmentos grosseiros de frases pelo corredor, na direção da cozinha, fecha a porta atrás de si e se deita no escuro junto comigo. Sinto um frio desgraçado e peço e imploro para voltar para a cama armada ao lado. Ele não quer, parece temer o retorno da viúva. Só depois de uma meia hora, quando tudo fica em silêncio, consigo convencê-lo à mudança.

Agora a automática retine contra o esteio da cama; o homem colocou seu boné sobre o remate do esteio. Silenciosa, para si, a vela de sebo continuou queimando no entretempo. Petka, assim se chama o soldado, tem uma cabeça de abade, e o cabelo louro, eriçado, que ao toque se parece com a pelúcia de um sofá, cresce na sua testa formando um triângulo. De resto, um gigante, largo como um armário, com manzorras de lenhador e dentes brancos. Estou tão cansada, tão quebrada, mal sei ainda onde estou. Petka grunhe em torno, ele é da Sibéria, mas claro. Agora ele já tirou até as botas. Estou com vertigens, apenas metade de mim está presente e essa metade não se defende mais, ela cai contra o corpo duro, cheirando a sabão. Por fim, sossego, escuridão, sono.

O galo, que o trem de guerra leva consigo, canta as quatro da madrugada. Logo estou completamente desperta, puxo minha mão que está debaixo de Petka. Sorrindo, ele mostra os dentes brancos. Levanta rápido, me explica que agora tem ronda a fazer, mas que com certeza estará de volta às sete horas — com toda certeza! E, na despedida, ele quase me esmaga os dedos.

Enfio-me outra vez sob o cobertor e durmo um sono agitadíssimo, acordando de quinze em quinze minutos, numa das vezes com o grito de "socorro!", mas era apenas o galo. Agora a vaca também muge. Desenrolo nosso despertador de sua proteção (quer dizer, o despertador é da viúva, mas eu ajo como se também fosse responsável pela casa). Por precaução, ele está enrolado em uma toalha felpuda, bem no fundo de um dos compartimentos do armário. Apenas o consultamos quando estamos sozinhas e seguras, não gostaríamos de perdê-lo para os ivãs.

Eram cinco horas, e não pude mais dormir. Levantei, arrumei a cama, empurrei caixas e cadeiras outra vez contra a porta dos fundos que, com a sua fechadura arrebentada, não podia mais ser chaveada, dei um jeito nas garrafas vazias que os homens deixaram para trás e verifiquei nossas garrafas de borgonha no fundo do armário da cozinha, dentro de um balde velho. Graças a Deus, não as acharam.

Pelas janelas, entra uma luz cinza-avermelhada. Lá fora ainda há guerra. Pancadas e golpes, mas relativamente distantes. Agora o front rola em direção ao centro da cidade. Visto-me, lavo-me mal-e-mal e espio cautelosamente na escadaria silenciosa. Nada senão silêncio e vazio. Se eu apenas soubesse onde a viúva se escondeu! Não me atrevo a bater em lugar nenhum, não quero assustar ninguém.

Quando espio outra vez na escadaria, vozes se aproximam. Corro para cima. Elas já vêm ao meu encontro, mulheres, um pelotão inteiro, a viúva à frente, soluçando miseravelmente. Ela cambaleia para os meus braços, se lamenta:

— Não fique brava comigo! (Desde ontem nos tratamos por "tu".)

Em volta, algumas mulheres soluçam junto. Eu rio em meio a toda a lamentação:

— Mas o quê? Eu estou viva, tudo passa!

Enquanto subimos um andar, rumo ao apartamento dos livreiros, a viúva me sussurra que, de início, bateu debalde em várias portas pedindo asilo para si e para mim. Não lhe abriram a porta em lugar algum. Sim, no apartamento do alto funcionário dos correios lhe sibilaram por detrás da corrente de segurança da porta:

— A moça? Não, não queremos atrair os sujeitos pra cima de nós!

Então, na escuridão de breu da escadaria, um deles conseguiu agarrar a viúva, jogou-a no assoalho... Uma criança, ainda, sussurrou ela; sem barba, sem pêlos e inexperiente — e dizendo isso ela sorriu, o rosto inchado de tanto chorar. Não sei bem que idade ela tem, ela talvez não me diga isso. Ela deve ter entre quarenta e cinqüenta, seu cabelo é pintado. Para eles, quando pegam um corpo no escuro, mulher é mulher.

No apartamento do casal de livreiros, cerca de quinze pessoas do prédio procuraram refúgio, trouxeram roupa de cama e se instalaram em sofás, no chão, por toda parte em que ainda havia lugar. Pois esse apartamento possui fechaduras de aço patenteadas, tanto na porta da frente quanto na dos fundos, e barras de proteção que se encaixam no assoalho. Além disso, a porta da frente é guarnecida por dentro com metal.

Estamos sentados em torno da mesa de uma cozinha desconhecida, todos com olheiras, pálidos, tresnoitados. Todos sussurram, estamos com a respiração opressa, bebemos com avidez o café de cevada quente (feito sobre um fogo de fogão alimentado com literatura nazista, segundo nos revela a livreira).

Fitamos sem cessar a porta dos fundos, aferrolhada, trancada, esperando que ela resista. Faminta, me empanturro com o pão alheio. Então — passos na escadaria traseira e os sons estrangeiros que soam tão rudes e bestiais aos nossos ouvidos. Espanto e silêncio em volta da mesa. Paramos de mastigar, todos prendemos a respiração. Mãos se apertam convulsivamente contra o peito. Os olhos se agitam, perdidos. Lá fora, silêncio outra vez, os passos se extinguem. Alguém sussurra:

— Se a coisa deve continuar assim...

Nenhuma resposta. A jovem refugiada de Königsberg, que também se escondeu aqui, se lança gritando sobre a mesa:

— Não posso mais! Pra mim chega!

Ela teve de agüentar a coisa várias vezes durante a noite, sob o teto onde se escondeu de todo um batalhão de perseguidores. O cabelo lhe cai desgrenhado sobre o rosto, ela não quer comer nem beber.

Nós ficamos sentados, esperamos, escutamos. Acima de nós, a artilharia toca agora seu órgão. Tiros fustigam nossa rua. São mais ou menos sete horas quando me esgueiro para baixo, ao nosso apartamento, com a viúva, segurando-me com cautela ao corrimão da escada. Ouvindo, paramos diante de nossa porta, que deixei encostada, quando ela se abre de repente por dentro.

Um uniforme. Susto. A viúva agarra meu braço. Alívio — é só Petka.

Sem fala, a viúva escuta nossa conversa. Mas depois de um minuto, também fico parada sem fala. Pois Petka me olha radiante, seus pequenos olhos azuis cintilam, ele me aperta as mãos, me garante que o tempo longe de mim foi longo, que depois da guarda ele voltou o mais rápido que pôde e me procurou pela casa inteira, que ele está contente, muito contente, em me rever. E nisso aperta e esmaga de tal maneira meus dedos em suas manzorras de lenhador que preciso me esquivar dele. Fico parada como uma idiota diante desses sintomas indubitáveis, ouço os balbucios de Romeu, até que Petka enfim, enfim desaparece — com a promessa de retornar em breve, muito em breve, o mais rápido que puder.

Fico ali parada, boquiaberta. A viúva não entendeu uma palavra, mas leu no rosto de Petka o que se passa com ele. Ela balança a cabeça:

— Pois tu sabes que...

Estamos ambas inteiramente perplexas.

E agora estou aqui sentada à mesa da cozinha, acabei de encher a caneta-tinteiro e escrevo, escrevo, escrevo e expulso para o papel toda a loucura que se acumulou no meu coração e na minha cabeça. No que isso vai dar? O que ainda nos sobrevirá? Estou pegajosa, não quero mais tocar em nada, não quero mais tocar na minha própria pele. Um banho, agora, ou então sabão de verdade e água abundante. Chega, fora com sonhos inspirados por desejos.

É quando me ocorre a idéia estranha, uma espécie de sonho em estado de vigília, que me sobreveio hoje cedo, quando, após a saída de Petka, tentei, em vão, dormir. Era como se eu estivesse deitada em minha cama e, ao mesmo tempo, me visse deitada nela, enquanto um ser branco, brilhante, se elevava de meu corpo; uma espécie de anjo, mas sem asas, que pairava no alto. Ainda sinto, enquanto escrevo, a sensação de elevação e suspensão. Naturalmente, um sonho inspirado por um desejo, e um sonho de fuga. Meu eu deixa o corpo, emporcalhado, abusado, miserável, simplesmente deitado. Afasta-se dele e escapa flutuando, puro, até lonjuras brancas. Essas coisas não devem acontecer ao meu "eu". Expulso tudo isso de mim. Será que estou ficando doida? Mas, neste momento, minha cabeça está fria, as mãos estão tranqüilas e pesadas como chumbo.

Terça-feira, 1° de maio de 1945, quinze horas, com a retrospectiva de sábado, domingo e segunda-feira

Sábado pela manhã, no dia 28 de abril, escrevi pela última vez. Desde então, passaram-se três dias, tão cheios de coisas absurdas, de imagens, medos, sentimentos, que não sei mais por onde começar, o que dizer. Nós estamos na lama, fundo, fundo. Pagamos caro cada minuto de vida. A tempestade se abate sobre nós. Folhas tremulando no torvelinho, não sabemos aonde ela nos leva.

Passou-se uma eternidade desde sábado. Hoje é terça-feira, 1º de maio, e a guerra prossegue. Estou sentada na poltrona, no quarto da frente. À minha frente, na cama, está deitado o senhor Pauli, sublocatário da viúva e soldado dispensado da Volkssturm. Ele apareceu inesperadamente na tarde de sábado, uma pelota de quase três quilos de manteiga, enrolada numa toalha, debaixo do braço. Agora ele está doente, com nevralgia.

O vento assobia através das janelas precariamente vedadas com papelão, estira os pedaços fazendo-os vibrar, lança para dentro uma luz diurna tremulante. Ora está claro, ora está escuro no quarto; sempre um frio de rachar. Enrolei-me num cobertor de lã e escrevo com dedos hirtos, enquanto o senhor Pauli dorme e a viúva remexe em algum lugar da casa à procura de velas.

Vindos de fora, ressoam timbres russos. O Ivã fala com os seus cavalos. Eles são de longe mais cordiais com os cavalos do que conosco, adquirem vozes bondosas, calorosas, falam de modo francamente humano com os animais. Às vezes, sopram para dentro nuvens de cheiro de cavalo. Tinido de correntes. Em algum lugar, alguém toca harmônica.

Olho pela janela, por entre os pedaços de papelão. Embaixo, bivaque. Na calçada, cavalos, carroças, baldes, caixas com feno e aveia, esterco de cavalo pisoteado, bosta de vaca. Na entrada em frente, arde um fogacho, alimentado com cadeiras desmanteladas. Ivãs, em casacos de algodão, estão acocorados em volta.

Minhas mãos tremem. Os pés estão congelados. Ontem à tardinha, uma granada alemã espatifou as nossas últimas vidraças. Agora o apartamento está completamente entregue ao vento leste. Que bom que não é janeiro.

Entre paredes esburacadas, corremos de um lado para o outro, espiamos medrosos para fora, cerramos os dentes a cada ruído. A porta estragada dos fundos, que há muito já não é mais bloqueada, está aberta. Há sempre soldados correndo pela cozinha, pelo corredor e pelos dois quartos. Meia hora atrás, esteve aqui um completo desconhecido, teimoso, me queria, foi expulso. Gritou ameaçador:

— Eu volto.

O que significa estupro? Quando pronunciei a palavra pela primeira vez em voz alta, sexta à tardinha, no porão, ela desceu gélida pelas minhas costas. Agora já posso pensá-la, já posso escrevê-la com a mão fria, digo-a com os meus botões para me acostumar com o som. Soa como a coisa última e extrema, mas não é.

Sábado à tarde, por volta das quinze horas, dois batem com os punhos e as armas na porta da frente, gritam asperamente, chutam a madeira. A viúva abre. Ela sempre teme pela fechadura de sua porta. Dois velhotes, cambaleantes, bêbados. Eles golpeiam suas automáticas contra a última vidraça inteira do corredor. Tinindo, os cacos caem no pátio. Então eles arrancam as corrediças, deixando-as em pedaços, e chutam o velho relógio de pé.

Um deles me agarra, me conduz ao quarto da frente depois de tirar a viúva, aos empurrões, do caminho. O outro se instala na porta da frente, domina a viúva, mudo, ameaçando-a com a arma, sem tocá-la.

O que me conduz é um homem de meia-idade com uma barba grisalha de vários dias, ele cheira à aguardente e a cavalo. Fecha cuidadosamente a porta atrás de si e, como não encontra chave na fechadura, empurra a *bergère* contra o painel da porta. Ele parece absolutamente não ver a presa. Tanto mais assustador é o empurrão com que a conduz até a cama. Olhos fechados, dentes firmemente cerrados.

Nenhum som. Apenas quando a roupa de baixo se rasga com ruído, os dentes rangem involuntariamente. As últimas coisas intactas.

De repente, dedos em minha boca, fedentina de cavalo e tabaco. Abro os olhos. Com jeito, os dedos estranhos abrem meus maxilares. Olho no olho. Então, lentamente, ele deixa cair a saliva acumulada em sua boca dentro da minha.

Estupor. Não asco, apenas frio. A coluna vertebral gela, vertigens glaciais dão voltas em torno da nuca. Sinto-me escorregar e cair, fundo, através dos travesseiros e do assoalho. Afundar no chão — é assim que é.

Olhos nos olhos, outra vez. Os lábios desconhecidos se abrem, dentes amarelos, um dos dentes da frente quebrado pela metade. Os cantos da boca se levantam, das fendas dos olhos irradiam preguinhas. Ele sorri.

Ele remexe, antes de sair, em seus bolsos, e atira, mudo, alguma coisa na mesinha-de-cabeceira, afasta a poltrona, bate a porta atrás de si. O que deixou: uma caixa amassada com alguns Papyross[16] dentro. Meu pagamento.

Quando levantei, vertigens, ânsia de vômito. Os trapos me caíram sobre os pés. Eu cambaleei pelo corredor, passando pela viúva que soluçava, até o banheiro. Vômito. O rosto pálido no espelho, os bocados no vaso sanitário. Eu estava sentada na borda da banheira, não me atrevia a jogar água no vaso, pois os vômitos sempre voltavam e a água no balde era tão pouca.

Disse então em voz alta:

— Diabo! — e tomei uma decisão.

Bastante clara: aqui é preciso um lobo que mantenha os lobos à distância. Um oficial, tão graduado quanto possível, comandante, general, o que eu puder arranjar. Para que servem meus miolos e meu pouquinho de conhecimento da língua do inimigo?

Tão logo pude caminhar outra vez, tomei um balde e me fui para a rua. Passeei para cima e para baixo, espreitei para dentro dos pátios, olhei em volta, voltei à escadaria, tomei cuidado. Preparei frases com as quais pudesse dirigir a palavra a um oficial; considerei se eu não parecia muito pálida e debilitada para agradar. Voltei a me sentir fisicamente melhor, já que fazia, planejava e queria algo, não era mais apenas presa muda.

Durante uma meia hora, nada, ou seja, nenhuma estrela. Não conheço os seus distintivos e as suas hierarquias, sei apenas que os oficiais possuem estrelas nos quepes e, em sua maioria, vestem sobretudos. Mas vi apenas soldados pálidos e sujeitos ordinários. Já queria desistir por aquele dia, já batia na nossa porta da frente, quando no apartamento vizinho, que pertence a um inquilino que fugiu a tempo, a porta se abriu. Um com estrelas. Grande, caracóis negros, bem-nutrido. Assim que me vê com o balde, ele me sorri, arranhando o alemão:

---

[16]Marca de cigarros.

— Tu — mulher?

Sorrio também, cubro-o com o meu melhor russo. Ele fica encantado em ouvir sua língua. Tagarelamos, dizemos tolices, bobagens, e descubro que ele é primeiro-tenente. Por fim, combinamos de nos encontrar hoje à tardinha, às dezenove horas, no apartamento da viúva. Até lá ele tem serviço a fazer. Ele se chama Anatol Não-sei-do-que, é ucraniano.

— É certo que o senhor virá, não é?

Ele, repreensivo:

— Mas com toda certeza, e tão rápido quanto puder.

Antes, por volta das dezessete horas, apareceu um outro, já quase esquecido: Petka, da noite passada, Petka com o cabelo à escovinha e os balbucios de Romeu. Ele traz junto dois camaradas, que apresenta como Gricha e Iacha. Logo estão os três sentados em torno de nossa mesa, ainda um pouco embaraçados, como jovens que são convidados para uma casa de condição mais elevada. Apenas Petka se comporta como se aqui estivesse em casa, me apresenta aos outros com pronunciado orgulho de proprietário. Os três se refestelam nos sofás, sentem-se bem. Iacha depõe uma garrafa de vodca. De um pedaço engordurado do *Pravda* (é a folha de capa, infelizmente uma edição velha), Gricha desembrulha arenques e pão. Como se fosse o dono da casa, Petka manda vir copos. Ele serve, bate com o punho na mesa e comanda:

— "Viypiti nado", esvaziem os copos!

A viúva e eu — e também o sublocatário, o senhor Pauli, soldado dispensado da Volkssturm, que surgira subitamente há apenas uma meia hora — temos de nos sentar à mesa, temos de beber com os rapazes. Sobre o tampo da mesa, diante de cada um de nós, Petka coloca uma fatia escura, úmida, de pão, e depois, sem cerimônias, divide os arenques sobre o mogno polido e aperta seus pedaços sobre o pão com o polegar, enquanto nos olha radiante, como se isso fosse um favor e uma delicadeza muito especial.

A viúva se apavora, corre em busca de pratos. Gricha é um tipo calmo com um sorriso permanente na boca, sua voz range profunda, ele cuida para que todos recebam partes iguais de pão e arenque. Pequeno e de cabeça raspada, Iacha sorri e acena com a cabeça para todos os lados. Ambos são de Charkov. Aos poucos, começo a tagarelar com eles, sirvo de intérprete entre o senhor Pauli e os russos. Brindamos mutuamente à nossa saúde. O siberiano Petka grita, cheio de satisfação.

Repetidas vezes, presto atenção à porta e espio o pequeno relógio de pulso feminino no braço de Iacha. Espero Anatol a qualquer momento, o primeiro-tenente que chamei — com medo, pois temo uma briga. Petka sem dúvida é robusto e limpo, mas um primitivo e um tipo ordinário, nenhum amparo. De um primeiro-tenente, ao contrário, eu espero uma espécie de tabu. Minha resolução é firme. Terei alguma idéia, já que a coisa chegou a esse ponto. Rio ironicamente por dentro, pareço a mim mesma uma personagem atuando no palco. Que me importam todos eles! Nunca estive tão longe de mim mesma e tão alheada de mim. Todo sentimento parece morto. Vive apenas o impulso de viver. Eles não devem me destruir.

Enquanto isso, Gricha se apresentou como "contabilista". O nosso senhor Pauli, que possui formação comercial, também declara que é contabilista. Gricha e o senhor Pauli estão ambos levemente embriagados. Eles se abraçam, exultam:

— Eu contabilista, tu contabilista, nós contabilistas!

O primeiro beijo de confraternização teuto-russo estala na face de Pauli. Logo Pauli está podre de bêbado, ele grita para nós, extasiado:

— Mas são sujeitos divertidos, esses russos, há força e energia aí!

Esvaziamos outra rodada de copos brindando à contabilidade internacional. Mesmo a viúva fica animada agora, e esquece temporariamente que serram arenques sobre o tampo polido de sua mesa. (Nenhum dos rapazes liga para os pratos.) Eu bebo com muita moderação, troco os copos em segredo, quero conservar meu entendimento para mais tarde. Nossa jovialidade é doentia, sobretudo a minha e a da viúva. Queremos esquecer o que aconteceu três horas atrás.

Lá fora, crepúsculo. Agora Iacha e Petka cantam algo melancólico, Gricha apenas os acompanha murmurando. O senhor Pauli ficou com o melhor dos humores. É um pouquinho demais para ele, depois de ainda hoje pela manhã ser um candidato à morte na Volkssturm, até que, sensatos, os homens se dispersaram e, por falta de armas e ordens, mandaram-se uns aos outros para casa. De repente, Pauli arrota, cai para frente e vomita sobre o tapete. Num ai ele é levado ao banheiro pela viúva e pelo companheiro de profissão, Gricha. Os outros balançam a cabeça, demonstram simpatia... O senhor Pauli mete-se então na cama, no seu quarto de sublocatário ao lado, pelo resto do dia, e, como se verificou desde então, por tempo indeterminado. Um galinha tonta. Possivelmente, seu subconsciente deseja o entontecimento. Sua alma está neurálgica. Entretanto, sua mera presença masculina tem um efeito inibidor. A viúva confia cegamente nele e nas suas palavras lacônicas acerca da situação internacional, e massageia suas costas.

Crepúsculo, uivos distantes do front. Acendemos a vela que a viúva encontrou e a fixamos sobre um pires. Um precário círculo luminoso sobre a mesa redonda. Soldados vêm e vão, a coisa fica animada ao entardecer. Martelam contra a porta da frente, metem-se na cozinha pela porta dos fundos. Não temos medo. Enquanto Petka, Gricha e Iacha estiverem conosco, nada pode nos acontecer.

De repente, Anatol está parado na sala, preenche a peça com a sua presença masculina. Atrás dele, entra um soldado com uma marmita cheia de aguardente e um pão redondo, escuro, debaixo do braço. Os homens se encontram todos muito bem alimentados, rijos e gordos, com uniformes limpos, práticos e resistentes, gestos amplos, muito autoconfiantes. Eles cospem pela sala, jogam suas longas piteiras em volta, varrem da mesa as espinhas de arenque, que caem sobre o tapete, e se refestelam, à vontade, nas poltronas.

Anatol conta que agora o front se encontra no Canal das Milícias, e eu preciso pensar na velha, aborrecida cantilena: "Há um cadáver no Canal das Milícias..." Muitos cadáveres devem estar caídos lá agora. Anatol afirma que nos últimos dias 130 generais alemães se renderam. Ele tira um mapa de Berlim de um invólucro de celofane e nos mostra a marcha do front. É um mapa bastante preciso, com inscrições em russo. Um sentimento singular, quando mostro agora a Anatol, atendendo a um desejo seu, a localização de nosso prédio.

Sábado, portanto, 28 de abril de 1945, o front no Canal das Milícias. Agora, quando escrevo isso, é terça-feira, 1º de maio. Sobre nós, sons do órgão. Os motores dos aviões russos vibram untuosos. Lá adiante, próximo à escola, estacionados em longas fileiras, encontram-se os órgãos de Stalin, chamados carinhosamente pelos russos de "Kartiucha" e celebrados numa singular canção de soldados. As Kartiuchas uivam com estridentes timbres lupinos. Possuem uma aparência que não causa qualquer impressão, parecendo grades eretas feitas de tubos finos. Mas uivam, berram, guincham a ponto de quase nos arrancar os ouvidos quando, não longe dali, estamos na fila da água. Além disso, cospem feixes de riscas de fogo.

Envolvida pelos uivos das Kartiuchas, estive hoje pela manhã na fila da água. No céu, nuvens cor de sangue. O centro arde e fumega. A falta de água nos expulsa dos buracos. Eles vêm rastejando de todas as partes, civis sujos, miseráveis, mulheres de rosto pálido, na maioria velhas, pois tratam de esconder as jovens. Homens com barba de vários dias, farrapos brancos da capitulação amarrados em torno do braço — é assim que ficam parados e observam os soldados encher balde após balde para os seus cavalos. Pois, no uso da bomba de água, o exército sempre tem a preferência, é claro. Nenhuma disputa por causa disso, ao contrário: quando a alavanca da bomba quebra nas mãos de um civil, um russo logo a fixa outra vez para ele com um prego.

Nos jardins de Schreber, bivaque sob árvores em flor. Canhões foram cravados nos canteiros. Diante das folhagens, russos dormem. Outros dão de beber aos cavalos que encontraram abrigo nas folhagens. Com assombro, vemos as muitas soldadas jovens, vestindo blusa de campanha, saia e boina com insígnias, membros regulares da tropa, evidentemente, na maioria muito novas, pequenas, compactas e de cabelos lisos. Elas lavam suas roupas em tinas. Camisas e blusas de mulher dançam sobre varais estendidos às pressas. E acima deles uivam os órgãos, e a fumaça cinzenta forma como que uma parede diante do céu.

Assim foi ontem de manhã, assim é hoje. Encontrei hoje no caminho de casa o senhor Golz, fiel ao partido até o fim. Agora ele se acomodou. Tocou de leve o galão colorido envolto em celofane sobre o bolso do peito de um russo que passava, e perguntou:

— Ordem? (É a mesma palavra em alemão e russo, segundo ele me ensina; ele não tem idéia de meus conhecimentos de línguas.)

Ele me deu um pequeno caderno, um dicionário militar alemão-russo, disse que poderia conseguir mais deles. Já o estudei de ponta a ponta. Contém um grande número de vocábulos úteis, tais como toucinho, farinha, sal. Faltam outras palavras importantes, como "medo" e "porão". Também a palavra "morto", que daquela vez não precisei em minha viagem, me falta agora com freqüência nas conversas. Eu a substituo pela bem compreensível "kaputt", que também serve para muitas coisas mais. Em compensação, o dicionário contém expressões para as quais, ainda que com a melhor boa vontade, não temos uso agora, como "mãos ao alto!" e "parado!". Poderia ocorrer, no máximo, que agora nos dirigissem a palavra desse modo.

Agora, de volta ao sábado, 28 de abril, à tardinha. Por volta das vinte horas, Petka sai com os seus. Algum motivo de serviço os chamava. Petka murmura alguma coisa acerca de voltar logo, mas de tal modo que o primeiro-tenente não ouça. Nisso ele me esmaga novamente os dedos e tenta me olhar nos olhos.

De resto, o efeito das estrelas de oficial sobre a soldadesca foi singularmente pequeno. Eu estava desiludida. Nenhum deles se sentiu perturbado em sua jovialidade pela patente de Anatol. Também Anatol sentou-se de modo inteiramente amistoso com eles, riu e tagarelou, misturou água em suas bebidas, completando seus copos, e fez circular sua marmita. Começo a temer pelo meu tabu. A nossa conhecida hierarquia militar prussiana evidentemente não vale aqui. Os homens com estrelas não provêm de nenhuma camada especial da sociedade, não estão de maneira alguma, seja quanto à origem, seja quanto à formação, acima da soldadesca. Não possuem nenhum código especial de honra, e nenhum comportamento distinto em relação às mulheres. As tradições ocidentais de cavalheirismo e galanteria não tocaram a Rússia nem sequer de leve. Lá não houve, até onde sei, torneios, cantigas de amor, trovadores, pajens a carregar as caudas dos vestidos das rainhas. De onde, portanto, ele deve provir? São todos filhos de camponeses. Anatol também. Na verdade, meu russo não é suficiente para dizer na cara de um homem isolado, a partir da escolha de palavras e do modo de falar, qual a sua profissão ou educação, tal como decerto poderia fazer quanto a outras línguas. E acerca de literatura e arte ainda não pude falar com quase nenhum deles. Mas eu sinto que esses rapazes, apesar de todo o espalhafato de suas maneiras comigo, são interiormente inseguros, que são homens simples, nada exigentes, filhos do povo.

De qualquer maneira, Anatol pelo menos é uma figura masculina de cem quilos cheia de força. Talvez o seu peso faça efeito quando as estrelas de tenente falham. Minha decisão, em todo caso, não vacila. Como um cometa, Anatol arrasta atrás de si uma cauda de pessoas jovens, soldados acriançados que, todos eles, encontraram abrigo nesse meio-tempo no apartamento abandonado pelas tias do pudim. Há uma verdadeira criança entre eles; um rosto pequeno, olhos negros com um olhar rigoroso, concentrado — Vânia, dezesseis anos de idade. A viúva me puxa para o lado e cochicha que pode ter sido ele essa noite no patamar — foi um rosto assim, pequeno, liso, um corpo magro. Vânia, em todo caso, não dá sinal nenhum de reconhecimento, possivelmente também não pode dar, visto que ele apenas sentiu, sem ver, a mulher que pegou de um modo desajeitado, pueril. Apesar disso, me parece como se ele soubesse quem ela é, pois afinal ele ouviu a sua voz; a viúva me contou como ela chorou e implorou. Em todo caso, Vânia segue a viúva como um cachorrinho, traz copos limpos e lava os sujos na pia.

Bebi muito essa noite, quis beber muito, ficar bêbada, o que também consegui. Por isso, lacunas na memória. Reencontro Anatol ao meu lado, suas armas e suas coisas espalhadas ao redor da cama... Os muitos botões e bolsos, e tudo que ele tem dentro deles... Cordial, carinhoso, infantil... Mas nascido em maio, touro, touro... Acreditei ser uma boneca insensível, sacudida, jogada de um lado para o outro, uma coisa de madeira... De repente, há alguém parado no quarto escuro, acende uma lanterna de bolso. E Anatol grita asperamente com ele, ameaça com os punhos, e o outro desaparece... Ou será que sonhei?

Ao alvorecer, vejo Anatol parado no quarto e olhando para fora, enquanto chameja rubramente no quarto e oscila em amarelo contra o papel de parede. Ouço as Kartiuschas uivar, enquanto Anatol espreguiça os braços e fala:

— *Petuch paiot*, o galo canta.

E, de fato, numa pausa do fogo, ouve-se o galo cantando embaixo.

Quando Anatol saiu, logo me levantei, me lavei no banheiro com o escasso resto de água, esfreguei a mesa, recolhi pontas de cigarro, caudas de arenque e sujeira de cavalo, enrolei o tapete e o coloquei no alto do armário. Olhei no quarto contíguo, em que a viúva, sob a proteção de seu sublocatário, arrumou sua cama no sofá, e encontrei os dois roncando. Assobios gelados através dos pedaços de papelão que tapam as janelas. Eu me senti restabelecida e descansada depois de cinco horas de sono profundo. Um pouco de dor no couro cabeludo; mas só isso. Resisti a mais uma noite.

Calculei que fosse domingo, 29 de abril. Mas domingo é uma palavra civil, atualmente sem sentido. O front não tem domingo.

Domingo, 29 de abril de 1945, visto em retrospecto

A manhã foi preenchida com os estampidos dos tiros de fuzil. Embaixo, caminhões partiam, caminhões chegavam. Gritos rudes, relinchos e tinido de correntes. A cozinha de campanha manda a sua fumaça através da janela sem vidraças de nossa cozinha. Nosso fogão, precariamente alimentado com tábuas de caixote e ripas, fumega a ponto de fazer nossos olhos lacrimejarem.

Em meio à fumaça, a viúva me pergunta:

— Diga-me, tu realmente não tens medo?

— Queres dizer, dos russos?

— Sim. Mas falo de Anatol. Um sujeito tão gordo, encorpado.

— Ora, ele come na minha mão.

— E ainda te faz um filho — diz a viúva e atiça o fogo.

Ah, isso! Sim, é algo que nos ameaça a todas. Mas até agora não me preocupei nem sequer minimamente com isso. Por que, afinal? Procuro explicar à viúva. Há um provérbio que ouvi certa vez: "Em caminhos muito trilhados, não cresce mais capim." E, visto que a viúva não concorda com isso no que se refere a esse caso:

— Eu não sei, tenho a firme sensação de que isso não poderia me atingir. Como se eu pudesse, falando num sentido bem físico, me fechar, me trancar contra esse fato extremamente indesejado.

A viúva também não concorda com isso. Seu marido era farmacêutico, ela conhece bem o assunto. Ela diz que, infelizmente, em sua bem-provida caixa de remédios, não tem nada de útil à mão para tais casos e que pudesse me servir de proteção.

— E tu mesma? — pergunto também.

Então ela corre em busca de sua bolsa, que está sobre o armário da cozinha, tira sua cédula de identidade e a mostra para mim, apontando para a sua data de nascimento, tão embaraçada como se tirasse a roupa na minha frente. Ainda esse ano, de fato, ela completará cinqüenta; eu a julgaria meia dúzia de anos mais nova.

— Pelo menos estou livre dessa preocupação — diz ela.

E então:

— Mas, seja como for, já temos de pensar agora em quem procurar caso aconteça.

Ela tem suas relações, ainda do tempo de seu falecido marido, assim ela me assegura.

— Pode deixar, já acharei remédio, disso te livrarás, com certeza.

Ela acena com a cabeça, decidida, enquanto faz o café de cevada com a água que finalmente ferveu. E eu fico ali parada, as mãos sobre o ventre, completamente aborrecida. Mas, como antes, estou convencida de que posso bloquear o caminho dessa desgraça através de meu simples não-querer.

É estranho como os homens sempre perguntam antes de tudo:

— Tens um marido?

Qual seria a resposta mais conveniente? Se dizemos que não, eles logo se mostram lambões. Se dizemos que sim, acreditando com isso obter nosso sossego, o interrogatório continua:

— Onde ele está? Ele ficou em Stalingrado? (Muitos de nossos homens lutaram em Stalingrado, razão por que carregam uma medalha especial no galão.)

Se há um homem vivo que possamos lhes apresentar (como faz a viúva com o senhor Pauli, ainda que ele seja apenas seu sublocatário e nada mais), então eles dão um passo para trás. Em si, é indiferente para eles o que arranjam, já que tomam as mulheres casadas para si do mesmo modo. Mas para eles é preferível quando conseguem tirar o marido do caminho pelo maior tempo possível, mandá-lo embora, prendê-lo ou algo assim. Não por medo. Eles já perceberam que aqui nenhum marido explode tão facilmente. Mas ele os atrapalha enquanto ainda não estão de todo borrachos.

Aliás, mesmo que eu quisesse ser honesta, não saberia como responder a essa pergunta pelo meu marido. Sem a guerra, Gerd e eu já estaríamos casados há muito tempo. Mas quando Gerd recebeu a ordem de se apresentar, acabou-se, ele não quis mais.

— Colocar órfãos de guerra no mundo? Não, está fora de questão, eu mesmo sou um, sei bem como é.

Ficou nisso até hoje. Ainda assim, nos sentimos ligados um ao outro como se fôssemos casados. Só que faz mais de nove semanas que não ouço mais nada dele; a última carta veio da Linha Ocidental.[17] Mal sei ainda qual é a sua aparência. Perdi todas as fotos no bombardeio, e o único retrato que restou em minha bolsa eu mesma destruí em razão do uniforme. Ainda que ele fosse apenas sargento, tive medo. Na casa inteira trataram de jogar fora tudo que lembrasse soldados e pudesse irritar os russos. E todos queimam livros. Ao menos eles ainda nos dão calor e sopa enquanto se desfazem em fumaça.

---

[17]Em alemão, *Westwall*, algo como "dique, trincheira, circunvalação ocidental". Conhecida entre os aliados pelo nome de "Linha Siegfried", tinha mais de 630 quilômetros e era um sistema de defesa que contava com 18 mil *bunkers* e incontáveis valas e barreiras antitanques. Ia de Kleve, na fronteira com a Holanda, em direção ao sul, ao longo da fronteira ocidental do antigo Reich alemão, até Weil am Rhein, na fronteira com a Suíça.

Mal tínhamos tomado nosso café de cevada acompanhado de fatias de pão, produto de saque, com manteiga, surgiram outra vez os homens de Anatol, que consideram nosso apartamento uma espécie de restaurante — só que são os fregueses que trazem a refeição. Dessa vez, veio junto um bom tipo, o melhor que encontrei até agora entre eles: Andrei, segundo-sargento, professor de ofício. Crânio estreito, olhos azul-esverdeados, quieto e inteligente. Primeira conversa política. Não é tão difícil como seria de imaginar, visto que todos os vocábulos políticos e econômicos são estrangeirismos, e nossas palavras correspondentes são muito parecidas. Andrei é marxista ortodoxo. Ele não culpa Hitler pessoalmente pela guerra, mas sim o capitalismo, que é a causa da culpa de Hitler e foi o que acumulou motivos para a guerra. Ele é da opinião de que as economias alemã e russa se completam uma à outra, de que uma Alemanha construída segundo os princípios socialistas seria a parceira natural da Rússia. Essa conversa, abstraindo-se completamente de seu tema, que não domino tanto quanto Andrei, me fez muito bem — simplesmente porque um deles me tratou como uma interlocutora de mesmo nível, não me tocou enquanto isso, nem sequer com os olhos, não viu em mim a mulher como até agora todos os outros.

A manhã inteira foi um entrar e sair em nossos cômodos. Andrei estava sentado no sofá e escrevia seu relatório. Enquanto ele está presente, nos sentimos seguras. Ele trouxe junto um jornal do exército, eu decifrei os conhecidos nomes dos bairros de Berlim. Grande parte de nossa cidade não é mais alemã.

Em geral, o sentimento que nos preenche sempre e constantemente é o do completo abandono às circunstâncias. Quando estamos sozinhas, qualquer barulho, qualquer passo nos assusta. Eu e a viúva nos amontoamos em volta da cama do senhor Pauli, como agora, enquanto escrevo isso. Ficamos sentadas por horas a fio no quarto escuro, gelado. O Ivã nos tem bem embaixo. Em parte literalmente, pois ainda há em nosso quarteirão moradores, famílias, que vivem desde sexta no porão e apenas de madrugada enviam os seus buscadores de água. Nossos homens, assim me parece, devem se sentir ainda mais imundos do que nós, mulheres emporcalhadas. Uma mulher contou na fila da bomba de água o que um vizinho em seu porão lhe gritou quando os ivãs a arrastavam:

— Vá junto com eles de uma vez, a senhora coloca todos nós em perigo!

Pequena nota de rodapé à decadência do Ocidente.

Nestes dias, volta sempre o nojo que sinto de minha própria pele. Não posso me tocar, mal ainda posso me olhar. Tenho de pensar no que minha mãe me contou tantas vezes acerca da criança pequena que fui um dia. Um bebê tão branco e tão rosa, daqueles que fazem a alegria de pais orgulhosos. E quando, em 1916, meu pai teve de se tornar soldado, ele ainda recomendou expressamente à minha mãe, no momento da despedida na estação ferroviária, que ela nunca fosse esquecer de me colocar a touquinha de renda na cabeça antes de me expor ao sol. O rosto e o pescoço deveriam permanecer brancos como o lírio, segundo a época e a moda então exigiam de filhas bem cuidadas. Tanto amor, tanto dispêndio com touquinhas, termômetros de banho e preces noturnas para a imundície que sou agora.

Agora, de volta ao domingo. É difícil recordar, tudo se mistura tão confusamente. Por volta das dez horas, todos os nossos fregueses habituais estavam presentes: Andrei, Petka, Gricha, Iacha, também o pequeno Vânia, que outra vez lavou louça para nós na cozinha. Eles comeram, beberam e tagarelaram. Em dado momento, Vânia me disse com o rosto infantil muito sério:

— Nós, homens, somos todos maus, todos. Eu também sou ruim, fiz coisas más.

Anatol apareceu, trazia um toca-discos, não sei de onde. Dois dos seus o seguiam com os discos. E o que foi que deixaram tocar, repetidamente, uma dúzia de vezes, depois de deixar tocar apenas um pouco a maioria dos discos e rejeitá-los, Lohengrin e a Nona, Brahms assim como Smetana? Eles tocaram um disco de propaganda, daqueles que se ganhava antigamente na loja de tecidos C.&A., no Spittelmarkt, quando se comprava uma peça maior: "Venha para a C.&A., belas coisas há lá..." E assim por diante, em compasso de foxtrote, toda a confecção é cantarolada, e os ivãs cantarolam junto no melhor dos humores; é algo que lhes agrada.

A aguardente circula outra vez em torno da mesa. Anatol adquire seu olhar de cupidez que conheço e acaba por abandonar a reunião sob pretextos bastante transparentes. Nem sequer uma chave há para essa porta. Anatol apóia a *bergère* nela. Tenho de pensar sempre no que conversei pela manhã com a viúva junto ao fogão, me enrijeço como um pedaço de madeira, me concentro de olhos fechados no *não*.

Ele desloca novamente o sofá quando a viúva quer entrar com a terrina de sopa. Enquanto a viúva e eu tomamos lugar à mesa, e até o senhor Pauli chega coxeando de seu quarto contíguo, irrepreensivelmente barbeado e manicurado, usando roupão de seda — enquanto isso, Anatol jaz atravessado na cama, suas pernas pendendo sobre a beirada da frente, seus cachos negros em desalinho. Ele dorme e dorme, mal se nota a respiração.

Anatol dormiu feito uma criança por três horas, sozinho com nós três, seus inimigos. Mesmo quando ele dorme nos sentimos mais seguros do que sozinhos, ele é o nosso muro. Seu revólver está no cinto, agora ele serra tábuas. Lá fora, enquanto isso, guerra, o centro fumega, tiros estalam.

A viúva busca uma garrafa do borgonha que apanhei na pilhagem da caserna e nos serve, e isso em xícaras de café, para o caso de que russos irrompam no cômodo. Falamos em voz bem baixa uns com os outros para não acordar Anatol. Estarmos juntos de um modo cortês e amistoso nos faz bem, apreciamos a hora sossegada e gostaríamos de fazer o bem uns aos outros. A alma recobra forças.

Anatol acorda por volta das quatro da tarde e sai às pressas para tratar de alguma obrigação profissional. Pouco depois, pancadas na porta da frente. Tremores, meu coração fora do compasso. Graças a Deus, apenas Andrei, o professor com olhos azul-esverdeados. Nós o encaramos radiantes, a viúva o abraça, aliviada. Ele também sorri.

Uma boa conversa com ele, dessa vez não acerca de política, mas acerca de humanidade. De um modo professoral, ele diz que rejeita "essas coisas" enquanto me olha de passagem, embaraçado; que na mulher ele vê o camarada, não o corpo. Ele é um fanático, seus olhos estão muito distantes enquanto fala assim. Ele está seguro da infalibilidade de seu dogma.

Agora tenho de pensar muitas vezes sobre se é uma felicidade ou uma infelicidade para mim conhecer algo de russo. De um lado, isso me dá uma certeza que falta aos outros. O que para eles são sons rudes de animais, gritos inumanos, para mim é linguagem humana — a língua melódica, ricamente articulada, de um Puchkin e de um Tolstói. Sem dúvida tenho medo, medo, medo (desde Anatol, ele diminuiu um pouco), mas falo com eles de pessoa para pessoa, distingo os piores dos suportáveis, classifico a turba, faço uma idéia dela. Pela primeira vez também sinto a minha condição de testemunha. Haverá apenas poucos nesta cidade que possam falar com eles, que tenham visto suas bétulas, seus povoados, os camponeses calçados com sandálias de ráfia e as construções novas e apressadas das quais tanto se orgulham — pessoas que agora, como eu, estão sob as suas botas de soldado como se fossem lama. Em compensação, para os outros, que não entendem uma palavra de sua língua, as coisas são mais fáceis. Eles permanecem mais alheios a esses homens, podem cavar fossos mais profundos e se persuadir de que eles absolutamente não são homens, apenas feras, apenas animais. Isso eu não posso fazer. Sei que eles são homens como nós; todavia, assim me parece, em um nível de desenvolvimento mais baixo, um povo mais jovem, mais próximo de suas origens do que nós. Os teutões devem ter se comportado de maneira semelhante quando invadiram Roma e tomaram para si as romanas derrotadas, mulheres perfumadas, com cachos artificiais, de mãos e pés bem-cuidados. Situação em que a derrota é a páprica que não pode faltar à carne.

De repente, por volta das seis da tarde, gritos na escadaria. Uma batida enérgica contra a nossa porta:

— Os porões foram saqueados!

Andrei, sentado em nosso sofá, assentiu com a cabeça. Ele já sabia disso há horas, diz ele, e nos aconselha a procurar logo pelas nossas coisas.

Embaixo, o caos: tábuas partidas, fechaduras arrancadas, malas abertas e pisoteadas. Tropeçamos sobre coisas alheias, pisamos sobre roupas que ainda estão limpas e com os vincos da engomadura. Com um toco de vela, iluminamos o nosso canto, pegamos isso e aquilo, toalhas, uma tira de toucinho no barbante. A viúva lamenta que sua mala grande tenha desaparecido, aquela em que tinha colocado as suas melhores roupas. Ela esvazia no corredor uma mala alheia qualquer, que fora aberta, e trata de enchê-la com as poucas coisas que lhe restaram. Com as mãos, ela recolhe farinha derramada do chão, joga-a solta dentro da mala, como se tivesse perdido o juízo. À esquerda e à direita, os vizinhos remexem à luz tremulante das velas. Ouvem-se exclamações estridentes e lamúrias. As penas dos travesseiros rodopiam pelo ar, sente-se o cheiro de vinho derramado e de excrementos.

Para cima. Carregamos nossas tralhas. Para Andrei, a pilhagem é evidentemente embaraçosa. Ele nos consola dizendo ser provável que todas as coisas apenas tenham sido jogadas no chão e misturadas, mas não desaparecido; pois os invasores, com certeza, teriam procurado apenas álcool. Vânia, a criança, que apareceu outra vez nesse meio-tempo, promete à viúva, com um olhar sério em seus olhos negros, metade em alemão, metade em russo, que amanhã cedo, ao alvorecer, nos acompanhará até embaixo e ficará ao nosso lado até que tudo que nos pertence seja encontrado.

A viúva chora, lembra-se, sempre soluçando, de objetos isolados de sua mala; do bom conjunto de saia e casaco, do vestido de tricô, dos sapatos resistentes. Também eu estou profundamente abatida. Não temos direitos, somos vítimas, lixo. Nossa raiva se descarrega em Adolf. Perguntas medrosas: onde está o front? Quando haverá paz?

Enquanto cochichamos uns com os outros ao redor da cama do senhor Pauli, que se deitou outra vez depois do almoço, Andrei se encontra ao lado em conselho de guerra com os seus ao redor da mesa de mogno. De repente, todos os batentes das janelas se abrem com violência, pedaços de papelão sibilam pelo quarto, um estouro, que me faz rodopiar até a parede oposta. Um ranger, uma nuvem de cal no quarto; lá fora, o desmoronamento de uma parede... Segundo soubemos uma meia hora depois através de vizinhos, caiu uma granada alemã sobre o prédio ao lado, feriu alguns russos e matou um cavalo. Na manhã seguinte, o encontramos no pátio interno: a carne separada com cuidado, deitada sobre lençóis lambuzados de sangue, e, ao lado, sobre a terra avermelhada de umidade, a confusão gordurosa das entranhas.

No momento, não consigo me lembrar como transcorreu a noite. Possivelmente, pão, arenque, carne enlatada, aguardente, coito, Anatol. Agora os tenho outra vez aqui: todo um grupo de russos, conhecidos nossos e desconhecidos, em torno de nossa mesa. Sem parar, eles dão corda aos seus relógios, conferem a hora, segundo o fuso de Moscou que trouxeram consigo e que é uma hora adiantado em relação ao nosso. Um deles tinha um cebolão respeitável, volumoso, de camponês, marca Ostpreussen, com mostrador bem saliente, de um amarelo oleoso. Mas por que estão desse modo atrás de relógios? Não é por causa de seu valor em dinheiro, pois nem de longe prestam tanta atenção a anéis, brincos e pulseiras, que ignoram quando podem apanhar um relógio. Talvez isso esteja ligado ao fato de que em seu país ainda falte muito para que cada pessoa possa adquirir um relógio. Ela já deve ser alguma coisa, representar alguma coisa, para que consiga um desses relógios de pulso ardentemente desejados, ou seja, para que lhe seja concedido pelo Estado. E agora, de repente, os relógios crescem como rabanetes, numa abundância nunca imaginada, para todos que os queiram colher. Com cada relógio novo, seu possuidor sentirá um aumento de poder. Com cada relógio que ele pode dar e presentear em seu país, cresce sua importância pessoal. Deve ser isso. Pois eles não sabem distinguir os relógios pelo seu valor em dinheiro. Eles dão preferência a peças com quinquilharias, por exemplo, com cronômetro ou com mostrador giratório sob uma caixa de metal. Uma pequena imagem colorida no mostrador também lhes serve como isca.

Vejo todas essas mãos de homens sobre nossa mesa e subitamente sinto nojo. Elas me parecem tão nuas — o que não estará grudado nelas? Depois disso, bebo depressa aguardente, eles gritam "Vyipiti nado" sempre que levo o copo à boca e comemoram cada um de meus goles como um ato digno de louvor. Dessa vez, além de aguardente, também vinho tinto, decerto saqueado no porão. Uma vela, grudada num pires, dava uma luz tremulante e lançava os perfis eslavos contra a parede.

Pela primeira vez, um grupo de autênticos debatedores. Entre eles, pelo menos três altamente dotados: em primeiro lugar, Andrei, o professor e jogador de xadrez de olhos azul-esverdeados; contido e falando baixo, como sempre. Em seguida, um caucasiano, com nariz em gancho e olhar faiscante. (Não sou judeu, sou um georgiano — assim ele se apresentou a mim.) Ele é extraordinariamente lido, cita com fluência em verso e prosa, é muito eloqüente e tão ágil quanto um esgrimista. A terceira fera de inteligência também é um dos novos. Um tenente muito jovem, ferido por um estilhaço há pouco, à tardinha, com um curativo precário na canela, e que manca apoiado numa bengala alemã enfeitada com todo tipo de etiquetas de lugares conhecidos do Harz. O tenente tem o cabelo loiro-claro e seu olhar é sombrio. Seu modo de falar é malicioso. Em dado momento ele disse:

— Eu, na condição de pessoa inteligente — quando foi interrompido pelo caucasiano:

— Aqui há algumas pessoas inteligentes, a *Niemka*, por exemplo. (Ele se referia a mim.)

Discussão acerca da origem da guerra, que eles vêem no fascismo, em sua estrutura, que compele a conquistas. Balançando a cabeça, eles dão a entender que, segundo suas opiniões, a Alemanha absolutamente não teria necessitado de uma guerra — um país rico, próspero, cultivado, mesmo agora, apesar das destruições. Por um momento, eles disputam acerca da miserável fase inicial do capitalismo, de cuja herança a Revolução Russa tomou posse, e acerca da última fase, avançada, rica, avançada mesmo na podridão, e que eles acreditam ver em nosso país. Com argumentos muito hesitantes, de súbito muito cautelosos, eles acentuam que seu país está apenas no começo de um grande desenvolvimento, de que ele deve ser visto, julgado e comparado a partir de seu futuro...

Um deles aponta para os móveis em volta (estilo 1800) e vê neles cultura superior. Por fim, eles caem no tema "degeneração" e disputam entre si acerca da questão de nós, alemães, sermos ou não degenerados. Eles apreciam o jogo; animado vaivém de argumentos, Andrei conduz as rédeas da conversa com mão sossegada.

Vez por outra, investidas maliciosas do homem loiro, ferido, dirigidas pessoalmente contra mim. Zombaria e sarcasmo acerca dos planos de conquista da Alemanha, acerca de sua derrota. Os outros não aceitam esse tom, desviam a atenção rapidamente, censuram-no pela sua fala, mostram tato de vencedor.

Anatol irrompe em meio ao palavreado, cansado do serviço, bocejando. Senta-se com eles, mas se aborrece bastante. Nisso não pode acompanhá-los. Ele é do campo. Ele me contou que em seu colcoz ele era o responsável pelo leite, portanto, algo como o chefe da leiteria. Ao que respondi:

— Oh, que interessante.

Ele:

— Sabe, se tratava sempre de leite, apenas leite... — e suspirou.

Depois de uma meia hora sentado na companhia deles, ele se retira, deixa os debatedores continuarem falando.

Ao lado, dorme o senhor Pauli. A viúva arrumou outra vez a sua cama provisória junto a ele. A situação, aliás, está clara: direito de proprietário para alguns amigos da casa, se é que se pode usar essa expressão, bem como para os homens da tropa de Anatol, apresentados por ele. Direito noturno, porém, apenas para o chefe Anatol. De resto, agora sou realmente tabu, pelo menos por hoje. O que será amanhã? Ninguém sabe. Anatol apareceu outra vez por volta da meia-noite; depois disso, a távola-redonda se desfez por si mesma. Por último, sai o loiro-claro mancando com sua bengala e, na despedida silenciosa, mede-me com um olhar maldoso.

Agora, lacunas na memória. Outra vez bebi muito, não sei mais dos detalhes. Reencontro-me apenas no alvorecer de segunda-feira, em diálogo com Anatol, que acabou levando a um pequeno mal-entendido. Eu, para ele:

— Tu és um urso. (Conheço a palavra, *Medvied*, que era o nome de um conhecido restaurante russo na Tauentzienstrasse.)

Anatol, pensando que eu confundia as palavras, muito paciente, falando como a uma criança:

— Não, está errado. Um *Medvied* é um animal. Um animal marrom, da floresta, é grande e ruge. Mas eu sou um *Tchellaviek*, um homem.

Retrospecto de segunda-feira, 30 de abril de 1945

Madrugada cinza e rosa. Sopra gelidamente através do vazio das janelas, gosto de fumaça na boca. Outra vez o cantar do galo. As primeiras horas do dia são só minhas. Eu limpo, recolho embalagens de cigarro, espinhas e farelos de pão, esfrego os anéis de aguardente no tampo da mesa. Depois, parcimoniosa lavagem matinal no banheiro com duas xícaras cheias de água. Entre cinco e sete da manhã, quando a viúva e o senhor Pauli ainda dormem, são as minhas horas mais felizes, tanto quanto a palavra felicidade pode ser apropriada agora. É uma felicidade relativa. Encho um pouco o estômago e ensabôo minha segunda camisa. Nessa hora, sabemos, não nos aparece nenhum russo.

A partir das oito horas, o movimento habitual pela porta aberta dos fundos. Todos homens desconhecidos. De súbito, aparecem dois ou três que ficam à toa em volta de mim e da viúva, tentam nos apalpar, são vorazes como as raposas. Mas, na maioria das vezes, vem um de nossos conhecidos e nos ajuda a nos livrar dos estranhos. Ouvi como Gricha lhes dava a entender o tabu, como mencionava o nome de Anatol. E estou bastante orgulhosa com o fato de que realmente consegui domesticar um dos lobos, possivelmente o mais forte da matilha, para que ele mantenha longe de mim o restante deles.

Por volta das dez horas, subimos até o apartamento dos livreiros, atrás de cujas excelentes fechaduras de segurança uma dúzia de habitantes do prédio ainda busca refúgio. Depois de nossas batidas, nos deixaram deslizar para dentro; estava marcado um encontro dos moradores do prédio.

Tumulto de homens e mulheres. Não reconheci com tanta facilidade o povo do porão. A aparência de alguns está inacreditavelmente mudada. De repente, quase todas as mulheres estão com os cabelos grisalhos ou com mechas brancas; falta-lhes a habitual tintura para cabelo. Também os rostos têm uma aparência estranha, transtornada e velha.

Tomamos lugar ao redor da mesa, com grande pressa, cheios de medo de que nossa "reunião" chamasse a atenção dos russos e pudesse ser mal-interpretada por eles. Em ritmo acelerado, tão rápido quanto posso falar, comunico as novidades que sei através de jornais e de soldados russos, sobretudo de Andrei e Anatol: o cerco em torno de Berlim está fechado; todos os subúrbios ocupados, apenas no Tiergarten e no Moabit ocorrem confrontos; generais presos em massa; parece que Hitler está morto, mas não se sabe ao certo; dizem que Goebbels se suicidou; que Mussolini foi fuzilado pelos italianos; os russos estão nas margens do Elba, lá se encontraram e confraternizaram com os americanos.

Todos ouvem com avidez, tudo isso era novidade aqui. Olhei em volta, perguntei à hamburguesa pela sua filha, pela Stinchen com a atadura na cabeça. E com "ss" agudos, recebo a resposta de que a garota de dezoito anos subiu ao depósito do sótão, passando lá, sob o teto da cozinha, todas as noites e a maior parte dos dias. Os russos não fazem idéia dos depósitos do sótão. Não há desses estranhos cubículos em suas casas. Antigamente, se guardava lá as malas; mais antigamente ainda, dizem que as empregadas domésticas lá pernoitavam. Agora, portanto, a Stinchen vegeta no cubículo apertado, bolorento, com roupa de cama, penico e água-de-colônia. E sempre que ouve passos ou algum ruído, ela fecha rapidamente a porta do cubículo, diz a mãe. Em todo caso, Stinchen ainda é virgem.

Descemos às apalpadelas. Há muito tempo que nossa casa é uma casa de soldados. Por toda parte, cheiro de cavalos. Pedaços de esterco de cavalo atirados pelo chão, arrastados para dentro pelas botas dos soldados. Eles não fazem nenhuma cerimônia, os vencedores. Eles urinam nas paredes, onde quer que lhes dê vontade. Há poças de urina nos patamares das escadas e embaixo no corredor. Isso significa que nos apartamentos abandonados, a eles entregues, não agem diferente.

Em nossa cozinha, o menino Vânia já nos espera, aprumado qual uma sentinela, sua automática em prontidão. Com um olhar de fidelidade canina, ele se oferece para nos acompanhar ao porão. Nova descida na escuridão. No corredor traseiro, ainda há alguns soldados deitados pelo chão que dormem dia adentro sobre roupa de cama de verdade, tomada em algum lugar. No ângulo debaixo da escada de caracol, um deles está deitado em nosso caminho, uma poça saindo dele. Resmungando, ele se afasta sob os pontapés de Vânia. Com seus dezesseis anos, Vânia já é sargento e dá importância a sua patente. Andrei me contou que ele trabalhava como jovem imigrante em uma propriedade da Prússia Oriental e se juntou às tropas russas que avançavam combatendo, depois do que, graças a algumas façanhas, subiu depressa a escala hierárquica.

No porão, tateamos em torno procurando as coisas da viúva. Coisas que não conheço e que a viúva já nem queria mais conhecer tão bem, pois ela apanhou o que quer que lhe parecesse aproveitável. À luz débil das clarabóias, auxiliada pela lanterna de bolso de Vânia, juntamos batatas e cebolas, e, de uma estante, pegamos vidros de conserva intactos.

Aproximou-se um sujeito, olhos oblíquos, disse frases obscenas, mescladas com palavras em alemão. Ao que Vânia, passando pelo homem, fala para o ar:

— Muito bem, já chega — e o sujeito de olhos oblíquos se safa.

Almoço. Ainda temos tudo em abundância. Em comparação às magras refeições que fazia sozinha no sótão, agora levo uma vida farta. Em vez de urtigas, posso comer carne, toucinho, manteiga, ervilhas, cebolas, legumes em conserva. Em seu leito de dor, o senhor Pauli come qual uma debulhadora. Só que ao comer a compota de peras ele começa a esbravejar e tira um estilhaço de vidro, afiado, comprido, dos dentes. Também eu tirei uma ponta afiada da boca. O vidro de compota fazia parte de nosso saque no porão e estava quebrado.

Lá fora, ainda a guerra. E nossa nova prece matinal e noturna: "Devemos tudo isso ao *Führer*." Uma frase que, nos anos de paz, como elogio e gratidão, foi pintada milhares de vezes em cartazes, pronunciada milhares de vezes em discursos. Agora, inalterada na forma, seu conteúdo se modifica, torna-se sarcasmo e zombaria. Acho que isso se chama inversão dialética.

Tarde sossegada. Anatol estava fora com os seus homens. Ou seja, eles tratavam de uma comemoração para o Primeiro de Maio. Tínhamos medo desse feriado. Todos os russos, segundo dizem, recebem uma porção de aguardente.

Nada de Anatol. Em vez dele, apareceu tarde da noite, por volta das nove, um sujeito pequeno, já velho, bexiguento, com as faces gretadas. Palpitações. Que rosto apavorante!

Porém, modos admiravelmente bons, obsequiosos, e uma maneira de falar sobremodo distinta. É também o primeiro soldado que me chama de "Grachdanka", "cidadã" — o tratamento russo para mulheres estrangeiras que não se pode chamar de "camaradas". Ele se apresenta como o novo ajudante de Anatol, encarregado por este de anunciá-lo para o jantar e trazer o que fosse necessário. Tudo isso diante da porta da frente, enquanto eu ainda mantinha a corrente presa.

Deixei que entrasse, lhe ofereci uma cadeira. Ele estava visivelmente ansioso para travar um diálogo comigo. Com certeza ele sabe da pouca confiança que seu rosto inspira, e por isso se esforça duplamente em agradar de outra maneira. Ele relata que mora no Cáucaso, em uma região também visitada por Puchkin, onde este obteve muitos estímulos para a sua obra. Não entendo tudo, ele se exprime de maneira culta, forma frases longas, complicadas. Em todo caso, a propósito da deixa "Puchkin", pude mencionar alguns títulos, o *Boris Godunov* e o *Chefe dos correios*. Contei-lhe que esse *Chefe dos correios* foi filmado na Alemanha há alguns anos, o que o alegrou nitidamente. Numa palavra, a pura conversa de salão, bastante singular. Não conheço a fundo esses rapazes, surpreendo-me sempre com as coisas com que nos surpreendem.

De súbito, ruído e vozes masculinas na cozinha. Talvez Anatol? O pequeno caucasiano acha que não, mas logo vai comigo para a cozinha, da qual a viúva, com todos os sintomas do medo, acaba de escapar, aos gritos:

— Cuidado, o Petka!

Petka? Deus do céu, sim, também há esse ainda. Petka com o cabelo à escovinha e as manzorras de lenhador, que tremiam tanto quando me dirigia os seus embaraçosos balbucios de Romeu.

Avançamos os três para a cozinha. Sobre o aparador, uma pequena vela de Hindenburg, quase no fim. Além disso, o tremular de uma lanterna de bolso moribunda, agitada por um russo que eu ainda não tinha visto. O outro, contudo, é certamente Petka, reconheço isso pela sua voz. Desde anteontem (sim, foi realmente apenas anteontem), seu amor por mim se converteu em ódio. Petka, o siberiano deslocado, vem em minha direção, já que me viu. Suas cerdas estão eriçadas (sabe-se lá onde foi parar o boné). Seus olhos pequenos cintilam. Está podre de bêbado.

No canto, junto à janela, há uma máquina de costura. Petka levanta a coisa inteira do chão pela tampa fechada e a joga em minha direção através da cozinha. O móvel estoura com estrondo sobre as lajotas. Eu me agacho, grito ao pequeno caucasiano para que saia em busca de Anatol, meto-me atrás do outro soldado, o desconhecido que veio junto com Petka, imploro-lhe por ajuda contra o bêbado. Agora Petka golpeia com os punhos nus em minha direção, mas, por causa de sua bebedeira, erra completamente o alvo. De modo imprevisto, ele apaga então a pequena luz de emergência sobre o aparador.

Agora a pilha da lanterna de bolso também falha inteiramente, estamos no escuro. Ouço Petka ofegar, percebo o bafo de aguardente ordinária. Não tenho, de modo algum, propriamente medo, estou por demais ocupada em me esquivar dele, passar-lhe uma rasteira, e também noto os aliados ao meu redor. Enfim, todos juntos, conseguimos levá-lo até a porta dos fundos. A lanterna de bolso emite outra vez alguns fiapos de luz. Empurramos Petka pela escada de caracol abaixo, ele logo cai alguns degraus. Tropeçando, ele me grita que sou ruim, uma imundície — e a maldição de minha mãe.

Uma hora da madrugada, portanto já terça-feira, 1º de maio. Eu estava sentada na *bergère*, morta de cansaço. O pequeno ajudante saiu outra vez, agora queria realmente trazer Anatol consigo. Eu ouvia, cochilava... Fazia tempo que a viúva e o senhor Pauli tinham ido dormir. Eu não me atrevi, esperava...

Finalmente, batidas na porta da frente. Outra vez o pequeno. Desta vez, ele está carregado com toucinho, pão, arenques, uma marmita cheia de aguardente. Tropeçando de sono, busco pratos e copos na cozinha, ponho a mesa redonda, ajudada pelo pequeno. Limpos das espinhas, os filés de arenque formam anéis graciosos. Eu bocejo, o pequeno me consola:

— Anatol vem logo.

Dez minutos depois, de fato, ele aparece, acompanhado do sombrio tenente loiro, que ainda manca com sua bengala alemã. Anatol me puxa para os seus joelhos, boceja:

— Ah, dormir...

Mal estamos os quatro sentados a comer e a beber, batem outra vez na porta. Um dos homens de Anatol, encarregado de levar Anatol e seu auxiliar até o comandante. Alguma coisa parece estar acontecendo essa noite; ou será que tem a ver com o feriado de maio? Suspirando, Anatol se levanta, desaparece. Apressado, o pequeno ainda dá outra mordida vigorosa em seu pão com toucinho e, mastigando, corre atrás.

Foram-se. Ficou o loiro sombrio. Inquieto, ele se move com sua vara pela peça, senta-se novamente, me encara. A vela tremula. De sono, quase caio da cadeira. Todos os vocábulos se foram de minha cabeça.

O loiro-claro fita o vazio a sua frente. Ele diz que quer ficar aqui. Quero lhe mostrar o quarto dos fundos. Não, ele quer ficar nessa peça aqui. Arrumo um cobertor para ele no sofá. Não, ele quer dormir na cama, resmunga, teimoso, monótono, como uma criança muito cansada. Pois bem — que faça isso. Deito-me, vestida como estou, sobre o sofá. Não, eu devo me deitar na cama com ele. Não quero. Então ele passa a me incomodar no sofá. Eu ameaço com Anatol. O louro sombrio ri grosseiramente:

— Esse não volta mais essa noite.

Levanto-me, quero ir para o quarto dianteiro ou para o do lado, onde está a viúva, para qualquer lugar. Então ele cede, está satisfeito em ficar deitado no sofá e se enrola na coberta. Agora me deito vestida na cama, apenas tirei os sapatos.

Pouco depois, acordo assustada, ouço a bengala tateando próxima, na escuridão. Está outra vez aqui, quer se deitar na cama comigo. Estou embriagada de sono, me defendo, balbucio alguma coisa, não quero. Ele não cede, insistência teimosa, sombria, triste. Ele repete algumas vezes, carrancudo:

— Eu sou um homem jovem.

Ele tem no máximo vinte. Ao me defender, toco em dado momento na perna ferida. Ele geme alto, me xinga, golpeia o punho cego em minha direção. Então ele se curva para fora da cama e busca algo em torno. Somente depois de alguns instantes me dou conta de que busca sua bengala, que deixou jogada diante da cama. É uma bengala nodosa. Se ele me acertar a cabeça com ela no escuro, então acabou-se. Procuro segurar suas mãos, puxá-lo para longe do ângulo da cama. Ele recomeça a insistir. Eu sussurro:

— Está parecendo uma coisa entre cachorros...

Uma frase que o agrada extraordinariamente, pois ele a repete carrancudo e persistente:

— Sim... tão bom... como entre os cachorros... muito bom... amor de cães... amor de cães...

Entretanto, ambos caímos num sono extenuado por alguns minutos, então ele volta a insistir e a se agitar outra vez... Estou tão ferida, tão acabada, continuo a me defender cegamente no semi-sono, ele tem lábios bem frios...

Por volta das cinco horas, ao primeiro cantar do galo, ele se levantou com esforço, arregaçou a perna da calça e tirou a atadura de gaze imunda de seu ferimento serrilhado. Eu, recuando involuntariamente:

— Precisa de ajuda?

Ele balança a cabeça, me fita por um momento — e então cospe de repente diante de minha cama, cospe desdém. Ele vai. Um pesadelo se afasta. Ainda durmo três horas de sono profundo.

Terça-feira, 1º de maio de 1945, à tarde

Tão cheias de medo começamos hoje o dia, que a partir das oito estávamos sentadas em prontidão à espera de coisas ruins. Mas começou como sempre. De repente, a cozinha estava cheia de homens, conhecidos e desconhecidos. Um deles apareceu de avental branco, apresentou-se como padeiro e me prometeu, sussurrando, farinha e pão, muita farinha e muito pão, se eu — (ele não pronunciou o que eles, na maioria, chamam de "fazer amor" ou "casar" ou simplesmente "dormir", apenas olhou de través).

Gritos provindos da rua, que num ai fazem desaparecer todos os homens de nossa cozinha. Pouco depois, eles estavam alinhados em duas fileiras, embaixo, sob o bordo. Anatol passeava diante deles de um lado para o outro, um perfeito primeiro-tenente, mas bonachão: tinha as mãos enterradas nos bolsos de seu casaco de couro e fazia um discurso. Fragmentos de frases chegam até mim:

— ... Primeiro de Maio... vitória próxima... divertir-se, mas ter em mente o decreto do camarada Stalin... etc.

Ao dizer isso, ele piscou marotamente para o seu pessoal, e os homens retribuíram com risos de troça. Andrei avançou, fez uma pergunta e obteve resposta. Mais dois ou três homens ergueram a mão como na escola, perguntaram alguma coisa, falaram sem rodeios. Não vi nenhuma rigidez e nenhum brio. O camarada primeiro-tenente se apresenta na condição de camarada. Durante a cerimônia, as Kartiuchas continuavam a uivar próximas à escola e traçavam rastros de fogo no céu amarelo-enxofre.

Eu estava fraca e escoriada, me arrastava como uma galinha tonta. A viúva tirou sua caixa de remédios do depósito do sótão, onde a escondera, e me deu uma lata com um resto de pomada.

Tive de pensar depois em como as coisas correram bem para mim até agora, que em minha vida o amor nunca foi um peso, mas sempre um prazer. Nunca fui forçada, nunca tive de me forçar. Tal como foi, foi bom. Não foi o excesso que agora me deixou tão fraca. É o corpo abusado, tomado contra a sua vontade, que responde com dores.

Tenho de pensar em uma colega de aula casada que, certa vez, no início da guerra, me confessou que agora, sem marido, visto que o seu fora chamado às fileiras, se sentia, em certo sentido, fisicamente melhor do que antes, durante o casamento, já que a consumação desse casamento sempre era dolorosa e penosa, algo que ela, porém, ocultava tanto quanto possível do marido. A palavra para isso deve ser "frígida". Seu corpo não estava pronto. E frígida permaneci até agora em todas essas relações sexuais. Não pode, não deve ser diferente, quero permanecer morta e insensível enquanto for uma presa.

Por volta do meio-dia, pude casualmente salvar duas vidas humanas. Começou com um alemão, um homem desconhecido já de certa idade, batendo em nossa porta da frente e chamando por mim, ou seja, "a mulher que sabe russo".

Eu, escada abaixo com ele, muito hesitante, admito, pois o homem resmungava algo sobre um revólver e sobre um fuzilamento. Embaixo estava o funcionário dos correios com a mulher e, alívio, alguns dos homens de Anatol, sargentos. (Graças aos ensinamentos elementares de Anatol, já distingo os postos razoavelmente bem.) Ele já estava com o rosto virado contra a parede, mudo, de ombros caídos, a cabeça baixa, de pantufas. Ela tinha a cabeça voltada e tagarelava sempre as mesmas frases rápidas por cima do ombro.

O que estava acontecendo? O seguinte: a garota refugiada que, na categoria de hóspede, morava com o casal do correio, e ainda no sábado pela manhã tinha se lamentado para nós que estava na hora de dar um basta e que não agüentava mais, foi apanhada na escadaria com um revólver no bolso do casaco. Possivelmente ela já veio de sua terra com a arma, mas ninguém sabe. Ela se soltou, correu escada acima e escapou de seus perseguidores no labirinto das mansardas. Desde então, está desaparecida. Agora reviraram tudo no apartamento do funcionário do correio e finalmente encontraram, ó horror, uma foto em que se pode ver, num retrato de busto, a garota com um soldado da SS.[18] Eles trouxeram a foto aqui para baixo, mostram-na para mim, tenho de confirmar que é a garota de Königsberg. O homem da SS decerto é seu noivo ou mesmo seu irmão; ele tem a mesma cabeça grande.

E agora, depois que pegaram os dois velhos como reféns, querem sem falta fuzilá-los caso eles não tragam a garota, caso não digam onde ela se encontra escondida.

---

[18]Sigla de Schutzstaffel, "esquadrão de defesa", guarda de elite do Partido Nacional-Socialista Alemão.

Tenho de esclarecer um equívoco. Os russos tomaram os dois pelos pais da garota. Eles ainda estão acostumados com famílias regulares, esses homens; eles não conhecem nossas casas confusas, isoladas, em barafunda. Quando ouvem que se tratava de estranhos, com quem a garota apenas morava, eles logo mudam o tom. A velha senhora, que durante nossa troca de palavras olhava tanto para mim quanto para os russos com o mesmo olhar de medo, agora, numa pausa da conversa, desata a falar e acredita que pode se favorecer ao invectivar a desaparecida, ao falar mal dela: simplesmente colocaram a mocinha na casa dela, ela não lhes trouxe nada a não ser incômodo e confusão, estavam fartos dela, nada mais lhes causava admiração — e se ela soubesse onde a garota está ela logo diria, ela não tem nenhuma razão para ocultar isso. E assim por diante.

Caso pudesse, a mulher certamente entregaria a garota. Ela repetia sem parar o seu palavrório trêmulo de medo, enquanto o homem ficou ali parado indiferente e insensível, o rosto voltado para a parede.

Eu falo e falo, explico para os russos que a garota com o seu revólver certamente não tinha nenhuma intenção assassina contra eles, que ela, segundo eu mesma teria ouvido, planejava suicidar-se, e que era provável que ela já tivesse se matado há muito tempo em algum lugar — talvez logo encontrem o seu cadáver. (A palavra "suicídio", *ssamo-ubiestvo*, também não se encontra no dicionário militar alemão-russo. Perguntei a Andrei a respeito.)

Aos poucos, a atmosfera se descontraiu. Pude me atrever a apresentar o casal do correio, de forma cômica, como dois completos cretinos que não faziam idéia de nada. Por fim, o homem se virou. De sua boca aberta, pendente, escorriam fios de saliva como num bebê. A mulher se calou; seus olhos de mulher velha, claros e dementes, corriam depressa entre mim e os russos. No fim, os dois puderam escapar com vida.

Ainda fui encarregada de comunicar a todos os civis da casa que na próxima vez que encontrassem armas, o prédio inteiro, do porão ao sótão, seria queimado conforme a lei marcial. Mas quanto à garota, assim juraram os homens, eles a encontrariam e liquidariam.

Os meus alegres bebedores de vodca estão completamente transformados. Nem se pode reconhecê-los! Eles também não me dão nenhum sinal de que beberam muitas vezes à minha saúde em volta da mesa redonda. Não se pode ter nenhuma confiança em seus gritos de alegria. Está bem claro que para eles serviço é serviço e aguardente é aguardente — pelo menos para esses três rapazes. Tenho de tomar nota disso, tenho de ser cautelosa com eles.

Depois disso, fiquei muito satisfeita comigo mesma, mas também receosa. Desse modo acabarei ficando tão conhecida quanto um cão malhado, e isso não me interessa. Admito que tenho medo e que gostaria de ficar escondida. Quando fui embora, o homem que me buscou veio atrás de mim e me pediu para traduzir uma expressão que ele ouviu com freqüência dos russos: "Gitler Durak". Eu traduzo: "Hitler é um imbecil." Eles nos dizem isso sem parar, de modo triunfante, como se fosse descoberta deles.

Quarta-feira, 2 de maio de 1945, com o resto de terça-feira

Passei metade da tarde de terça-feira sentada junto à cama do senhor Pauli tomando nota dos acontecimentos. Por precaução, transformei as últimas páginas de meu caderno em um vocabulário alemão-russo, que posso mostrar sempre que surgirem russos curiosos se intrometendo. Fiz isso uma vez até agora e colhi um tapinha elogioso no ombro.

À tardinha tivemos um incômodo. Alguém chutou e bateu na porta da frente. Eu abri, deixando a corrente presa, via algo branco e reconheci o padeiro de terça de manhã em seu uniforme com avental. Ele queria entrar. Eu não quis deixar, agindo como se Anatol estivesse presente. Então ele exigiu de mim uma outra moça, qualquer uma, um endereço, uma indicação de onde encontrar uma — em troca, ele quer dar farinha, muita farinha, à moça, e farinha também para mim, pela mediação. Não sei de nenhuma moça para ele, não quero saber de nenhuma. Então ele se tornou importuno, intrometeu seu pé pela porta entreaberta, puxou a corrente. A custo consegui empurrá-lo para fora, bati a porta com estrondo.

Sim, aos poucos as moças se tornaram uma mercadoria escassa. Agora as pessoas sabem em que momentos e em que horas os homens saem à caça de mulheres, as moças são trancadas, metidas nos depósitos dos sótãos, acondicionadas nos apartamentos bem protegidos. Na bomba de água, um rumor é passado adiante aos sussurros: no abrigo antiaéreo, uma médica organizou uma sala para o tratamento de doenças infecciosas, com grandes cartazes em alemão e russo dizendo que há doentes de tifo ali internados. Mas são apenas moças muito jovens das casas em volta, cuja virgindade é salva pela médica com o truque do tifo.

Um pouco depois, barulho novamente. Dessa vez, dois sujeitos, até então desconhecidos, conseguiram entrar no apartamento vizinho, desocupado. A mais ou menos dois metros de altura, a divisória entre os apartamentos foi destruída por um dos últimos ataques aéreos, e há uma fenda de quatro palmos de largura. Para junto dessa fenda no alto da parede, os sujeitos do outro lado evidentemente arrastaram uma mesa. Agora eles gritam pela brecha para que nós lhes abramos de imediato a porta, caso contrário, atirarão em nós. (Eles provavelmente não sabem que a nossa porta dos fundos está aberta.) Uns dos sujeitos alumiou nosso corredor com a sua lanterna de bolso, enquanto o outro engatilhou a sua automática. Mas nós já sabemos que eles não atiram logo, sobretudo quando ainda estão tão sóbrios e faladores como esses dois. Eu consenti no tom ridículo, tentei ser engraçada em russo. De resto dois rapazolas imberbes; eu lhes dei conselhos e até fiz pregação acerca do decreto do grande Stalin. Por fim, eles se afastaram do seu posto de tiro, por algum tempo ainda chutaram nossa porta da frente com as botas, e finalmente foram embora. Respiramos aliviadas. Pelo menos é tranqüilizador o sentimento de que posso correr um andar acima e chamar alguém dentre os homens de Anatol para ajudar em caso de emergência. Nós somos o parque de caça privado de Anatol. A maioria sabe disso agora.

A viúva, contudo, ficou inquieta, sobretudo quando nenhum de nossos fregueses habituais apareceu à tardinha. Ela aproveitou um momento de sossego na escadaria e se esgueirou para cima em busca de contato com moradores da casa. Voltou depois de dez minutos:

— Venha junto, por favor, até o apartamento da senhora Wendt, lá há russos tão simpáticos, está realmente agradável.

A senhora Wendt é a cinqüentona que mora sozinha e tem um eczema purulento na face, a mesma que atou sua aliança no elástico da calcinha. Fico sabendo que ela foi morar com a mulher abandonada pelo dono de nosso prédio, fugido para o oeste — uma dessas associações baseadas no medo e na necessidade, tal como se formam por toda parte em volta. Na pequena cozinha, mau cheiro e fumaça de tabaco. À luz da vela distingui as duas mulheres e três russos. Diante deles, sobre a mesa, via-se uma grande quantidade de conservas, a maioria sem rótulos, decerto da provisão das tropas alemãs, pilhagem dos russos.

A pedido das mulheres, não falei uma palavra de russo, banquei a parva. Não conhecia nenhum dos três russos. Um deles, chamado Seriócha, me atacou, colocou o braço em torno de meus quadris. Ao que um dos russos interveio e disse em tom suave:

— Irmão, eu te peço, deixe disso.

E Serióсha, flagrado, se afastou de mim.

Fiquei espantada. O que falou é jovem e bonito de rosto. Seus traços são regulares, lúgubres. Seus olhos brilham. Suas mãos são brancas e magras. Agora ele me olha sério e fala num alemão canhestro:

— Não ter medo.

A senhora Wendt cochicha para nós duas que esse russo se chama Stepan e que perdeu a mulher e dois filhos num ataque aéreo alemão a Kiev — ele, porém, nos perdoou tudo e é como um santo.

Agora o terceiro russo, pequeno e bexigoso, empurra em minha direção uma lata que abriu com seu canivete. Logo depois ele me alcança o canivete e me pede, por gestos, para comer. É uma lata de carne. Espeto pedaços grandes, gordurosos, e os devoro, estou faminta. Os três russos me olham com agrado. A senhora Wendt abre o armário da cozinha e nos mostra filas inteiras de latas de conserva, todas trazidas pelos três rapazes. É realmente agradável aqui. De mais a mais, as duas mulheres são repulsivas; a senhora Wendt com o eczema; e a ex-dona do prédio, de óculos e raquítica, é uma criatura que lembra um rato. Assim alguém pode escapar do estupro. Só Deus sabe por que esses homens se fixaram justamente aqui e trazem coisas de maneira tão diligente.

Eu ainda poderia ficar sentada por muito tempo. Stepan de fato irradiava proteção. Eu o contemplo como a um retrato, chamo-o comigo mesma, lembrando-me dos *Irmãos Karamazov*, de Aliócha. Mas a viúva se inquieta, ela se preocupa com o senhor Pauli, que ficou sozinho em sua cama. Ainda que nossos homens, em especial os doentes, acamados, com certeza nada tenham a temer dos russos. É inimaginável que um desses rapazes apareça bamboleando os quadris e sussurre para um homem:

— Homem, venha.

Eles são completamente normais.

Serióchha nos acompanha com a vela até a porta, é manso como um cordeiro sob o olhar de Stepan, e só no limiar da porta arrisca um beliscão de leve em meu braço.

Trotamos para baixo, cada uma com uma lata de carne nas mãos. De nosso apartamento, ressoa música animada. Lá dentro, grande movimentação. Na sala de estar está sentado o grupo de Anatol, quase completo; eles entraram pela porta dos fundos, aberta o tempo inteiro. Arranjaram um acordeão em algum lugar e o tocam em alternância. Cada um deles tenta, nenhum sabe direito, e o resultado é correspondente. Mas eles riem bastante enquanto isso. Querem comemorar, hoje é Primeiro de Maio. Eles não sabem onde Anatol se meteu, dizem que ele está fora a trabalho, tem de cuidar de muitas coisas.

Nós nos retiramos para a peça contígua, para junto da cama do senhor Pauli — e lá encontramos visitas russas. O tenente sombrio com sua bengala ornada de etiquetas e mais um que, segundo parece, ele trouxe junto, e que nos apresenta de um modo tão desembaraçado quanto de passagem: -tch -tch -tch Não-sei-do-que, major. (Eles têm uma maneira especial de tartamudear e ocultar seus patronímicos e sobrenomes, estão todos empenhados em encobrir suas identidades, entregando apenas os seus prenomes ordinários, assim como as patentes, que o conhecedor, aliás, pode ver.)

Eu encaro o loiro sombrio cheia de repulsa e o quero longe daqui. Mas ele não dá nenhum sinal de reconhecimento, age de modo formal e como se fosse um desconhecido, e é impecavelmente cortês. Ainda mais cortês é o major que ele trouxe consigo. À nossa entrada, ele se levanta num pulo, inclina-se como numa lição de dança, repete seu cumprimento diante de cada uma de nós. Um tipo grande, esbelto, moreno, com uniforme limpo, arrastando um pouquinho uma das pernas. Só mais tarde descubro ainda um terceiro novato na peça. Ele estava sentado, imóvel, numa cadeira junto à janela, e, piscando os olhos, se aproximou de nós, banhados pela luz da vela, apenas a um chamado do major. Um asiático de maxilas gordas, olhos puxados, inchados, que nos é apresentado como sendo ordenança do major. Logo depois, ele se retira novamente para o seu canto junto à janela, levanta a gola de seu casaco cinzento de lã para se proteger do vento que sopra de fora.

Agora estamos os quatro sentados em torno da cama do senhor Pauli: a viúva, eu, o major e o loiro sombrio. O major se responsabiliza pela conversa. Ao seu pedido, tenho de interpretar para o senhor Pauli e para a viúva, que ele toma por um casal, seus muitos e seletos floreios de cortesia. Eu e ele nos medimos a furto. Trocamos as palavras tateando. Não sei o que pensar dele, não o perco de vista. Agora o major oferece cigarros, que ele carrega soltos no bolso da jaqueta. Agradecendo, Pauli pega dois deles, começa a fumar um depois de tomar fogo do major. Ambos fumam pensativos. De quando em quando, o major estende o cinzeiro da maneira mais cortês a Pauli. De repente, ele se levanta num pulo e pede para que lhe digam se por acaso ele não está incomodando — se estiver, ele deixará a peça sem demora, e logo! E ele age de tal maneira como se já estivesse prestes a fazê-lo. Não, não, dizemos, ele não nos incomoda. Então ele toma lugar outra vez e segue fumando em silêncio. O perfeito Knigge.[19] Outra vez, uma amostra inteiramente nova da inesgotável, assim parece, coleção de amostras que a URSS nos mandou. De resto, ele está nervoso. A mão que segura o cigarro treme de modo considerável. Ou ele está com febre? Pois nesse meio-tempo ele disse que estava ferido no joelho e que recebera curativos no hospital juntamente com o outro, o tenente loiro e sombrio. (Portanto, eles também ocupam o hospital. Gostaria de saber como foi que os arrumaram lá e para onde foi que levaram os nossos, que na semana passada ainda ocupavam todas as camas de todos os quartos.)

[19]Alusão ao barão Adolph von Knigge (1752-1796), autor do livro *Do trato com as pessoas.*

Nesse meio-tempo, a sociedade de canto ao lado, levando junto o acordeão, se retirou de nosso apartamento. O silêncio passa a nos envolver. Olho de través para o relógio de pulso do loiro sombrio. Os ponteiros já avançam para as onze. Eu, a viúva e o senhor Pauli nos entreolhamos, não sabemos que conclusões tirar desses hóspedes.

Agora o major dá uma ordem ao asiático sentado no canto da janela. E de um dos bolsos de seu casaco ele puxa algo que sai com dificuldade: uma autêntica garrafa de champanha alemã de marca! Ele a coloca no círculo de luz da vela, sobre a mesinha junto à cama de Pauli. A viúva já corre em busca dos copos. Abrimos a garrafa e esvaziamos os copos. Enquanto isso, um palavreado à meia-voz, que eu evidentemente não devo ouvir, entre o major e o tenente loiro. Até que o major se volta de repente para mim e me pergunta, tão severo quanto na escola:

— O que a senhora sabe do fascismo?

— Fascismo? — repeti gaguejando.

— Sim, por favor. Explique-nos a origem da palavra. Indique o país de origem dessa tendência política.

Eu reflito de maneira forçada, então balbucio algo sobre a Itália, sobre Mussolini, sobre os romanos antigos, digo que *fascio* é o mesmo que feixe de varas, o que tento explicar a partir da bengala coberta de etiquetas do tenente... E as minhas mãos e os meus joelhos tremem o tempo inteiro, pois de repente acredito saber o que esse major imagina e o que ele quer de mim: ele quer me testar politicamente, quer verificar qual meu credo, meu passado — para então me pôr a serviço de algum interesse russo, como intérprete ou auxiliar militar, sei lá — e já me vejo arrastada e escravizada em algum lugar nas estradas da guerra... Ou serão homens da GPU[20]

[20]Sigla de Gosudarstvennoe Politiceskoe Upravlenie, denominação da polícia política secreta russa até a década de 1940.

que pretendem me utilizar como espiã? Centenas de pensamentos terríveis, sinto como as minhas mãos caem, pesadas como chumbo, mal consigo pronunciar as últimas palavras...

Devo ter ficado pálida, pois a viúva, que não compreende uma palavra de nossa conversa, me olha com medo, interrogativa. Então ouço o major dizendo ao tenente, uma frase que soa satisfeita:

— Sim, ela tem um bom conhecimento político — e levanta seu copo e bebe à minha saúde.

Respiro aliviada, meu coração queria sair pela boca. Pelo visto, o exame já terminou, e não tinha outro sentido a não ser o de verificar meus conhecimentos escolares. Esvazio o copo e sou servida com o último resto da garrafa de champanha. Os olhos da viúva se fecham aos poucos. Está na hora dos fregueses se despedirem.

De repente, um outro tom, uma oferta franca. O tenente diz em duas frases do que se trata:

— Eis o major. Ele quer saber, cidadã, se lhe agrada.

Eu caio das nuvens, encaro os dois homens bestificada. De repente, o major está muito ocupado com o seu cigarro, espreme o resto cuidadosamente no cinzeiro. Ele nem parece ter ouvido o que o tenente perguntou a seu pedido. Não consigo reconhecer o asiático na escuridão junto à janela. Ele ainda se encontra sentado lá, mudo. Ele não recebeu sua parte da champanha.

Silêncio. A viúva olha para mim com um levantar de ombros interrogativo.

Então o tenente outra vez, em voz baixa, impassível:

— O major lhe agrada? A senhora pode fazer amor com ele?

Fazer amor? Maldita expressão, não posso mais ouvi-la, estou tão apavorada e desiludida que não sei o que dizer, o que fazer. Em todo o caso, o tenente faz parte do círculo de Anatol. Ele conhece o tabu, portanto. Mas então Anatol não está mais aqui? Será esse major talvez o sucessor nas suas funções? Será que por isso ele pensa que também pode assumir a sucessão no que se refere a mim? Mas não, o major acabou de contar que mora no hospital atualmente, que tem sua cama lá.

Levanto-me e digo:

— Não. Eu não compreendo.

O tenente me segue pelo quarto manquejando com sua bengala, enquanto o major, aparentemente desinteressado, ainda está sentado junto à cama do senhor Pauli, desviando o olhar dos dois alemães calados de medo e perplexidade.

À meia-voz, murmuro para o tenente:

— E Anatol? O que houve com Anatol?

— O quê, Anatol? — ele exclama rude e em voz alta. — Como assim Anatol? Há muito tempo já está longe daqui. Ele foi transferido para o Estado-Maior.

Anatol foi embora? Assim, sem uma palavra? Será verdade? Mas soa tão certo, tão sarcasticamente superior.

Minha cabeça dá voltas. Agora o major também se levanta, se despede da viúva e do senhor Pauli da forma mais cerimonial, ouço seus repetidos testemunhos de gratidão pela hospitalidade oferecida. Pauli e a viúva não compreenderam a mínima de toda a alcoviteirice. Além disso, não ouso falar alemão com os dois alemães na presença dos russos. Já sei que eles não gostam disso, logo imaginam complô e traição.

Com uma reverência diante de todos nós, o major se dirige à porta. O asiático vem cambaleando da janela. Eu ilumino a saída dos três com minha vela. O major anda com dificuldade, muito lentamente, pelo corredor, arrastando de leve sua perna direita, porém se esforçando por reprimir o manquejar. O tenente me toca com o cotovelo, pergunta de maneira rude:

— Então? A senhora ainda está pensando?

Depois, breve discussão entre ele e o major acerca do lugar do pernoite, se no hospital ou...? E o tenente me pergunta, frio, mas outra vez cortês:

— Será que poderíamos nos alojar aqui? Todos os três?

E ele aponta para o major, para si e para o asiático ali em pé, semi-adormecido.

Todos os três? Por que não? Assim pelo menos temos uma proteção masculina para a noite, penso, e conduzo os três para o quarto dos fundos, ao lado da cozinha. Lá há um sofá-cama grande, com alguns cobertores de lã. O tenente e o asiático passam por mim rumo ao quarto. O tenente já fecha a porta do quarto atrás de si, apenas vejo que ele agita em torno a sua lanterna de bolso.

Estou parada na cozinha, a vela na mão. Ao meu lado, em silêncio, o major. Cortês, ele me pergunta onde fica o banheiro. Indico-lhe a porta, deixo a vela com ele. Enquanto estou parada, aguardando, junto à janela da cozinha, a porta do quarto se abre outra vez. O loiro sombrio, já em mangas de camisa, me sussurra:

— Aquilo entre nós, aquilo de ontem, ninguém precisa saber.

E desaparece outra vez. Por um momento, reflito:

— Como assim, aquilo entre nós?

Então me recordo da noite passada, do amor de cães, da cusparada diante de minha cama. Isso me parece estar muitíssimo distante, está reprimido, quase esquecido. Todas as minhas noções de tempo estão confundidas. Um dia é como uma semana, abre um abismo entre duas noites.

O major está outra vez presente, entra comigo em meu quarto. Ao lado, Pauli e a viúva finalmente devem ter entendido qual o jogo que se passa aqui. Ouço sua conversa abafada através da parede. De um de seus bolsos, o major tira uma vela grande, nova, deixa pingar um pouco de cera sobre um cinzeiro, fixa a vela e a coloca sobre a mesinha ao lado de minha cama. Em voz baixa, ele me pergunta, ainda com o boné na mão:

— Devo ficar aqui?

Com as mãos e os braços, faço um sinal de indecisão. Ele, então, com os olhos baixos:

— Esqueça o primeiro-tenente. Amanhã ele já estará longe. Eu ouvi.

— E o senhor?

— Eu? Oh, eu ainda fico muito, muito tempo. Pelo menos mais uma semana, e talvez até mais.

Ele aponta para a perna:

— Tenho um estilhaço cravado aí. Serei tratado por um médico.

Só que sinto pena dele, parado ali daquela maneira. Peço-lhe para tomar lugar, para sentar-se. Ele, embaraçado:

— A senhora deve estar cansada. É tão tarde. Se a senhora quiser se deitar...?

E ele se dirige à janela, que consiste de cacos e papelão, e pela qual não se ouve mais nada, mas nada mesmo, do front, e age como se olhasse para fora. Num ai me despi das roupas de cima, joguei um velho roupão da viúva sobre o corpo, meti-me debaixo das cobertas.

Ele se aproxima, empurra uma poltrona para junto da cama. O que ele quer? Conversar outra vez, bancar o Knigge, vide capítulo "Violação de donzelas inimigas"? Não, ele quer se dar a conhecer, tira toda sorte de papéis de seus bolsos internos, desdobra-os diante de mim sobre a colcha, aproxima a vela para que eu veja bem. É o primeiro russo que se revela desse modo em todos os detalhes. Agora sei o seu nome, quando e onde nasceu; sei até quanto ele possui, pois entre os papéis há até uma caderneta de depósitos da cidade de Leningrado, em que consta um valor superior a quatro mil rublos. Então ele recolhe sua papelada. Ele fala um russo distinto, e que eu, como sempre, reconheço pelo fato de que fico sem entender frases inteiras. Ele parece lido, musical, mesmo agora está obstinadamente empenhado em se portar como um *gentleman*. Levanta-se num pulo repentino, pergunta nervoso:

— Sou desagradável para a senhora? A senhora me detesta? Diga francamente!

— Não, não.

Não, de modo algum, tu pareces bem assim como és. Apenas não consigo estar em condições tão depressa. Tenho o sentimento asqueroso de passar de mão em mão, me sinto humilhada e ofendida, degradada à condição de objeto sexual. Então, outra vez o pensamento: e se fosse verdade que Anatol desapareceu? Se esse tabu, esse muro erigido com tanto esforço me tivesse sido tomado? Não seria bom estabelecer um novo tabu, construir um novo muro em torno de mim, talvez mais duradouro?

Agora o major já tirou o seu cinturão, a sua jaqueta, sempre em câmera lenta e me olhando de esguelha. Estou sentada, espero, sinto o suor nas palmas das mãos, quero e não quero ajudá-lo. Até que ele diz de repente:

— Por favor, dê-me a sua mão.

Eu o encaro. Será que ele quer, ao modo de Knigge, me agraciar com um beija-mão? Ou ele é um quiromante? Ele toma minha mão, aperta-a firmemente entre as suas e diz, enquanto me olha com um olhar lastimoso e sua boca treme:

— Perdoe-me, senhora. Estou sem mulher há tanto tempo.

Isso não deveria acontecer. Eis que estou deitada com o rosto sobre seus joelhos e soluço e choro e choro toda a dor de minha alma. Sinto que ele afaga meu cabelo. Em seguida, ruído na porta, ambos levantamos os olhos. Parada na porta entreaberta, a vela na mão, está a viúva, que me pergunta, cheia de medo, sobre o que está acontecendo comigo. Ambos, o major e eu, fazemos sinal de que está tudo bem, e ela decerto também vê que não estou sofrendo nenhum mal; ouço a porta bater.

Pouco depois, no escuro, disse-lhe o quanto estava debilitada e machucada, e que ele deveria ser cuidadoso. Ele foi cuidadoso e de uma ternura sem palavras, sossegou logo, me deixou dormir.

Essa foi minha terça-feira, 1º de maio.

Adiante, quarta-feira. Pela primeira vez nessas noites de homens dormi bastante, dia adentro, encontrando o major ainda ao meu lado. Ao que parece, ele não está de serviço hoje, pode se permitir isso. Conversamos sobre assuntos variados, de modo muito amistoso e razoável. Abruptamente, ele me confessa que de modo algum é um comunista — ele é oficial de carreira, formado na academia militar, e detesta os espiões juvenis do Komsomol.[21] Disso eu deduzo que também os altos oficiais têm motivos para temer a vigilância partidária. Admiro-me da franqueza com que fala comigo. Não há testemunhas, contudo. De modo igualmente abrupto ele quis saber se sou de fato saudável:

— A senhora entende, quero dizer, entendes o que digo. (Ele ainda mistura "a senhora" com "tu".)

Respondi-lhe, de acordo com a verdade, que nunca tive de me haver com tais doenças, mas que não sabia se aqueles russos que me violaram não haviam me passado alguma. Ele balança a cabeça, suspira:

— Ah, esses *hooligans*! (*Hooligan*, estrangeirismo russo, bastante utilizado para designar velhacos, vagabundos, patifes.)

Ele se levanta, se veste, chama pelo asiático no corredor. Ele veio de imediato, cambaleando, apenas de meias, seus sapatos na mão. O tenente não apareceu, decerto já se retirou. Ouvi a viúva fazendo barulho ao lado.

Lá fora, a manhã de maio é fria. Correntes tinem, cavalos relincham, o galo cantou faz tempo. Mas nenhuma Kartiuscha, nenhum tiro, nada. O major canta com uma bela voz, mancando pelo quarto e movimentando sua perna, todo tipo de canções, entre elas a encantadora "Fique, não vás, minha bela". Senta-se então na borda da cama, toca uma marcha numa pequena harmônica que tirou do bolso — tão ardente, tão hábil, que é de espantar.

[21]Komsomol: organização da juventude comunista na URSS.

Nesse meio-tempo, o asiático — à minha pergunta, ele responde que é natural do Uzbequistão — ajuda cuidadosamente seu senhor a calçar as macias botas de couro, esforçando-se em poupar a perna machucada. Enquanto isso, olha para o major cheio de admiração e suspira num russo que soa de modo estranho:

— Ah, como isso é tão bonito!

Mais tarde, quando os dois tinham ido, a viúva ouviu na escadaria que por volta das quatro horas fora assinada a capitulação de Berlim — alguém tinha ouvido pelo rádio. "Paz", assim acreditávamos, e nos alegramos. Até que soubemos mais tarde que a guerra continua no norte e no sul.

Quarta-feira, as horas se arrastam. Sou repetidamente interrompida enquanto escrevo. Contudo agora ninguém mais se incomoda com a minha escrevinhação. Quando muito, alguém diz:

— Assim é que está certo. Aprenda o russo com aplicação.

Russos, aguardente, trabalho de cozinha, carregar água, sem cessar. Dizem que em algum lugar ainda deve haver uma viga de madeira largada, rápido para lá, senão um outro a carrega. Dois dos homens de Anatol saíram correndo do apartamento abandonado que ocupavam nos últimos dias — colchões e cobertores sob o braço. Para onde será que iriam? Do próprio Anatol, nem sinal. Parece que o tenente não mentiu. De resto, ao se despedir o major me prometeu que cuidaria bem de mim, me traria o que comer. É algo que me convém. Já me incomoda há dias o fato de ter de comer da pelota de manteiga que o senhor Pauli trouxe da Volkssturm. Agora levo uma vida diferente daquela que levava em meu sótão nu e faminto. Em primeiro lugar, as últimas rações alemãs. Então aquilo que roubei, a pilhagem na caserna, as batatas no barraco. A viúva ainda tinha pequenas provisões de batatas, leguminosas, toucinho. E tudo o que Anatol e seu grupo não deixaram conosco em pão, arenques, crostas de toucinho, carne enlatada! (Apenas do álcool nunca sobrava nada.) Além disso, as duas latas de carne das mãos brancas de Stepan-Aliócha! Com isso se consegue viver. Na verdade, faz anos que não como tanto, há meses que já não estava mais tão saciada após as refeições. As coisas não podem ficar assim. Por enquanto, contudo, me empanturro, me abasteço de energias.

Lá fora, frio e céu encoberto. Na bomba de água, fiquei parada hoje por longo tempo sob chuva fina. Em volta, nos jardins pisoteados, ardem fogachos, ressoa cantoria masculina acompanhada pelo acordeão. À minha frente, está parada uma mulher que calça sapatos masculinos, um xale envolvendo a cabeça e metade do rosto, com olhos inchados de chorar. Em volta, silêncio, pela primeira vez desde que fico na fila da água. As Kartiuchas estão caladas. O céu ainda queima amarelo. A madrugada de quarta-feira foi cheia de incêndios. Mas nem mais um tiro em Berlim, sossego. Estamos ali parados, borrifados pela chuva, falamos pouco e em voz baixa. A bomba range, o braço chia, russos enchem uma lata atrás da outra. Nós esperamos. A figura lastimosa na minha frente relata de maneira monótona que não, até agora ela não foi estuprada, que ela pôde, com dois outros inquilinos, trancar-se no porão. Agora, contudo, seu marido voltou da tropa, decerto já se entende... E agora ela precisa cuidar dele, escondê-lo, arranjar de comer e de beber para ele, por isso não pode mais ter consideração por si mesma. Enquanto isso, uma tipa despenteada atrás de mim esbraveja:

— O meu bom sofá-cama, veludo azul-cobalto, eu tinha duas poltronas combinando, que eles quebraram e usaram para fazer fogo!

E, por fim, um homem, um osso seco com um rosto tão pequeno quanto um punho, tem uma história para contar: em sua casa, uma família mantém a filha jovem escondida debaixo da *chaise longue* — a coberta puxada até o chão, e russos já teriam se sentado sobre ela, sem imaginar que a garota estivesse deitada debaixo... Se isso é verdade ou invenção, não sei. Impossível não seria. Vivemos em romances *kitsch* e literatura barata.

Não posso me esconder, embora conheça um esconderijo no sótão. Não tenho pessoas que me levem comida e água lá em cima. Quando tinha nove anos de idade e estava em visita de férias na casa dos avós, me escondi numa tarde de domingo com minha prima Klara no sótão. Rastejamos para um canto sob os espantalhos aquecidos pelo sol no vigamento do telhado e cochichamos sobre o nascimento dos bebês. Klara, mais nova que eu, mas mais bem informada, sussurrou acerca de grandes facas com que as mulheres eram cortadas para que as crianças viessem à luz. Ainda sinto como minha garganta ficou apertada de pavor. Até que embaixo, junto à escada, a voz pacata da avó nos chama para o lanche. Salva, desço a escada aos tropeções e respiro aliviada ao ver a avó, sem cortes, gorda e redonda, os óculos com armação de metal na ponta do nariz. O cheiro era de café e de torta de maçã, sem dúvida polvilhada com açúcar em pó, embora meio quilo dele custasse então vários milhões de marcos. Mastigando, esqueci a faca de Klara e o meu medo. Mas acho hoje que as crianças têm razão em seu medo diante do que é sexual. Há muitas facas afiadas aí.

Os russos em torno da bomba examinam as buscadoras de água apenas de passagem. Eles já entenderam que as corcundas e as velhas das casas são as primeiras a ser mandadas para a bomba. Lá eu também enrugo minha testa, puxo para baixo os cantos da boca, aperto os olhos para parecer velha e feia.

No início, quando eu ainda não era tão conhecida quanto um cão malhado, nossos visitantes russos perguntavam com freqüência a minha idade. Se eu dissesse que há pouco tempo fiz trinta, vinham sorrisos irônicos e a resposta:

— Eh-eh, ela se faz mais velha, a espertalhona.

Em minha carteira de identidade, que eu então puxava, eles tinham de acreditar. Eles não nos conhecem bem, estão acostumados às suas russas parideiras, precocemente gastas, não lêem a idade em nossos corpos — por mais fraca e miserável que agora a maioria de nós pareça, em comparação com os tempos de paz.

Um russo de bochechas vermelhas, tocando um acordeão, passeia ao longo de nossa fila. Ele grita para nós:

— Gitler morto, Goebbels morto. Stalin bom.

Ele ri, cacareja uma praga, bate no ombro de um camarada e, embora as pessoas na fila da bomba não entendam absolutamente nada, grita em russo:

— Ele está de olho em vocês! É um soldado russo. Ele veio de Moscou para Berlim!

Eles mal cabem em si, tamanho seu orgulho de vencedores. É manifesto que eles mesmos se admiram por terem chegado tão longe. Engolimos tudo, ficamos parados e esperamos.

Cheguei em casa com dois baldes cheios de água. Dentro do apartamento, novo torvelinho. Dois soldados, desconhecidos, correm através de nossos cômodos em busca de uma máquina de costura. Eu mostro nossa Singer na cozinha. Desde que Petka, o Romeu de cabelo à escovinha, jogou bola com ela, ela parece um tanto entortada. Mas para que, afinal, os dois precisam de uma máquina de costura?

Fica esclarecido que eles desejam que uma remessa para a Rússia seja costurada num invólucro de linho. O que, naturalmente, deveria ser feito à mão. Com muita eloqüência, cuja figura principal foi a repetição, consegui convencer os rapazes de que a técnica ainda não avançou o bastante para atender aos seus desejos, que o recomendado aqui é o singelo trabalho manual das avós.

Por fim eles assentem com suas cabeças redondas, concordam. Como paga, acena um pão inteiro. A viúva reflete e decide passar o encargo principesco para a livreira, hábil com a agulha e necessitada de pão. Ela se apressa em chamar a mulher para fora de seu apartamento triplamente protegido.

Após alguns instantes, ela realmente aparece, desconfiada, hesitante, mas ao mesmo tempo cobiçando o pão. Há dias, diz ela, que não come mais um bocado de pão. Com seu marido, ela vive de cevadinha e feijão. Agora ela está parada à janela da cozinha e cose cuidadosamente os pedaços brancos de linho em torno do embrulho. O conteúdo não nos é revelado. É macio ao toque, suponho que sejam peças de roupa.

Tento imaginar como os russos devem se sentir em face de todos os bens desprotegidos e sem dono que jazem por aí. Em cada prédio há apartamentos abandonados, inteiramente entregues a eles. Todos os porões, com todas as tralhas armazenadas lá dentro, lhes estão abertos. Não há nada nessa cidade que, caso queiram, não lhes pertença. É simplesmente demais. Seus olhos não dão conta da abundância, eles apanham com displicência coisas reluzentes que perdem ou dão de presente, carregam muitas coisas consigo, que depois jogam fora por serem muito importunas. Pela primeira vez vejo garotos que arrumam seu saque num pacote postal tão caprichado. De hábito, eles são inexperientes na avaliação, não fazem idéia da qualidade e do preço, apanham a primeira coisa que aparece, que lhes atiça o olhar. E donde viria a experiência? Durante a vida inteira carregaram sobre seus corpos o que lhes coube em sorte, não sabem classificar nem escolher, não fazem idéia do que é bom e caro. Quando roubam roupa de cama, por exemplo, fazem-no apenas para usá-la de imediato. Penas de pato ou restos de lã, eles não vêem qualquer diferença. E acima de todas as outras pilhagens, a aguardente.

Enquanto cose o linho, a livreira nos conta as suas novidades. Sim, Stinchen, a garota de dezoito anos, ainda é mantida pela sua mãe no depósito do sótão, e faz pouco tempo que também passa lá os dias, desde que, certa vez, dois russos se meteram no apartamento com os buscadores de água, agitaram revólveres e fizeram um buraco à bala no linóleo do assoalho. Ela tem uma aparência pálida, a pequena. Nada do que se admirar. Em compensação, ela ainda está ilesa. A livreira fala de duas inquilinas novas, duas jovens irmãs, uma delas é viúva de guerra, tem um filho de três anos. Elas entraram num dos apartamentos desocupados e lá dentro festejam com a soldadesca, seja de dia, seja de noite; dizem que lá as coisas andam de modo bastante divertido. Depois ficamos sabendo que uma mulher do prédio defronte pulou do terceiro andar quando ivãs estavam atrás dela. Ela foi enterrada no gramado em frente ao cinema. Dizem que há mais pessoas que jazem lá. Não sei disso, o meu trajeto até a bomba de água conduz em outra direção. E, aliás, agora não se fazem passeios lá fora.

Desse modo, a livreira cose e murmura o que sabe. A Fama.[22] Essa palavra sempre me evocou uma figura feminina velada, murmurante. O boato. Nós nos alimentamos disso. Em tempos primitivos, os homens recebiam todas as notícias e todos os acontecimentos dessa Fama. Não se pode pensar a imagem de mundo das culturas antigas de modo nebuloso e incerto o bastante. Espectral, um pesadelo, uma ondulação de horrores e medos murmurados, de malevolências e de inveja dos deuses. Nesses dias, tenho muitas vezes o sentimento de que nada mais procede — de que faz muito, talvez, que Adolf desembarcou de um submarino na Espanha de Franco e se encontra num castelo a esboçar planos para Truman sobre o modo de mandar os russos de volta para casa. Mais profundo, contudo, é sempre o sentimento de nossa derrota, de nosso abandono.

Os dois russos aparecem outra vez, recebem satisfeitos o pacote costurado, entregam o pão fresco à mulher. Converso com os dois. Esclarece-se que ambos não são russos no sentido étnico: um deles é um *Volksdeutscher*[23] da região do rio Kuban, o outro, um polonês

---

[22]*Die Fama*, ou seja, o boato. Entre os romanos, *Fama* era a personificação do boato: um demônio feminino com muitos olhos, ouvidos e línguas.

[23]Durante o período nacional-socialista, todo aquele que fosse de origem alemã e vivesse fora dos limites do Reich era considerado *Volksdeutscher*, "alemão do povo".

de Lemberg. O *Volksdeutscher* se chama Adams, seus antepassados emigraram há duzentos anos do Pfalz, em cujo dialeto articula algumas palavras. O garoto polonês é formoso, de cabelos negros e olhos azuis, vivaz e ágil. Num ai ele transforma um caixote em cavacos para nós. Com a viúva, que aprendeu quando criança um pouco do polonês dos ceifeiros com parentes em uma propriedade da Prússia Oriental, ele troca frases em polonês. Ele se oferece para ir buscar água comigo.

Aceitei, ainda que hesitante. Da primeira vez que busquei água, descobri embaixo, ao lado da porta da rua, um cartaz em alemão e russo dizendo que a partir de agora os russos não poderiam mais entrar em residências alemãs nem se relacionar com civis alemães.

Partimos; fico contente por poupar desse modo pelo menos uma hora de espera na fila: pois se um russo bombeia para mim, tenho a precedência. Lá fora, um oficial logo grita atrás de meu polonês:

— Ei, você! Nada de acompanhar os alemães!

O polonês pisca para mim, fica para trás e me encontra outra vez junto à bomba, onde se serve antes dos outros. Enquanto isso, vindos da fila, me alvejam olhares em que leio amargura e desprezo. Mas ninguém diz nada.

O polonês está furioso. A caminho, ele começa uma briga por nada com um soldado, bate a torto e a direito, bufa e grita. Ele se acalma de um golpe, me alcança e me explica, enquanto aponta com o dedo para a parte posterior da cabeça, que, desde que tomou um tiro na cabeça em Stalingrado, está sempre irritado e furioso, com freqüência sem saber o que faz em sua fúria — antes ele não era assim. Olho-o com medo, me apresso com os meus dois baldes. O polonês ostenta realmente a Medalha de Stalingrado, espessa e de cobre, no galão colorido envolto em celofane. Fiquei feliz quando, diante de nossa porta, ele desapareceu. Mas o efeito da proibição de entrada em residências alemãs ainda vai demorar pelo tempo em que uma boa parte dos apartamentos abandonados, situados confusamente em meio aos nossos domicílios, lhes servir oficialmente de alojamento de tropas.

Quinta-feira, 3 de maio, com o resto de quarta-feira

Algo engraçado: enquanto fui para a bomba com o polonês, Petka, meu ex-violador de cabelo à escovinha, o destruidor de nossa máquina de costura, se apresentou à viúva. Mas, ao que parece, ele esqueceu esse ato de bêbado, pois, segundo disse a viúva, foi extremamente amistoso com ela. Com esforço, ele trouxe uma bonita mala de couro amarelo, em autêntico formato Petka; se fosse outro, mal teria conseguido levantá-la. Ele espalhou o conteúdo diante da viúva e lhe disse que era só escolher, que tudo era dela. Em compensação, "nada, nada, nada" para mim, entendido! Ora, é claro que isso era só conversa. Ele nunca teria podido impedir a viúva de, após sua partida, me presentear com as tralhas. É provável que ele quisesse me mostrar seus presentes generosos e com eles fazer a tentativa de apanhar outra vez o que ele chama de amor — mas depressa e como despedida, pois ele realmente disse à viúva o cumprimento de despedida "Dosvidania" e lhe deu a entender que todo o seu destacamento ia embora...

Com razoável autodomínio, a viúva recusou o presente, mandou Petka e sua mala viajarem. De resto, não por inibições morais!

— Como faria isso — diz ela, que provém de uma boa casa burguesa alemã. — A minha mala também foi levada embora.

Seus escrúpulos eram puramente de ordem prática.

— Mas eu não posso vestir essas coisas — diz ela. — A mala é de uma das casas da vizinhança; e se apareço com roupas que estavam nela, tenho de me arriscar a cair nas mãos da verdadeira dona.

Ela escolheu para si apenas dois pares de sapatos; eram exatamente do número dela e ela não pôde resistir. São sapatos para a rua, de modelo comum e, além disso, segundo a viúva, podem ser facilmente pintados de preto, ficando assim bem disfarçados. Ela quer me dar um dos pares, que eu poderia usar já que tenho apenas o par em meus pés. Infelizmente, são muito pequenos para mim.

A tarde inteira foi sossegada; não vimos mais nenhum de nossos conhecidos, nem Anatol nem Petka, Gricha, Vânia, Iacha ou o professor Andrei. Em compensação, o major surgiu pontualmente no início do crepúsculo com sua roliça sombra uzbequistanesa e mais alguém — graças a Deus, não o tenente loiro e sombrio com sua bengala. Não, era um rapaz pequeno, de bochechas vermelhas, em uniforme azul de marinheiro, dezoito anos de idade, Marinha Soviética. Parece que eles também conquistaram Berlim pela água. Lagos não nos faltam. O marujinho parece um estudante e sorri candidamente de uma orelha à outra quando me pergunta à meia-voz se pode me pedir um favor.

Pois não! E lhe aponto a janela, pela qual ainda entra o cheiro de incêndio. O marinheiro me pede então, com cortesia, de maneira completamente infantil, para que eu tenha a bondade de lhe arranjar uma garota — mas teria de ser uma garota limpa e respeitável, boa e amável —, ele também traria comida para ela.

Encaro o garoto, me esforço para não estourar numa gargalhada. Mas isso é o cúmulo. Agora eles já exigem limpeza, bom comportamento e um caráter nobre de seus derrotados objetos de prazer! Agora só falta um atestado policial de conduta antes que tenhamos de nos deitar para eles! Mas o pequeno tem um olhar tão cheio de expectativa, tem a pele tão macia de um bom filho, que não posso me zangar com ele. Balanço minha cabeça, portanto, com o necessário pesar, digo-lhe que moro neste prédio há pouco tempo, mal conheço as pessoas e, infelizmente, não posso lhe dizer onde se pode encontrar uma garota boa e bem-comportada para ele. Ele fica desolado. Mas eu sei que mesmo o russo aparentemente mais afável pode ser tornar de súbito um animal selvagem se tocamos nele ou em seu orgulho. Apenas gostaria de saber por que tenho de fazer sempre o papel de alcoviteira. Possivelmente por ser a única nos arredores que compreenda seus desejos em sua língua.

Meu marinheiro se retirou depois de me estender, agradecendo, sua pata de criança. Mas por que esses garotinhos se encontram de maneira tão diligente atrás de mulheres? Em casa provavelmente ainda esperariam por isso, embora se casem mais cedo que nossos homens. É possível que esses meninos-soldados, do mesmo modo que Vânia, o violador da escadaria com seus dezesseis anos, queiram se legitimar entre seus camaradas mais velhos como sendo homens de pleno valor.

No entanto as violações desatinadas dos primeiros dias não ocorrem mais. A presa se tornou escassa. E outras mulheres, segundo ouço, também estão nesse meio-tempo em mãos firmes e são tabu, exatamente como eu. Sobre as duas irmãs beberronas e festeiras, a viúva ouviu entrementes informações mais precisas; de acordo com elas, as duas irmãs recebem apenas oficiais, que levam seriamente a mal quando não-autorizados ou ordinários invadem seu território de camas. Em geral, todos que já não estão prontos para a partida buscam algo firme, próprio, e estão dispostos a pagar por isso. Eles entenderam que estamos muito mal servidas quanto à comida. E a língua do pão, do toucinho e dos arenques — seus principais presentes — é internacionalmente compreensível.

O major me trouxe todo o possível, não posso me queixar. Debaixo do sobretudo ele trouxe um pacote de velas. Além disso, mais cigarros para Pauli. O uzbeque estava pesadamente carregado; uma depois da outra, apareceram uma lata de leite, uma lata de carne e uma crosta de toucinho dura de sal; depois uma pelota de manteiga de no mínimo um quilo e meio, envolta em panos e cheia de fiapos de lã que a viúva logo tirou, e, quando pensávamos que não viria mais nada, ainda uma fronha cheia de açúcar, mais ou menos dois quilos e meio! São presentes matutinos principescos. O senhor Pauli e a viúva ficaram pasmos.

A viúva correu a fim de guardar os presentes em seu armario de cozinha. O senhor Pauli e o major fumavam amigavelmente, e eu fiquei sentada junto aos dois, meditando. Esta é uma situação nova. De modo algum se pode dizer que o major me estuprou. Acredito que basta uma única palavra fria de minha parte para que ele vá embora e não volte mais. Portanto, estou voluntariamente a seu serviço. Faço isso por simpatia, por necessidade de amor? Deus me livre. Por enquanto, estou até o pescoço de figuras masculinas e de seus desejos masculinos, absolutamente não consigo imaginar que alguma outra vez na vida possa ansiar por essas coisas. Faço isso por toucinho, manteiga, açúcar, velas, carne enlatada? É mais ou menos isso. Fiquei aflita por ter de comer das provisões da viúva. Alegro-me por também poder lhe dar algo agora através das mãos do major. Assim eu me sinto mais livre, faço minhas refeições com uma consciência mais tranqüila. Por outro lado, gosto do major, gosto tanto mais dele enquanto pessoa quanto menos ele quer de mim enquanto homem. E ele não vai querer muito, sinto isso. Seu rosto está pálido. O ferimento no joelho lhe dá o que fazer. Quem sabe ele busca mais o contato humano, feminino, do que meramente sexo. E esse contato eu lhe dou de boa vontade, até com gosto. Pois dentre as bestas humanas dos últimos dias, ele ainda é o mais tolerável dos homens e a mais tolerável das pessoas. Além disso, posso controlá-lo. Com Anatol não conseguiria isso tão facilmente, embora ele tenha sido a bondade em pessoa para mim. Mas tão ávido, tão taurino, tão forte! Sem querer, ele me daria uma pequena bofetada que me faria cuspir um dente — simplesmente por excesso de força, por sua constituição de urso. O major, ao contrário, está disposto a fazer concessões. Com isso, porém, ainda não respondi a pergunta sobre se agora devo me considerar uma prostituta, já que na prática vivo de meu corpo e recebo mantimentos por entregá-lo.

Isso me leva, enquanto escrevo, a refletir pela primeira vez nas razões por que me comporto de modo tão moral e por que ajo como se a profissão de prostituta estivesse muito abaixo de minha dignidade. Em todo o caso, é um ofício antigo, respeitável, e alcança os círculos mais elevados. Uma única vez, contudo, falei com uma mulher dessas; quer dizer, com uma mulher registrada, que exercia oficialmente essa profissão. Foi em um navio no Mar Mediterrâneo, em algum lugar nas proximidades da costa africana; eu tinha levantado muito cedo e caminhava pelo convés enquanto marinheiros ainda esfregavam as pranchas. Uma mulher também já estava de pé, uma desconhecida, rechonchuda, vestida modestamente, fumando cigarro. Postei-me junto a ela na balaustrada, lhe dirigi a palavra. Ela falava um pouco de inglês, me chamou de *miss*, me ofereceu um cigarro da sua caixa enquanto sorria. Mais tarde, o camareiro-chefe me deteve e me comunicou, numa meia-voz dramática, que ela era uma má pessoa; era necessário levá-la junto, mas só de manhã bem cedo, quando habitualmente nenhum passageiro ainda estava de pé, permitiam que ela viesse ao convés. Depois não a vi mais, mas ainda vejo diante de mim seu rosto feminino rechonchudo, amigável. O que significa isso — mau?

Mas, abstraindo completamente da moral, será que eu poderia cair nessa profissão, encontrar prazer nela? Não, jamais. É contrária à minha natureza, ofende meu amor-próprio, arruína meu orgulho — e deixa meu corpo debilitado. Portanto, não é algo necessário. Saio dessa profissão, se é que já devo chamar assim minha conduta, com enorme alegria — quando puder ganhar novamente meu pão de outro modo, mais agradável, mais adequado ao meu orgulho.

Por volta das dez da noite, o major acomodou o seu uzbeque no quarto atrás da cozinha. Outra vez um cinturão retine contra o esteio da cama, um revólver balança, um boné de soldado coroa o remate do esteio. Mas a vela ainda arde, e conversamos sobre toda espécie de assuntos. Quer dizer, o major me fala de sua situação familiar e tira pequenas fotografias de sua carteira. Por exemplo, uma foto de sua mãe, que, além de cabelos brancos, possui olhos selvagens, obliquamente negros. Ela é do sul do país, onde os tártaros estão fixados desde sempre, e se casou com um siberiano loiro-claro. Exteriormente, o major tem muito de sua mãe. Sua natureza se torna agora compreensível para mim a partir dessa mistura de sangues do norte e do sul: sua inconstância, a alternância entre pressa e gravidade, entre fogo e melancolia, seus vôos líricos e o súbito mau humor que a eles se segue. Ele foi casado, está separado há tempo e foi manifestamente um parceiro difícil, segundo ele próprio confessa. Não tem filhos. Isso é algo muito raro para um russo. Percebi isso pelo fato de que eles logo perguntavam se eu tinha filhos, manifestando com um balançar de cabeça o seu espanto por haver entre nós tão poucas crianças e tantas mulheres sem filhos. Eles também não querem acreditar de modo algum que a viúva não possua filhos.

O major me mostra mais uma foto, o retrato de uma jovem com uma aparência muito boa, o cabelo severamente repartido, filha de um professor universitário polonês em cuja casa o major permaneceu alojado no último inverno.

Quando o major sondou minha situação familiar, eu me esquivei; não queria falar sobre isso. Então ele quis saber qual havia sido minha formação escolar; ouviu, atencioso, o que lhe relatei acerca do ginásio, das línguas estrangeiras que aprendi e das viagens que fiz de uma ponta a outra da Europa. Ele disse, elogioso:

— Tens uma boa qualificação.

Em seguida, sem transição, se admirou com o fato de que as jovens alemãs são todas tão esbeltas e desprovidas de gordura — teríamos recebido pouca comida? Depois ele passa a imaginar como seria se me levasse com ele para a Rússia, se eu fosse sua mulher, conhecesse seus pais... Ele promete que lá irá me engordar com frangos e nata, pois antes da guerra se vivia muito bem na sua casa... Deixo que ele devaneie. Fato seguro é que minha "formação" — que ele sem dúvida mede conforme o modesto critério russo — lhe inspira respeito, me torna desejável aos seus olhos. Certamente, uma diferença em relação aos nossos homens alemães, para os quais, segundo minhas experiências, a erudição não aumenta de modo algum os encantos de uma mulher. Ao contrário, de modo instintivo sempre me fiz um pouco mais tola e mais ignorante na frente dos homens, ou empreguei disfarces até conhecê-los melhor. O homem alemão quer sempre ser o mais inteligente e dar lições à sua mulherzinha. Os homens soviéticos nada sabem de mulherzinhas em seu querido lar. Lá a formação é tida em tão alta conta, é algo tão raro, tão procurado, um bem necessitado com tanta urgência que o Estado a envolve com uma auréola brilhante. Além disso, lá o conhecimento recebe a sua paga, o que o major me dá a entender quando me explica que em seu país eu certamente encontraria "trabalho qualificado". Muito obrigada, tuas intenções são boas, mas já estou servida de uma vez por todas. Em seu país, há cursos noturnos demais. Não gosto mais de cursos noturnos. Gosto das noites para mim.

Ele volta a cantar, em voz baixa, melódico, e ouço com agrado. Ele é honesto, de natureza limpa, aberto. Mas distante, estranho e tão cru. O quanto nós, ocidentais, somos velhos e sabichões — e agora, porém, somos sujeira debaixo das botas deles.

Da noite, sei apenas que dormi profundamente e que até tive sonhos agradáveis; e que, pela manhã, com perífrases intermináveis como “cinema na cabeça”, “imagens diante dos olhos fechados”, “coisas incertas no sono”, perguntei ao major a palavra russa para “sonho”. Outro vocábulo que falta no dicionário militar.

Quando, por volta das seis da manhã, o major se dirigiu para o quarto a fim de chamar o uzbeque, permaneceu tudo em silêncio lá dentro. Ele veio me procurar, inquieto e nervoso, pensando que algo pudesse ter acontecido ao asiático — talvez um desmaio ou até um ataque surpresa e um assassinato? Ambos sacudimos a maçaneta, batemos contra a madeira da porta. Nada, nenhum som: mas víamos que a chave estava na fechadura. Nenhum homem dorme tão profundamente, nem mesmo um asiático. Corri para a parte da frente, acordei a viúva, sussurrei nossas preocupações em seu ouvido.

— Que nada — bocejou a viúva. — Ele apenas quer ficar sozinho aqui e depois tentar a sorte contigo.

O senhor Pauli menciona com freqüência a “astúcia feminina” da viúva. Mas nesse caso não acredito nisso e me rio dela.

Por fim, o major desaparece depois de ter conferido várias vezes seu relógio de pulso. (Um relógio russo, segundo ele me provou, logo que nos conhecemos, com base na marca do fabricante.)

Mal ele foi embora — quem aparece no corredor, descansado e todo arrumado? O senhor uzbeque!

Ele se aproxima de mansinho, me encara com seus olhinhos inchados, agora singularmente turvos, puxa um par de meias de seda, ainda na embalagem de papel, do bolso do casaco, e diz num russo precário, enquanto as estende para mim:

— Quer? Eu as dou para ti. Entendes o que digo?

Claro que entendo, meu gordo querido! Escancaro a porta da frente e lhe mostro que conheço suas intenções.

— Chega — digo em alemão.

Ele entende e se retira com lentidão, me encara outra vez com olhos espremidos cheios de censura e mete as meias outra vez em seu bolso.

Um a zero para a "astúcia feminina"!

À noite, de quinta-feira, 3 de maio, à sexta-feira, 4 de maio

Passa um pouco das três horas e ainda está escuro, escrevo na cama à luz da vela e estou sozinha. Posso me permitir esse luxo de iluminação pois o major nos abasteceu com velas em abundância.

Ao longo da quinta-feira houve confusão em nosso apartamento outra vez. Surgiram inesperadamente três homens de Anatol, ficaram sentados ao redor da mesa, tagarelaram, fumaram, cuspiram em volta, mexeram no gramofone rouco que ainda está conosco, e fizeram o disco de propaganda da loja de roupas rouquejar vezes sem conta. À minha pergunta por Anatol — uma pergunta feita com receio! —, eles encolheram os ombros, contudo deixaram entrever seu retorno como possível. De resto, também reapareceu o padeiro da tropa em seu avental branco e repetiu sua proposta estereotipada de trocar por muita farinha a indicação de uma moça para ele.

Não, não sei de nenhuma moça para o padeiro. As irmãs beberronas e festeiras estão nas mãos firmes de oficiais. Stinchen, a filhinha de burgueses com seus dezoito anos, está bem escondida no depósito do sótão. Das duas filhas do porteiro, não vi nem ouvi mais nada nos últimos dias, suponho que estejam escondidas em algum outro lugar. Das duas vendedoras da padaria, uma sumiu, dizem que se escondeu num porão alheio. A outra, segundo soube a viúva, é mantida no quarto, escondida. Empurraram um armário grande diante da porta de ligação e trancaram a janela com a persiana. Deve ser uma beleza de escuridão para a moça. Teoricamente, ainda resta a mocinha que se parece com um rapazinho, 24 anos de idade e lésbica. Segundo ouvimos, até agora ela escapou dos ivãs. Sem se abalar, ela anda por aí numa jaqueta cinza, com cinto e gravata, um chapéu masculino puxado sobre o rosto. Além disso, deixou o cabelo curto, na altura da nuca. Desse modo, no papel de homem, ela desliza entre os russos, que nada sabem desses casos-limite; vai até buscar água e fica parada junto à bomba de água, fumando cigarro.

Pauli faz gracejos sobre a moça, deseja que ela receba uma boa reeducação, diz que é uma boa obra mandar homens para ela, o robusto Petka, por exemplo, com suas manzorras de lenhador. Lentamente, aliás, começamos a considerar o negócio dos estupros com humor, humor negro.

Temos motivos para isso com bastante freqüência. Assim, nesta manhã, também a mulher com a face perebenta, contrariando minha profecia, foi realmente obrigada a acreditar nisso. Dois homens a apanharam na escada quando subia para o apartamento de vizinhos e a arrastaram para um daqueles que estava abandonado. Lá ela recebeu o seu duas vezes, ou antes, uma vez e meia, segundo ela se expressou enigmaticamente. Contou que um dos sujeitos apontou para a pereba e perguntou:

— Sífilis?

Tomada pelo susto inicial, a anta sacudiu a cabeça e gritou que não. Pouco depois, ela entrou aos tropeções pela nossa porta e precisou de minutos até que pudesse falar; nós a refrescamos com uma xícara de borgonha. Por fim, ela se recuperou e sorriu ironicamente:

— E a gente esperando sete anos por isso. (É o tempo que está separada de seu marido.)

Falou então do apartamento para o qual a arrastaram, estremeceu:

— Como fede lá dentro! Fizeram coisas por toda parte.

Apesar disso, a perebenta aprende russo com aplicação. Ela arranjou um pequeno dicionário e copiou vocábulos dele. Agora ela quer que eu lhe ensine a pronúncia correta. A pereba, coberta com pomada, está perto de mim e se parece com um pedaço apodrecido de couve-flor. Mas o meu asco, de hábito tão sensível, diminuiu consideravelmente nestes dias.

Também nós consideramos os apartamentos abandonados como estando fora da proteção da lei, tomamos deles o que precisamos, roubamos para comer. Assim, do apartamento ao lado (onde eles usaram a pia da cozinha, entre outros lugares, como mictório), busquei uma braçada de briquetes, um martelo e dois vidros de compota de cereja. Vivemos bem e também alimentamos bem ao zangão Pauli. Em seu leito de dor, ele chegou a ganhar umas bochechas gordas.

Num repente, à tardinha, Anatol surgiu em nosso quarto. Inesperado, já quase esquecido. Susto, e meu coração na boca. Mas Anatol ri, me abraça, evidentemente nada sabe do major. Parece ser verdade que ele foi transferido para o Estado-Maior, pois está munido de notícias de primeira ordem. Ele fala do centro destruído de Berlim, da bandeira soviética que tremula sobre as ruínas do Parlamento, e também sobre o Portão de Brandemburgo. Ele esteve em toda parte. Sobre Adolf ele nada pode dizer, mas, em compensação, confirma o suicídio de Goebbels, junto com a mulher e todos os filhos. Ele se põe a mexer no gramofone e, sob os seus punhos, a tampa logo se quebra em cinco pedaços. Ele fica ali parado, inteiramente perplexo com a salada de madeira.

Imagens confusas, farrapos de imagens, elas se misturam em meu cérebro, não consigo mais distingui-las. Outro entardecer com muita vodca, outra noite. Medrosa, presto atenção aos ruídos que vêm de fora, estremeço a cada som e a cada passo. Tinha medo que o major aparecesse, mas ele não veio. Talvez o tenente loiro e sombrio, que também conhece Anatol e os seus, tenha sugerido o seu retorno. Anatol, por sua vez, queria ouvir algo acerca do major, quis saber se ele e eu havíamos... Fiz sinal que não, disse que apenas conversamos sobre política, com o que ele se deu por satisfeito. Pelo menos aparentemente. De sua parte, ele me jurou que, exceto eu, não tocou outra mulher em Berlim. Remexeu então na correspondência que recebeu de seu país. Catorze cartas, treze delas com remetentes femininas. Rindo envergonhado, mas de modo bem natural, disse:

— Sim, todas me amam.

Uma vez que Anatol foi tão imprudente a ponto de me contar que teria de partir outra vez já às três da manhã, de volta ao seu novo alojamento no centro da cidade, e que provavelmente não voltaria mais, tentei lhe roubar o maior tempo de cama possível. Examinei sua correspondência em pormenores, perguntei tudo o que era possível, fiz com que falasse, me explicasse o mapa de Berlim, a marcha do front. Também animei os seus para que bebessem e tocassem o disco, fiz com que cantassem, o que fizeram com gosto até que Anatol se livrasse deles. Na cama, fiz mais cerimônias, e finalmente lhe disse, depois que ele satisfez suas vontades, que agora era preciso colocar um ponto final; que eu estava cansada, acabada, necessitada de descanso. Fiz-lhe palestras morais e sugeri que ele certamente não era um dos *hooligans*, mas um homem atencioso, cultivado, delicado. Ele engoliu o doce, embora com muita resistência e com recaídas em suas atitudes de touro, que pude refrear. Dessa maneira, todavia, não dormi um minuto. Por fim, pelo menos, fizeram-se três horas e Anatol teve de partir. Despedida amigável do ardente puro-sangue; contudo, um sentimento de alívio, um relaxamento dos membros. Ainda permaneci acordada por algum tempo, pois tinha a sensação estúpida de que todos os meus atos estavam sendo espreitados por testemunhas, de modo que no fim logo se seguiria o major. Mas até agora não veio ninguém. Lá fora, canta o galo. Agora quero dormir.

Retrospectiva de sexta-feira, 4 de maio de 1945, registrada no sábado, 5 de maio

O major apareceu por volta das onze da manhã, já tinha ouvido dizer que Anatol estava outra vez nos arredores e quis saber se ele e eu... Eu disse que não, que aqui ele apenas havia festejado e bebido com o seu pessoal, que teve de voltar cedo para o centro. Ele engoliu. Eu me sentia mal. No fim, ainda vão esbarrar um no outro. Que devo fazer? Sou apenas a presa, tenho de deixar aos caçadores a decisão sobre o que fazer com a presa e sobre quem deve ficar com ela. Mas tenho muita esperança de que Anatol não retorne.

Desta vez, o major trouxe consigo toda sorte de doces, provisões da Força Aérea Alemã, ração concentrada. Foi a nossa sobremesa, que comemos sozinhos, pois o major logo se retirou. Ele não sabia se devia rir ou se aborrecer quando lhe contei do oferecimento de meias do seu uzbeque. Decidiu-se, por fim, pelo riso. Num tom severo, com um olhar severo, ele prometeu retornar à tardinha. Só que agora não sei se posso controlá-lo, preciso tomar cuidado, nunca devo esquecer que eles são os senhores.

Para desgosto da viúva, eu e o senhor Pauli comemos como debulhadoras. A manteiga que passamos no pão tem a espessura de um dedo, desperdiçamos açúcar, queremos batatas fritas. Mas a viúva controla o consumo dessas batatas. Ela não deixa de ter razão. Nosso pequeno estoque está sumindo. Decerto ainda há um cesto cheio de batatas no porão, mas não temos acesso. Nas horas mortas da manhã, entre as cinco e as sete, os inquilinos do prédio trancaram o acesso ao porão com um monte de pedras dos destroços, com uma barricada de cadeiras, colchões de mola, armários e vigas. Está tudo amarrado com arames e cordas. Desenredar isso levaria horas. Nenhum saqueador tem paciência para tanto, e esse é o sentido da coisa. Devemos remover tudo isso apenas "depois" — embora, é claro, ninguém saiba quando será esse "depois".

Dia insano! Durante a tarde, Anatol reapareceu repentinamente, desta vez de motocicleta, no assento do carona. Ele me mostra a máquina esperando embaixo com o condutor. Portanto, ele pode ficar apenas um pouco, que consolador. E esta, afirma ele, é realmente sua última visita — junto com o Estado-Maior, ele será transferido para fora de Berlim. Para onde? Ele não diz. Para uma cidade alemã? Ele dá de ombros e sorri zombeteiro. Para mim é indiferente, apenas teria gostado de saber se ele irá de fato para longe. A viúva o cumprimenta de modo amistoso, porém contido. Ela olha na direção das coisas que estão no armário da cozinha e prefere o major, que nas prateleiras do armário deixa para trás um sedimento muito diferente.

Estou sentada ao lado de Anatol na borda da cama e deixo-o falar de "sua" motocicleta, da qual está muito orgulhoso, quando a porta se abre de repente, embora a poltrona habitual já tenha sido empurrada contra ela. Perturbado e aborrecido, Anatol levanta os olhos. É a viúva, o rosto todo vermelho, o cabelo despenteado. Atrás dela, um russo se enfia no quarto, eu o conheço, me recordo: é o formoso polonês de Lemberg, aquele que tomou um tiro na cabeça em Stalingrado e que possui um talento especial para ataques de fúria. Parece que ele está prestes a ter um desses ataques. Logo ele começa a gritar, enquanto se volta tanto para Anatol quanto para mim, chamando-nos ao papel de juízes: ele é um homem jovem, o que vale para os outros também vale para ele, ele está sem mulher há um bom tempo e o marido da viúva (que ele julga ser o senhor Pauli, que tira sua sesta ao lado) não precisa perceber nem saber nada a respeito — é algo que todo mundo faz! E arregala os olhos, fecha os punhos, sacode seu cabelo — convencido, de maneira evidente, dos seus direitos sobre a viúva, cujos fragmentos do polonês dos ceifeiros decerto ficaram em seu ouvido e em seu espírito. Agora, inclusive, experimenta lançar-lhe algumas palavras em polonês — tudo na maior agitação, enquanto a viúva seca as lágrimas que escorrem.

Anatol olha para mim, olha para a viúva, é evidente que não quer ter nada a ver com o caso. Ele diz, voltado para mim, que isso não é assim tão importante, que devo tentar convencer a viúva, é algo que acaba rápido e ela não devia se incomodar com isso. Então para o polonês, fazendo um sinal negativo: que fizessem o favor de poupá-lo disso, ele tinha pressa, logo teria de ir... E fez menção de puxar a poltrona outra vez de encontro à porta. Sussurrei depressa algumas palavras para a viúva, lembrei-a do tiro na cabeça e do acesso de fúria do polonês. O sujeito está maluco e perde o controle se não tiver aquilo que deseja... E Anatol logo irá embora, então não poderá ajudar... Ou será que a viúva vai querer acordar o senhor Pauli para que ele enxote o lemberguense? A viúva faz sinal negativo, não, para quê? E chora. O polonês, novamente calmo, a afaga. Os dois desaparecem.

Quinze minutos depois, a motocicleta parte roncando, lá embaixo. Anatol está sentado no assento do carona, olha mais uma vez para o apartamento, me vê na janela e acena com vivacidade. A moto desaparece depressa na esquina.

Durante a tarde inteira a viúva não falou comigo. Ela guardava rancor. Só à tardinha ela mudou de atitude, contou... Segundo ela, o diabrete furibundo foi dócil e amigável, até de um tédio cansativo, antes de soltá-la. De resto, ele lhe deixou um cumprimento; de início ela não quis nos contar, mas finalmente entregou:

— Mulheres ucranianas — assim. Tu — assim.

Sendo que o primeiro "assim" é ilustrado por um círculo formado pelos dois polegares e os dois indicadores, e o segundo "assim" por um círculo pequeno formado por um polegar e um indicador.

Que mais trouxe o dia? Ah sim, outra vítima das escadarias, outra velha, já pelos sessenta; as mais jovens dificilmente se atrevem nas escadas durante o dia. Desta vez foi uma das três costureiras vestidas de preto. Elas tinham ouvido que os homens de Anatol haviam deixado o apartamento delas, e as três, com a assistência de nosso desertor, entraram nos cômodos abandonados e tiraram juntos, do lixo e da barafunda, uma máquina de costura que arrastaram dois andares acima. Uma das tias desceu outra vez, sozinha, para recolher algum apetrecho de costura — e caiu nas mãos de um sujeito. Pela tardinha, a viúva falou com ela, que ainda estava deitada, soluçando, no sofá do apartamento dos livreiros, todo um grupo de mulheres queixosas ao redor.

A filha mais jovem do porteiro também foi apanhada nesse meio-tempo, me contou a mãe junto à bomba. Ao longo dos primeiros dias, a família, formada de mãe, duas filhas e um neto de três anos se manteve escondida no bem protegido porão vizinho. Quando passou a circular o boato de que as coisas não eram mais tão sérias com os ivãs, as moças voltaram para o apartamento térreo durante o dia, onde lavavam roupas e cozinhavam. Até que dois rapazes, cantando e podres de bêbados, as surpreenderam lá. À mais velha, diz a mãe, ninguém fez nada. Eu a vi depois disso e posso entender: ela está doentiamente emagrecida, seu rosto está tão pequeno e encovado que se podem até entrever os contornos do crânio. A mais jovem, segundo me sussurrou a mãe, fez uma barricada de algodão, ainda que sem motivo; pois as moças tinham ouvido que nesse caso os ivãs não queriam as mulheres. De nada ajudou. Sob gracejos e berros, os sujeitos jogaram o algodão pelo quarto e levaram a garota de dezesseis anos sobre a *chaise longue* para a cozinha.

— Ela passa bem — diz a mãe, ela própria inteiramente admirada com o fato.

Apesar disso, por precaução, levou a pequena para o apartamento dos livreiros, três andares acima, onde ela, segundo a viúva ouviu, repete de modo significativo para todo mundo que os russos logo avançaram sobre ela, nem sequer olharam a irmã mais velha.

Veio mais um fazer uma visita de despedida: Andrei, do destacamento de Anatol, o professor de olhos azul-esverdeados. Ele ainda ficou sentado por algum tempo comigo à mesa e me entreteve com política; fez uma palestra, com sua voz baixa, contida, em que pululavam palavras como "sozialistitcheski, kapitalisticheski, iekonomitcheski" e assim por diante. Fiquei pacificamente sentada enquanto isso, cerzi minha única toalha e remendei a liga rasgada no estupro. Pode-se perceber outra vez uma espécie de ordem.

Ao anoitecer, estávamos os três, a viúva, eu e a esposa de nosso desertor, sentadas à luz da vela em volta da cama do senhor Pauli. Demos uma vela à mulher, em troca ela nos deixou uma caixa de fósforos. O major apareceu pontualmente com a sua sombra roliça. Ele tocou sua pequena harmônica — uma Hohner alemã, despojo — de modo selvagem e ardente. Por fim, até mandou que seu ordenança o ajudasse a tirar as botas de couro macio e, de meias, dançou uma cracoviana, balançou os quadris de modo gracioso e ágil; e isso ele também sabe fazer. Depois dançou um tango com a viúva, enquanto cantávamos uma canção de sucesso; tocou novamente, desta vez do *Rigoletto*, do *Troubadour* — é inacreditável quanta música ele consegue tirar do minúsculo instrumento. Seu uzbeque não tirou dele por um segundo os olhos mongóis, negros como piche, pronunciou de vez em quando palavras elogiosas, num russo infantilmente desajeitado:

— Oh, ele é bom. Não há outro assim.

Por fim, o major conseguiu persuadi-lo a cantar, fanhosear para nós uma canção uzbeque, muito estranha. Depois de insistências intermináveis, ele chegou inclusive a tentar uma dança com suas pernas gordas. Nossa visita, uma berlinense grosseira, bebeu do vinho do major e aceitou suas reverências cerimoniosas. Enquanto ele dançava com a viúva, ela me sussurrou:

— Por esse eu perderia a cabeça completamente!

O major ficou. Noite difícil. De tanto dançar, seu joelho voltou a inchar e a doer intensamente. Sempre que se movia, soltava gemidos. Mal ousei me mexer. Ele me deixou inteiramente em paz. Dormi profundamente.

Sábado, 5 de maio de 1945

Hoje, um céu sombrio de maio. O frio não quer ceder. Estou sentada sobre o banquinho diante de nosso fogo de fogão, alimentado escassamente com toda sorte de literatura nazista. Se todas as pessoas fazem assim — e elas fazem assim —, um dia o *Mein Kampf* do Adolf será uma raridade para bibliófilos.

Devorei há pouco uma frigideira cheia de torresmo, passei manteiga da grossura de um dedo, enquanto a viúva amontoava profecias sombrias em cima de mim. Não dou ouvidos. O amanhã me é indiferente. Agora quero viver tão bem quanto posso, caso contrário, com todo esse bom comportamento, vou cair como um saco vazio. Do espelho, o rosto me olha redondo outra vez.

Nós três conversamos hoje sobre o futuro. Na imaginação, o senhor Pauli já se encontra à escrivaninha em sua indústria metalúrgica, anuncia um vigoroso crescimento econômico com a ajuda de nossos vencedores. A viúva considera se talvez não poderia ser cozinheira na cantina da mesma indústria, já que é pessimista quanto à modesta renda do seguro de vida de seu falecido, e tem medo de que precisará procurar trabalho. E eu? Em todo o caso, aprendi de tudo um pouco; vou acabar achando ocupação em algum lugar. Não tenho medo. Confio meu barquinho cegamente às circunstâncias. Até agora, ele sempre me levou até margens verdejantes. Mas nosso país, nosso povo — sentimos dor. Criminosos e jogadores nos conduziram, e nós nos deixamos conduzir como ovelhas ao matadouro. Agora o ódio chameja entre a multidão miserável. "Nenhuma árvore é alta o bastante para ele" — foi o que disseram sobre Adolf hoje pela manhã, na bomba de água.

À tarde, apareceram alguns homens em nosso apartamento. Quer dizer, homens alemães de nosso prédio. Foi um sentimento bastante singular poder tratar outra vez com homens que não era preciso temer nem um pouco, que não era preciso sondar, observar, ficar de olho. Trouxeram junto a saga do livreiro, cujos ecos ressoam hoje pelo prédio inteiro. O livreiro, um bávaro, um cepo pequeno, robusto, gritou realmente com um russo. Isso aconteceu quando um ivã surpreendeu a livreira, que carregava água, pouco antes dela chegar à porta do apartamento. (O marido não deixa a mulher ir até a bomba, ele foi do partido.) A mulher gritou, seu marido saiu correndo do apartamento, avançou sobre o ivã e gritou:

— Seu maldito patife! Seu canalha!

E a saga prossegue, contando como o russo se apequenou, como se encolheu, como se dobrou. É algo que se pode fazer, portanto. Com o seu faro de animal e de bárbaro, o rapaz percebeu que o marido se enfurecera, que no momento tudo, mas tudo, lhe era indiferente — e lhe deixou a presa.

Foi a primeira vez que ouvi falar que um de nossos homens se enfureceu dessa maneira. A maioria deles é razoável, reage com a cabeça, está empenhada em salvar sua pele, no que as mulheres se encontram inteiramente do lado deles. Nenhum homem perde sua reputação por abandonar uma mulher aos vencedores, seja a própria, seja a do vizinho. Pelo contrário, as pessoas levarão a mal caso ele irrite os senhores com resistências. Apesar disso, permanece um resto não dissolvido. Estou convencida de que a livreira não esquecerá esse acesso de coragem, de amor, caso se queira, do seu marido. E os outros homens, que contam essa história por aí, deixam entreouvir respeito no tom que empregam.

Os homens não estão aqui para brincadeiras. Eles se mostram úteis; trouxeram tábuas consigo e agora as pregam, depois de serrá-las sobre a mesa da cozinha, de viés diante do caixilho da porta traseira. A coisa precisa ser rápida. Nenhum russo pode aparecer. Como pagamento, os homens recebem charutos da caixa repleta que o major nos trouxe ontem. Sim, nós estamos ricos.

Quando as tábuas já preenchiam todo o caixilho da porta, surge um russo na escada dos fundos. Com chutes violentos, ele tenta arrombar a obra, mas não consegue. Respiramos aliviados, nosso alívio é infinito. Agora sujeitos estranhos não poderão mais entrar dia e noite. Na verdade, eles ainda têm a porta da frente, mas essa possui uma boa fechadura e é feita de madeira rija. Quem nos conhece, na maioria das vezes já nos chama de fora, tranqüilizando: "*Sdiés* Andrei", ou seja lá quem for. E com o major combinei um sinal especial.

Algo tocante: por volta do meio-dia, veio a senhorita Behn, nossa resoluta égua-líder outrora no porão — agora ela mora com a jovem senhora Lehmann, cujo marido está desaparecido no leste, e a ajuda com as duas crianças. Nem a jovem senhora nem a senhorita Behn foram estupradas até agora, embora ambas tenham boa aparência. O abrigo e a proteção delas: as crianças pequenas. Já na primeira noite de russos elas perceberam a importância que eles dão às crianças. Dois sujeitos rudes haviam invadido o apartamento; tinham conseguido entrar com golpes de armas e gritos, empurrando a senhorita Behn, que abrira a porta, na direção do quarto

— e pararam diante da caminha gradeada na qual o bebê e Lutz, criança de quatro anos, dormiam juntos à luz da vela. Um deles disse em alemão, completamente pasmo:

— Criança pequena...?

Ambos fitaram a caminha por algum tempo — e saíram do apartamento na ponta dos pés.

Agora a senhorita Behn me pede para que suba por alguns minutos; elas estão com visitas russas, dois homens, um jovem e um velho, que estiveram lá uma vez e que hoje tinham trazido chocolate para as crianças. As mulheres gostariam de falar com eles, e me pedem para fazer as vezes de intérprete.

Por fim, estamos sentados uns diante dos outros, os dois soldados, a senhorita Behn, a senhora Lehmann, Lutz agarrado aos seus joelhos, e eu. À nossa frente, em seu carrinho, o bebê. Traduzo o que o russo mais velho me pede para traduzir:

— Que menininha linda! Uma verdadeira beleza.

E ele enrola os cachinhos acobreados do bebê em torno do indicador. Em seguida ele me pede que traduza para as duas mulheres que ele também possui duas crianças, dois meninos, que moram no campo com a avó. Ele tira uma foto de sua gasta carteira de papelão: duas cabecinhas cerdosas sobre papel escurecido de cor castanha. Ele não os vê desde 1941. Só a minoria dos russos sabe o que são férias, isso é algo que já percebi. Quase todos eles estão separados de suas famílias desde o início da guerra, há quase quatro anos, portanto. Suponho que seja porque durante todo esse tempo o país deles foi teatro da guerra e os civis foram jogados de um lado para o outro, de modo que nenhum dos soldados sabe com exatidão onde sua família se encontra. Além disso, as imensas distâncias do país, as precárias vias de transporte. E talvez os poderosos também temessem, pelo menos nos primeiros anos da ofensiva alemã, que o seu pessoal pudesse desertar ou passar às fileiras inimigas. Seja como for, esses homens jamais tiveram um direito a férias conforme os nossos o possuem. Explico isso às duas mulheres e a senhora Lehmann diz, compreensiva:

— Sim, isso desculpa muita coisa.

O segundo visitante russo é um sujeito jovem, dezessete anos de idade, foi guerrilheiro e depois marchou para o oeste com as tropas combatentes. Ele me olha com a testa severamente franzida e pede que eu traduza que, em seu povoado natal, militares alemães esfaquearam crianças e as pegaram pelos pés para esmigalhar seus crânios contra a parede. Antes de traduzir, pergunto:

— Ouviu isso? Ou chegou a ver?

Ele, severo, para si:

— Eu mesmo vi duas vezes.

Eu traduzo.

— Não acredito — replica a senhora Lehmann. — Nossos soldados? Meu marido? Nunca!

E a senhorita Behn me pede para perguntar aos russos se os homens em questão tinham "um pássaro aqui" (no braço) ou "um pássaro ali" (no boné), ou seja, se eram da Wehrmacht ou da SS. O russo logo entende o sentido da pergunta: decerto aprenderam a fazer a distinção nos povoados russos. Mas mesmo que tenham sido homens da SS, como nesse caso e em outros semelhantes: agora nossos vencedores os contarão entre o "povo" e apresentarão essa conta a todos nós. Esse falatório já circula; na bomba de água, ouvi várias vezes a frase:

— É provável que lá os nossos não tenham feito muito diferente.

Silêncio. Ficamos todos olhando para o chão. Há uma sombra pairando no cômodo. O bebê nada sabe disso. Ele morde o indicador desconhecido, grita de contentamento e guincha. Tenho um nó na garganta. A criança me parece um milagre; branca e rosa com cachinhos acobreados, ela floresce entre nós, gente emporcalhada, nessa peça deserta, meio vazia. Sei, de repente, por que as criancinhas atraem os guerreiros.

Domingo, 6 de maio de 1945

Em primeiro lugar, retrospecto da parte restante do sábado. Por volta das vinte horas, o major apareceu outra vez com o seu mongol. Desta vez, este tirou dois rodovalhos pequenos, mas frescos, de seus insondáveis bolsos de ordenança. A viúva panou e assou os saborosos peixes. Comemos juntos; também o uzbeque, que, como um cão fiel, sempre ocupa de imediato o seu canto junto à janela, recebeu um pedaço. Uma coisa deliciosa!

O major ficou durante a noite? Sozinha, eu não teria ousado me despir, não teria me deitado para dormir sozinha no quarto, isso eu sei. Mesmo que a porta dos fundos esteja trancada agora, mesmo que a guerra não vocifere mais lá fora, um resto poderoso de medo permanece em todos nós. Medo dos bêbados, dos furiosos. Contra esses o major nos protege. Hoje ele manqueja. Seu joelho continua inchado. A viúva, que para essas coisas tem mãos delicadas, fez-lhe uma compressa antes que se deitasse comigo. Ele me revelou os apelidos engraçados com que sua mãe o chamava, e traduziu meu prenome, transformado num diminutivo carinhoso, para o russo. Somos, portanto, provavelmente amigos. Apesar disso, eu me advirto sempre para ter cautela, para falar o mínimo possível.

Pela manhã, estávamos sozinhos outra vez, nos sentamos em volta da cama do senhor Pauli, tomamos um sólido café-da-manhã e prestamos atenção aos ruídos vindos de fora. Por fim, a viúva se arriscou na escadaria e correu para cima, ao apartamento dos livreiros, onde uma dúzia de vizinhos ainda moram juntos. Ela voltou e me pediu para que lhe desse o resto da pomada. Ela já soluça, tem os olhos cheios de lágrimas.

Na escuridão da noite passada, segundo ela ouviu, o licorista voltou para a sua mulher, atravessando o front e as tropas, se arrastando, se esgueirando, junto com a Elvira ruiva que conservou posição com ele na fábrica de licores — para quê, não sei. Será que pretendiam, juntos, defender as garrafas de licor? Deve haver um impulso primordial no homem que o leva, quando ameaçado, a se agarrar às suas posses.

Subimos juntas, eu e a viúva, ao apartamento deles, que fica no quarto andar. Ficamos sabendo que a licorista de seios fartos, a quem coube a honra de ser o alvo das primeiras perseguições russas no porão, morou desde então em seu quarto andar sem ser incomodada, portanto, há — um momento — mais de uma semana. Ela tinha a banheira cheia de água, tinha algumas provisões — ficou inteiramente por si. Acredito. Fato é que (percebemos isso relativamente tarde) os russos não gostam de subir escadas. Em sua maioria, são filhos de camponeses, e cresceram próximos ao chão, em andares térreos; não são alpinistas de escada treinados. Decerto eles também têm a sensação de que no alto estão podados, de que descer quatro andares demora certo tempo. Numa palavra, dificilmente se atreveram alguma vez a subir tão alto.

Entramos no apartamento, na ponta dos pés, como se fôssemos visitar um doente. A ruiva está sentada numa cadeira da cozinha, olhando para o chão. Seus pés estão dentro de um balde cheio de água. Ela banha os dedos dos pés, que, segundo o licorista nos diz, estão gastos da caminhada e sangram. Os pés do homem também pareciam muito mal. Ambos atravessaram o front de meias, passando por ruas destruídas e ruínas. Os calçados lhes foram tirados pelos russos.

Enquanto a ruiva, que usa uma blusa muito grande — provavelmente emprestada pela dona da casa — sobre a saia, mexe os dedos dos pés gemendo, o homem nos conta que a fábrica esteve durante dois dias em área de combate; que primeiro tropas alemãs, depois russas, se regalaram com os estoques de álcool restantes. Na busca por aguardente, os russos acabaram encontrando a Elvira e o chefe atrás de um tabique de madeira, além de uma segunda mulher, uma empregada da firma, que também havia procurado abrigo por lá. E o homem dá de ombros, não quer continuar a falar, sai da cozinha.

— Eles fizeram fila — nos esclarece em voz baixa a licorista, enquanto a ruiva continua em silêncio. Um esperou atrás do outro. Ela diz que eram pelo menos vinte, mas não sabe com certeza. Ela suportou quase tudo sozinha. A outra mulher não estava bem.

Olho para a Elvira. De seu rosto pálido, a boca inchada pende qual uma ameixa azul.

— Mostre a ela — diz a dona da casa.

Muda, a ruiva abre sua blusa, nos mostra os seios mordidos, descorados. Mal consigo escrever isso; vomito outra vez.

Deixamos para ela o resto da pomada. Não há nada que se possa dizer. Nós também não lhe dissemos nada. Mas ela começou a falar por conta própria, era difícil de entender, tão inchados estavam seus lábios.

— Eu rezava — foi mais ou menos o que ela disse —, rezava sempre: bom Deus, eu te agradeço por estar bêbada.

Pois antes que os rapazes se pusessem em fila, encheram a mulher a valer com o que encontraram no lugar; depois, enquanto acontecia, continuaram lhe dando de beber. Tudo isso devemos ao *Führer*.

De resto, havia muito que fazer durante a tarde, muito para limpar e lavar; as horas se foram. Fiquei inteiramente pasma quando, de repente, o major estava no quarto; a viúva o tinha deixado entrar. Desta vez, trouxe um baralho novinho em folha, cujas cartas espalhou diante de Pauli, sobre o seu cobertor. Pelo visto, os dois encontraram um jogo no qual se entendem. Não conheço o jogo, sumi na cozinha, onde fui fazer companhia à viúva e onde escrevo depressa estas linhas. O major trouxe consigo inclusive "dinheiro de jogo", moedas de três e de cinco marcos, que há muito tempo não circulam mais entre nós. Como foi que as conseguiu? Não me atrevo a lhe perguntar. Hoje ele não nos trouxe nada para beber, desculpou-se por isso com cada um de nós. Tudo bem, hoje ele é nosso convidado, recebemos uma garrafa de licor do licorista.

Segunda-feira, 7 de maio de 1945

Continua frio, porém o tempo está melhor, com alguns raios de sol. Outra noite relativamente intranqüila, o major despertou várias vezes e me acordou com os seus gemidos. A perna deve estar melhorando. Ela dói somente quando ele bate nela. Apesar disso, não me deu muito sossego. De resto, me falou das duas irmãs beberronas e festeiras que ocuparam um apartamento abandonado de um membro do partido. Sob os nomes de Ania e Lisa, elas são manifestamente muito populares entre os russos. Vi uma das irmãs na escada: muito bonita, grande e delicada. Encolhendo os ombros e ligeiramente embaraçado, o major falou da animada atividade das duas mulheres: hoje, no apartamento delas, em pleno meio-dia, deitadas na cama com dois homens, as duas o convidaram a se deitar com elas — uma oferta que ainda choca a mentalidade burguesa do major enquanto fala. O belíssimo filhinho de uma delas, de três anos, também deve ser um ponto de atração para os russos — o major diz que ele já balbucia três palavras em russo e que os visitantes o mimam tanto quanto podem.

Adiante, o novo dia. É tão estranho viver sem jornal, sem calendário, sem horário, sem último dia do mês. O tempo intemporal, que escorre como água e cujos ponteiros, para nós, são apenas os homens de uniforme estrangeiro.

Por vezes, espanta a mim mesma a persistência com que fixo esse tempo intemporal. É a minha segunda tentativa de um monólogo por escrito. Fiz a primeira quando era estudante. Tínhamos quinze, dezesseis anos, usávamos bonés cor-de-vinho e tínhamos discussões intermináveis sobre Deus e o mundo. (Por vezes, também sobre rapazes, mas de modo muito desdenhoso.) Quando nosso professor de história sofreu um derrame cerebral no meio do ano letivo, ele teve de ser substituído por uma iniciante. Uma assistente de nariz arrebitado, que caiu em nossa turma como uma bomba. De modo atrevido, contradizia nosso patriótico livro de história. Chamava Frederico o Grande de jogador. Em compensação, elogiava o presidente social-democrata do Reich, Ebert, que nosso antigo professor gostava de ironizar chamando-o de "aprendiz de seleiro". Depois de tais atrevimentos, ela nos olhava com seus olhos negros e exclamava, com as mãos levantadas numa evocação:

— Garotas, mudem o mundo, pois ele precisa disso!

Isso nos agradava. Não gostávamos, mesmo, do mundo da década de 30. Nós o repudiávamos do modo mais enérgico possível. Era tão confuso e, para nós, jovens, tão fechado. Havia milhões de desempregados. Ouvíamos todo dia que a maioria das ocupações que almejávamos eram inúteis e que de modo algum o mundo contava conosco.

Naquela época, por acaso, realizavam-se outra vez as eleições do Parlamento alemão. A cada noite havia reuniões dos dez ou quinze maiores partidos. Íamos para lá a passos largos, em grupinhos, estimulados pela nossa professora assistente. Passávamos em revista desde os nacional-socialistas, passando pelo centro e pelos democratas, até os social-democratas e comunistas, levantávamos a mão na saudação a Hitler com os nazistas e deixávamos os comunistas nos chamar de "camaradas". Naquela época comecei meu primeiro diário, partindo do desejo de formar uma opinião. Durante nove dias, acho, anotei fielmente as teses centrais dos oradores disputantes — e também minhas réplicas juvenis a elas. Desisti no décimo dia, embora meu caderno ainda tivesse muitas folhas em branco. Não achava mais saída da brenha da política. Com minhas colegas de aula aconteceu a mesma coisa. Cada partido, era o que achávamos, tinha uma ponta de razão. Mas todos praticavam e se empenhavam no que chamávamos de toma-lá-dá-cá: o regateio, a caçada aos cargos, a briga pelo poder. Nenhum partido, assim achávamos, era limpo. Nenhum era absoluto. Penso hoje que deveríamos ter fundado um partido dos jovens para satisfazer nossas exigências morais. Aquilo que cresce se torna imundo.

A segunda-feira nos trouxe visita por volta do meio-dia. Não do prédio ou das redondezas, mas de um bairro situado a oeste, a duas horas de caminhada daqui, Wilmersdorf. Uma moça chamada Frieda, conhecida da viúva de ouvir falar.

Há toda uma história aí, que começa com um sobrinho da viúva, um jovem estudante de medicina. Certa noite, o dito estudante ficou no plantão da defesa antiaérea de sua universidade. Uma jovem estudante de medicina foi escalada para o mesmo plantão. O resultado foi uma gravidez e, visto que os pais da moça pressionaram, um casamento realizado às pressas — ela dezenove, ele vinte e um. Entretanto um certo general Heldenklau[24] apanhou o rapaz para o front. Não se sabe bem onde ele foi parar. Sua jovem esposa, porém, agora no oitavo mês de gravidez, foi morar com uma amiga, precisamente essa Frieda que agora está sentada em nosso apartamento na cadeira da cozinha e traz notícias.

A primeira pergunta da viúva:

— Eles também as...?

[24]Literalmente, "ladrão de heróis". Na gíria debochada dos soldados, oficial encarregado de reunir soldados dispersos para novas ações no front. No presente contexto, provável alusão ao general Walther von Unruh (1877-1956), nomeado em 1942 para a função especial de arregimentar soldados com o propósito de preencher as crescentes lacunas no front.

Não, Frieda escapou sã e salva, quer dizer, não de todo, pois um deles a apertou um pouco contra a parede no corredor do porão, porém logo teve de ir, fazer guerra, de modo que não pôde se divertir até o fim. Em geral, as tropas passaram, por assim dizer, a galope através do bairro em que as moças moram, pouco antes da capitulação, sem se estabelecerem de algum modo. A futura mãe tocou em seu pequeno ventre e disse "bebê" — nem sequer a tocaram.

Esse o relato da pequena, que nos encara com olhos brilhantes, que parecem polidos. Conheço esses olhos, vi com bastante freqüência os meus próprios olhos me olharem assim do espelho quando eu vivia de urtigas e mingau. As coisas estão realmente difíceis para as moças, e por isso Frieda tomou as penosas horas de caminhada ao seu encargo, que, segundo ela diz, conduziram através de ruas completamente silenciosas, desertas. Ela pede comida para a sobrinha por casamento da viúva e para seu futuro bebê. Ela relata que a jovem mulher passa o dia deitada e tem vertigens à menor tentativa de se levantar. Uma enfermeira a atende ocasionalmente e lhe explicou que o feto, tão logo a mãe não possa se alimentar a contento, tira seus nutrientes do corpo materno, sugando cálcio, sangue e massa muscular.

Juntas, eu e a viúva procuramos aquilo que acreditamos poder presentear: um pouco de manteiga do major e de seu açúcar, uma lata de leite, um pão, um pedaço de toucinho. Frieda está feliz. A aparência dela também é lastimável, as pernas parecem estacas, os joelhos se ressaltam, nodosos. Ao mesmo tempo, ela está bem animada e não tem medo das duas horas de caminhada até sua casa. Ficamos alegres com a mensageira do bairro distante, pedimos que ela nos descreva com detalhes o trajeto que tomou e o que viu a caminho. Nós a afagamos e a olhamos radiantes, a adolescente de dezoito anos, pueril, semimorta de fome, que, conforme nos conta, queria ser professora de ginástica. Ora, por enquanto dificilmente poderia haver necessidade de ginástica em nosso país. Ficamos contentes por cada movimento que não precisamos fazer. Quer dizer, são os outros, os famintos, que ficam contentes. Isso ainda não me afeta por enquanto, ainda tenho energias. A viúva toca o ponto nevrálgico ao fazer uma proposta a Frieda:

— Como é isso, criancinha, será que não poderia dar um sorriso para um russo mais ou menos simpático? Para que ele te traga um pouquinho de comida?

Frieda ri tolamente e diz que não há mais um único russo no bairro delas, caso contrário... E ela recolhe os presentes, arrumando-os na sacola de compras que trouxe consigo.

Essa visita nos deixou muito animadas. Pois não estamos apartadas do mundo inteiro, podendo arriscar uma caminhada em outros bairros até uma casa de amigos ou conhecidos. Desde então, não paramos de fazer planos e pensamos sobre se devemos nos atrever. O senhor Pauli é contra. Ele logo nos vê apanhadas e presas para alguma espécie de trabalho forçado, possivelmente na Sibéria. Nós apelamos a Frieda, que conseguiu; continuamos sondando.

Adiante; escrevo isso no final da tarde. Já fiz minha primeira grande viagem. Ela veio de modo inteiramente surpreendente. Eu estava sentada no peitoril, embora apenas raramente se veja uma pessoa na rua além dos buscadores de água e dos russos. Eis que chega um russo pedalando, pára diante de nossa porta — o major.

Desço a escada de imediato. Uma bicicleta alemã para homem, nova, reluzente. Eu peço e imploro:

— Posso andar um pouquinho? Apenas cinco minutos?

O major está parado no meio-fio e balança a cabeça. Ele não tem certeza, receia que a bicicleta me possa ser roubada no meio do caminho. Por fim, consigo convencê-lo.

Sol. Agora fica quente num piscar de olhos. Pedalo tão rápido quanto posso. O vento sopra em meus ouvidos. Corro, porque isso me alegra depois de todo o miserável sedentarismo — e também para que ninguém me segure e roube a bicicleta. Passo diante de ruínas enegrecidas pelo fogo. Aqui a guerra passou um dia antes do que em nosso bairro. Já se vêem civis que varrem o meio-fio. Duas mulheres puxam e empurram uma maca inteiramente calcinada, decerto tirada dos destroços. Deitada sobre ela, uma anciã sob um cobertor de lã, o rosto exangue; contudo, ainda viva.

Quanto mais ando na direção sul, tanto mais a guerra cede. Aqui já se vêem alemães parados em grupo e tagarelando. Em nossa esquina, os homens ainda não se atrevem a isso. Vêem-se até crianças, singularmente quietas e com as faces encovadas. Homens e mulheres cavoucam nos jardins de Schreber. Percebem-se russos apenas de maneira bem esporádica. Diante do túnel ainda se ergue uma barricada construída pela Volkssturm. Desço da bicicleta e a empurro através da frincha livre na lateral. Atrás do túnel, sobre o gramado diante da estação de trem, ergue-se um monte de terra que chega à altura dos joelhos, coberto de relva, enfeitado com três colunas de madeira que chegam à altura dos quadris, pintadas de um vermelho berrante. Há uma tabuleta fixada em cada coluna, papel escrito à mão sob vidro, guarnecida por uma faixa de papel. Nas tabuletas, leio três nomes russos e as datas de falecimento, 26 e 27 de abril de 1945.

Fico parada por um bom tempo. Pelo que sei, é o primeiro túmulo russo que vejo tão de perto. Em minha viagem pela Rússia, vi cemitérios apenas de passagem; tabuletas corroídas pelo tempo, cruzes tortas, tristeza e esquecimento da pobreza aldeã. Nossos jornais haviam noticiado repetidas vezes que os russos escondiam seus mortos de guerra como uma infâmia, que eles os enterravam em valas coletivas e pisoteavam firmemente a terra sobre elas para tornar o lugar irreconhecível. Isso não pode ser verdade. Eles devem carregar consigo essas colunas de madeira e essas placas. São artigos de fábrica, produzidos segundo um modelo, com uma estrela branca de madeira no topo — grosseiros, baratos, absolutamente feios, porém um sinal, luzindo em vermelho, por demais distinto, gritante e vivo, algo para não ser ignorado. Devem erigir essas colunas também em seu país. Por conseguinte, também praticam o culto aos mortos, inclusive a veneração dos heróis, embora o dogma oficial deles ignore uma ressurreição da carne. Caso se tratasse de uma mera marcação do lugar dos túmulos, com vista a um posterior traslado, bastaria uma simples tabuleta com o nome ou o número. Então poderiam poupar toda a tinta vermelha e as estrelas entalhadas. Mas não, eles envolvem a morte dos soldados com um nimbo vermelho, sacrificam trabalho e madeira útil para uma auréola, por mais miserável que seja.

Pedalo outra vez, tão rápido quanto posso, já vejo a casa de campo em que minha firma havia se instalado provisoriamente nos últimos tempos. Será que o coitadinho do térreo saiu vivo do período sem leite?

Nenhuma criança, nenhuma jovem mãe, ninguém mais das pessoas que moravam no térreo. Às minhas batidas e chamados surgiu, depois de algum tempo, um homem de certa idade, com a barba por fazer, vestindo uma camisola de tricô suja. Demora um momento até que eu o reconheça. É o antigo gerente de nossa antiga editora, outrora impecavelmente vestido da cabeça aos pés, agora decaído e imundo. Ele me reconhece, porém não manifesta emoção; ranzinza, diz que se escondeu aqui com sua mulher, visto que seu apartamento foi atingido no último dia de guerra. De resto, a casa de campo está vazia, também de móveis — o gerente já a encontrou desocupada e sem móveis. Ele não sabe se foram alemães ou russos que providenciaram a limpa — possivelmente ambos. A casa está revirada e emporcalhada, por toda parte há fedor de urina e de excrementos. Pelo menos ainda há um monte de carvão no porão. Procurei uma caixa vazia e a enchi com briquetes, para grande desagrado do gerente; contudo, o carvão não pertence mais a ele do que a mim. Ele não pensou em me ajudar. Com esforço, carreguei minha caixa até a bicicleta e a amarrei sobre o bagageiro com o cinto de meu vestido e um pedaço de corda que encontrei.

Parto de volta para casa na maior velocidade. Subo a rua, desta vez passando por séries intermináveis de soldados, sentados ao longo do meio-fio. A típica infantaria, porcos do front, cansados, sujos, empoeirados, com barba de vários dias nos rostos imundos. Ainda não tinha visto nenhum desses russos até agora. Começo a compreender que provavelmente temos tropas de elite em nossas casas, artilharia, tropas responsáveis pelas comunicações, pessoal lavado e bem barbeado. No nível mais baixo se encontra o trem de guerra, cheirando a cavalos, mas nem de longe com uma aparência tão exaurida quanto a dessa tropa. Eles estão por demais esgotados para se preocuparem comigo ou com minha bicicleta. Eles mal levantam os olhos, é perceptível que passaram por uma marcha forçada.

Depressa, depressa, ali já está a nossa esquina. Fervilham automóveis em torno da antiga caserna da polícia de segurança pública. Eles andam com um ronco profundo, saciado, sente-se o cheiro de gasolina autêntica. Os automóveis alemães não cheiram assim.

Ofegante e orgulhosa, arrasto a bicicleta e a carga de briquetes escada acima. Desta vez, o major vem correndo ao meu encontro, está inteiramente alvoroçado, já imaginava a bicicleta roubada e eu sabe-lá-onde. O uzbeque também chegou nesse meio-tempo. A viúva logo o manda para a bomba de água com dois baldes. Ele já é como uma parte da família para nós; ele sai se arrastando, bonachão.

Estou completamente bêbada de sol e animada pelo rápido passeio, me sinto tão alegre, tão entusiasmada como há semanas não me sentia. Além disso, o major trouxe um tócai de cinco anos; nós bebemos, me sinto bem pra cachorro. O major ficou até as cinco da tarde; quando saiu, eu já estava mal. Chorei.

(Rabiscado à margem semanas depois, para uso dos romancistas: "Durante três batidas de coração seu corpo se fundiu com o corpo sobre ela. Suas unhas agarraram o cabelo estrangeiro, saíram gritos de sua garganta, e ela ouviu a voz estrangeira sussurrar palavras estrangeiras, incompreensíveis. Quinze minutos depois, ela estava sozinha. O sol entrava em feixes largos pelas vidraças quebradas. Ela se espreguiçou e gozou o peso de seus membros. Ela afastou as madeixas desgrenhadas da testa. De repente, ela sentiu com uma nitidez inquietante como uma outra mão, como a mão do namorado distante, talvez morto há muito tempo, se introduziu sob o seu cabelo. Ela sentiu algo nela inchar e transbordar. Lágrimas se precipitaram de seus olhos. Ela se revolveu na cama, golpeou os travesseiros com os punhos, mordeu as mãos e os braços de tal modo que surgiram círculos azul-avermelhados. Ela chorou sobre os travesseiros e desejou morrer.")

Terça-feira, 8 de maio de 1945, com o resto de segunda-feira

Ao anoitecer, estávamos sozinhos, o senhor Pauli, a viúva e eu. Vermelho, o sol se pôs. Uma imagem repulsiva, que me recorda todos os incêndios que vi nos últimos anos. Eu e a viúva fomos juntas ao pequeno tanque para buscar água suja. (Para a água potável da bomba, o alemão ainda precisa acrescentar uma hora inteira.)

Devem ser oito; nós vivemos sem relógio, pois o despertador enrolado na toalha, escondido no fundo do armário, ficou caprichoso e pára quando quer. Em torno do tanque, silêncio. Na água salobra bóiam pedaços de madeira, trapos, bancos verdes de parque. Enchemos nossos baldes com o caldo turvo, voltamos caminhando devagar, o terceiro balde derramando-se entre nós. Há algo deitado ao lado da escada podre de madeira no declive do gramado. Uma pessoa, um homem; ele está deitado de costas sobre o gramado, os joelhos levantados.

Um dorminhoco? Sim, um dorminhoco imóvel; ele está morto. Ambas ficamos ali paradas e olhamos para ele. Sua boca está aberta de tal modo que se poderia introduzir o punho nela. Seus lábios estão azuis, as aletas nasais pálidas como cera e encolhidas. Um homem de cerca de cinqüenta anos, barbeado, calvo. Ele tem uma aparência muito cuidada, veste um terno cinza-claro e usa meias cinzentas tricotadas à mão e sapatos de cordão fora de moda, lustrados. Toco as mãos, deitadas ao seu lado sobre o gramado, os dedos torcidos para cima em forma de garra. Elas são mornas ao tato, de modo algum frias da morte. Mas isso não quer dizer nada, pode ser do sol que o ilumina. Ele não tem pulso, está morto. Mas ainda não foi saqueado; há uma agulha prateada em sua gravata. Consideramos se devemos ou não mexer em seu colete, procurar por papéis, avisar eventuais parentes. Estamos inquietas. Espreitamos em busca de pessoas. Não há ninguém à vista. Corro alguns passos rua abaixo, numa porta avisto um casal, uma moça e um rapaz, e peço aos dois que venham comigo, há alguém deitado... Eles me seguem hesitantes, permanecem um momento junto ao morto, mas não tocam nada e por fim vão embora, mudos e dando de ombros. Desamparadas, ainda ficamos ali em pé por algum tempo, e então também vamos embora. Estamos pesarosas. No entanto meus olhos percebem de modo mecânico cada pedacinho de madeira no caminho de volta, e as mãos os arrumam de modo também mecânico na sacola a tiracolo que levei junto expressamente para isso.

Diante de nossa casa, encontramos nosso velho Schmidt das cortinas, acompanhado de nosso desertor. Estou pasmada com o fato desses dois se atreverem a sair à rua. Damos notícia do morto, a viúva imita a posição de sua boca.

— Derrame cerebral — murmura o ex-soldado.

— Devemos ir juntos para lá?

— Que nada — diz o Schmidt das cortinas —, depois falta alguma coisa em seus bolsos e dirão que fomos nós.

E num ai também nós esquecemos o morto diante do fato que o Schmidt das cortinas agora anuncia:

— Todos os russos se foram.

Eles desocuparam nosso prédio, saíram do bairro inteiro — eles partiram em caminhões enquanto buscávamos a água suja. Diz o Schmidt das cortinas que eles estofaram bem os seus caminhões com pedaços de colchão e almofadas dos apartamentos abandonados.

Embora! Todos embora! Mal podemos compreender isso, olhamos involuntariamente estrada acima, como se de lá devessem chegar caminhões com novas tropas. Nada, porém, apenas silêncio, estranho silêncio. Nada mais de cavalos, de relinchos, de galo. Apenas esterco de cavalo, que a filha mais nova do porteiro varre agora mesmo para fora do corredor do prédio. Observo a garota de dezesseis anos, a única da qual sei até agora que perdeu sua virgindade para os russos. Ela tem o mesmo rosto estúpido, auto-satisfeito de sempre. Procuro imaginar como seria se minha primeira experiência tivesse sido dessa maneira. Tenho de refrear o pensamento, algo assim é inimaginável. Uma coisa é clara: tivesse a moça sido estuprada em período de paz por algum vadio, depois teria havido a costumeira lengalenga dos tempos de paz, com acusação, protocolo, interrogatório, até com prisão e acareação, notícia de jornal e estardalhaço dos vizinhos — a moça teria reagido de outro modo, teria recebido um outro choque. Mas agora se trata de uma experiência coletiva, sabida de antemão, temida de antemão muitas vezes — de algo que atingiu as mulheres da direita e da esquerda e da vizinhança, de algo que era de algum modo necessário. Essa forma coletiva de estupro também será superada coletivamente. Uma ajuda a outra na medida em que fala a respeito, se alivia, dá ocasião para a outra se aliviar, cuspir fora o sofrido. O que naturalmente não exclui que organismos mais frágeis do que essas garotas escaldadas de Berlim se quebrem ou levem consigo um parafuso solto pelo resto da vida.

Pela primeira vez desde o 27 de abril a porta da rua foi fechada outra vez ao anoitecer. Caso novas tropas não sejam alojadas no prédio, começa assim um novo período de vida para todos nós.

No entanto, em torno das vinte e uma horas, chamaram por mim lá fora. Com sua voz esganiçada, o uzbeque repetiu várias vezes o meu nome (quer dizer, a forma russificada do meu nome, segundo me foi concedida pelo major). Quando olhei para fora, o uzbeque me insultava e me ameaçava, apontando, todo indignado, para a porta da rua, que estava trancada. Pois é, meu gordo, isso não te adianta de nada. Deixei que entrasse, o major o seguia de perto, mancando de modo considerável. Andar de bicicleta não lhe fez bem. A viúva lhe botou compressas outra vez. O estado do joelho parecia grave, estava inchado, vermelho. Não entendo como alguém pode pedalar, dançar e subir escadas em tal estado. São naturezas de corcel, com elas não podemos competir.

Noite ruim com o homem febril. Suas mãos estavam quentes, os olhos turvos, não conseguiu dormir direito, também não me deixou dormir. Por fim, amanheceu.

Conduzi o major e o ordenança para baixo, abri a porta da rua para eles, agora outra vez a nossa porta da rua. Depois, trabalho nojento: o uzbeque está com uma espécie de disenteria, respingou o banheiro, a parede e as lajotas. Com alguns fascículos largados de uma revista nacional-socialista especializada para farmacêuticos limpei o melhor que pude e desperdicei quase toda a água para descarga que arrastamos ontem à tardinha do tanque. Se o senhor Pauli soubesse disso, o inabalável manicuro e pedicuro, que é tão dengoso!

Adiante, agora a terça-feira. Por volta das nove horas da manhã, a batida na porta da frente, que utilizamos como de hábito, embora não haja mais nenhum russo no prédio. Era a perebenta, a senhora Wendt, que ouviu o boato de que há paz. Dizem que a última e desordenada resistência alemã no sul e no norte foi destroçada. Nós capitulamos.

Eu e a viúva respiramos mais aliviadas. Foi bom que tenha sido tão rápido. O senhor Pauli ainda amaldiçoa a Volkssturm, os mortos de modo absurdo na última hora, os velhos e os cansados, os que sangraram desamparados, para os quais nem sequer havia um trapo para fazer o curativo dos ferimentos. Ossos partidos sobressaindo de calças civis; trouxas pingando monotonamente, pálidas como a neve, sobre macas; as poças de sangue, mornas e escorregadias, por toda parte nos corredores... Pauli com certeza passou por coisas difíceis. Precisamente por isso julgo que metade de sua neuralgia, que o prende à cama há mais de uma semana, seja de ordem psíquica, seja um refúgio e uma retirada. Vários homens no prédio têm tais refúgios. Assim, o livreiro tem sua pertença ao partido, o desertor tem sua deserção, várias outras figuras têm o passado nazista, razões por que temem a deportação, ou algo assim, e atrás das quais se escondem quando se trata de buscar água ou se atrever a alguma ação. As mulheres também dão o melhor de si para esconder os homens e protegê-los do inimigo malvado. Pois o que ainda podem nos fazer? Eles nos fizeram de tudo.

Empurramos a brasa para a sardinha alheia, portanto. Isso é lógico. Apesar disso, permanece um mal-estar. Tenho de pensar agora com freqüência no barulho que fiz em torno dos soldados de licença que passavam em viagem, quanta atenção, quanto respeito. Contudo eles vinham em parte de Paris ou Oslo, de cidades, portanto, que estavam mais distantes do front do que a sempre bombardeada Berlim. Ou vinham até da mais profunda paz, de Praga ou Luxemburgo. Mesmo quando vinham do front, eles pareciam, até por volta de 1943, tão asseados e bem nutridos como hoje apenas poucos homens estão. E gostavam de contar histórias em que eles próprios faziam uma boa figura. Nós, ao contrário, teremos de ficar com a boca bem fechada, teremos de agir como se tivéssemos sido poupadas, precisamente nós. Caso contrário, no fim das contas, nenhum homem nos tocará mais. Se pelo menos tivéssemos sabão de verdade! Tenho ânsias freqüentes de esfregar minha pele a valer, acredito firmemente que depois disso também vou sentir minha alma mais limpa.

À tarde, uma boa conversa; quero anotá-la o mais literalmente possível, ela ainda me dá o que pensar. Sem ser esperado, reapareceu o doutor corcunda da fábrica de refrigerantes; eu já o tinha quase esquecido, embora com freqüência tivesse trocado algumas palavras com ele no abrigo do porão. Até há pouco, ele passou o tempo em um porão vizinho que não foi descoberto. Nenhum russo chegou até lá. Em compensação, o doutor sem dúvida recebeu os relatos fresquinhos das buscadoras de água violadas. Uma delas, muito míope, perdeu seus óculos durante o estupro e agora tateia por aí completamente desamparada.

Fico sabendo que o doutor corcunda é um "camarada". Quer dizer, ele foi filiado ao partido comunista até 1933, certa vez chegou a viajar durante três semanas pela Rússia com um grupo de turistas e entende algumas palavras de russo. Fatos que ele não me confiou no porão, como eu tampouco lhe confiei minhas viagens e meu conhecimento de línguas. O Terceiro Reich nos desacostumou de tais confianças grosseiras. Apesar disso, tenho de me espantar.

— Mas como foi que o senhor não deu um passo à frente e se apresentou aos russos como um simpatizante?

Ele me olha embaraçado.

— Eu teria feito isso — diz ele então. — Apenas queria deixar que os primeiros dias selvagens passassem. — E acrescenta: — Vou me apresentar na Câmara Municipal nos próximos dias. Tão logo haja repartições outra vez, vou me colocar à disposição.

(No que acredito, mas não lhe digo, é que ele não ousou avançar por causa de sua corcunda. Diante de tanta cólera viril transbordante, ele teria sentido seu defeito, que aos olhos desses bárbaros enérgicos o teria transformado num meio-homem, numa coisa miserável, de um modo duplamente amargo.) Sua cabeça se assenta fundamente entre os ombros, ele se move apenas com esforço. Mas os seus olhos são brilhantes e espertos, sua fala é fluente.

— O senhor está intimidado agora? — pergunto-lhe. — Está desiludido com os seus camaradas?

— Quase nada — diz ele. E: — Não queremos entender o ocorrido de modo demasiado pequeno e pessoal. Os impulsos e os instintos se desafogaram. A sede de vingança também estava em jogo, pois afinal também lhes fizemos algumas coisas lá em seu país. Devem seguir-se conversão e auto-reflexão, tanto de nossa parte quando da deles. Um mundo de ontem, eis o nosso velho Ocidente. Agora ele dá à luz um novo mundo, o de amanhã, e isso ocorre em meio a dores. O eslavismo entra jovem e inteiro na cena da história universal. As fronteiras dos países europeus se romperão e eles formarão unidades maiores. Tal como no passado Napoleão liquidou os troninhos e os paisinhos, assim as grandes potências vitoriosas liquidam agora os países e as nações.

— Então o senhor acredita que no futuro a Alemanha será uma parte da União Soviética, será uma república soviética?

— Seria desejável.

— Então nos espalharão e nos deixarão sem pátria para aniquilar as peculiaridades de nosso povo.

— É absolutamente possível que nós, alemães, nós que vivemos hoje, sejamos apenas vítimas e adubo e passagem; e talvez, também, professores especializados. Mas penso que depende de nós próprios, mesmo sob novas condições, viver uma existência digna de ser vivida. Cada um leva a si próprio consigo, para qualquer parte.

— Mesmo para a Sibéria?

— Pressupondo boa vontade, eu me sinto confiante para, mesmo na Sibéria, construir uma vida digna de ser vivida.

E o homem aleijado seria capaz disso. Também aqui ele arranjou uma boa posição para si, era químico-chefe de uma grande indústria de água mineral. Mas será que ele suportaria fisicamente aquilo que o futuro talvez exija de nós? Será que nós o suportaremos? Ele dá de ombros.

Acredito, por vezes, que a partir de agora eu poderia agüentar tudo sobre a Terra, desde que me atinja de fora e que não sejam ciladas do próprio coração. Eu me sinto tão queimada e consumida que não saberia mais de algo que, hoje ou amanhã, pudesse me causar grande emoção ou abalo. Se for preciso seguir vivendo, então isso também é possível em desertos de gelo. Eu e o doutor trocamos um aperto de mão; ambos nos sentimos fortalecidos.

Apesar disso, aqui no apartamento sou envolvida por costumes burgueses preservados com temor. A viúva sente-se outra vez senhora de seus cômodos. Ela limpa e escova de um lado para o outro, meteu em minha mão um pente com dentes faltando para que eu penteie as franjas dos tapetes. Ela lida na cozinha com areia e soda; lamenta que nas pilhagens do porão tenham quebrado a mão e o nariz de uma estatueta de Meissen;[25] reclama por ter esquecido, sem mais nem menos, o esconderijo de uma pérola de gravata do seu falecido. Fica sentada, por vezes, imersa em profunda reflexão, para sair de súbito dos seus pensamentos e dizer:

— Talvez eu a tenha colocado em minha caixa de costura?

E começa a atirar carretéis e botões velhos de um lado para o outro, mas não encontra sua pérola. Ao mesmo tempo, ela costuma ser uma mulher prática e não tem medo de nada. Ela desmantela caixotes melhor do que eu, um truque que imitou do seu polonês

[25]Cidade alemã que desde o século XVIII produz porcelanas conhecidas pela sua qualidade.

de Lemberg, que, graças à sua tendência para ataques de fúria, conseguia resultados especialmente bons no desmantelamento de caixotes. (De resto, o prédio inteiro já sabe da diferença: "Mulheres ucranianas — assim. Tu — assim!")

Hoje, sol lá fora. Carregamos água sem parar, lavamos lençóis, troquei minha roupa de cama. Algo necessário, depois de todas as visitas calçando botas.

Embaixo, no padeiro, aglomera-se grande multidão, o ruído e a tagarelice ecoam através de nossas janelas sem vidraças. Apesar disso, ainda não há pão hoje, apenas senhas para o pão de amanhã ou de depois de amanhã. Tudo depende da farinha e do carvão que o padeiro está aguardando. Com alguns restos de briquetes ele já assou alguns pães para o prédio. Recebi minha boa porção. O padeiro não se esqueceu da minha intervenção a favor de sua mulher quando os sujeitos a arrastavam daquela vez. A atendente de padaria Erna, a mesma que escapou sã e salva atrás da porta do quarto atravancada com um armário, trouxe os pães ao nosso apartamento. O prédio também deu a sua contribuição para esse pão. Alguns homens comandados pela senhorita Behn levaram baldes de água sobre um carrinho para a massa. E algumas mulheres, segundo a expressão grosseira da senhora Wendt, "meteram a pá na merda". Pois os russos chamaram um banco estofado da padaria de latrina, afastaram-no simplesmente um pouco da parede e sentaram-se no encosto... Os pães, portanto, são merecidos com honra.

Os russos trouxeram consigo um dinheiro estranho. O padeiro nos mostra uma nota com valor superior a cinqüenta marcos, uma espécie de dinheiro militar para a Alemanha, até então desconhecido. O padeiro ganhou a nota de um oficial russo em troca de catorze pães. O mestre não pôde devolver o troco, e o russo também não deu nenhuma importância a isso; conforme diz o mestre, ele tinha a carteira forrada dessas notas. O mestre não sabe absolutamente o que fazer com o dinheiro; teria dado os pães ao russo de qualquer maneira. Mas ele insistiu no pagamento. Talvez, assim, retorne algo como boa-fé. Suponho que também nos darão esse dinheiro e, em compensação, recolherão o nosso pela metade do valor.

Em todo caso, a perspectiva de pão é o primeiro sinal de que lá em cima alguém se importa conosco, de que deverão prover para nós. Um segundo sinal está colado embaixo, junto à porta da rua: uma folha mimeografada escrita à máquina, um apelo, assinado por um burgomestre distrital, Dr. Fulano de Tal. O apelo conclama à devolução de todos os bens furtados de lojas e repartições — máquinas de escrever, móveis de escritório, equipamentos de loja etc. —, de início, sem punição. A punição, conforme a lei marcial, ameaça apenas as descobertas posteriores de tais bens roubados. Mais adiante, consta que todas as armas devem ser entregues. Casas nas quais se encontrarem armas são ameaçadas com punição coletiva. E casas em que algo suceda a um russo são ameaçadas de morte. Mal consigo imaginar que os nossos se encontrem em algum lugar com armas e à espreita de russos. Em todo caso, não encontrei essa espécie de homens por esses dias. Nós, alemães, não somos um povo guerrilheiro. Nós precisamos de comando e de ordens. Em viagem no trem soviético, que balança um dia inteiro pelo país, um russo me disse certa vez:

— Os camaradas alemães só tomam de assalto uma estação de trens depois de comprar bilhetes de embarque válidos.

Em outras palavras e sem gozação: a maioria dos alemães possui horror à ilegalidade por iniciativa própria. Além disso, agora nossos homens têm medo. O entendimento lhes diz que foram derrotados, que toda agitação e todo protesto apenas trazem sofrimento e não melhoram nada.

Em nosso prédio, os homens andam agora solícitos em busca de armas. Eles vão de um apartamento a outro, sem que uma mulher os acompanhe. Por toda parte, perguntam por armas, mas conseguem apenas uma espingarda velha sem gatilho. Pela primeira vez em muito tempo, ouço homens alemães falando alto outra vez, vejo-os se moverem com energia. Eles agem de modo verdadeiramente masculino — ou segundo o que no passado se costumava designar com a palavra "masculino". Agora temos de procurar por uma palavra nova, melhor, que também resista ao mau tempo.

Quarta-feira, 9 de maio de 1945 — sem o resto de terça-feira

Sempre há algo mais a dizer sobre a noite. Agora não há nada, mas absolutamente nada a dizer sobre essa noite senão que pude passá-la sozinha. Pela primeira vez sozinha entre meus lençóis desde o dia 27 de abril. Não apareceu nenhum major, nenhum uzbeque. A viúva logo ficou outra vez angustiada com a existência, augurava o fim da manteiga e dizia que seria bom se o major logo trouxesse novas provisões. Apenas dei risada. Esse vai voltar. Passei a noite agradavelmente estendida entre minha roupa de cama limpa, me espreguicei, dormi um sono profundo e acordei muito contente. Lavei-me com a água quente que a viúva me deu, vesti roupas limpas, assobiei com os meus botões.

Assim escrevi às nove horas. Agora são onze, e tudo parece diferente.

De fora, nos chamaram à rua com pás de lixo. Removemos o monte de sujeira da esquina, carregamos destroços e esterco de cavalo com um carrinho de mão até o terreno de ruínas próximo. Cal e sucata, velhíssimos, ainda da época dos ataques aéreos, debaixo de destroços recentes da artilharia, trapos e latas e muitas garrafas vazias. Encontrei dois cartões-postais em papel de brometo de prata, produto alemão — e muitas impressões digitais sobre as fotos dos amplexos nus. Ocorre-me como certa vez deixei revistas alemãs e americanas abandonadas a si mesmas por alguns minutos em um escritório de Moscou. Peguei-as outra vez e apenas durante leitura posterior descobri que aqui e ali pedaços de páginas haviam sido arrancados às pressas — anúncios de roupas íntimas para senhoras, de cintas e de sutiãs. Os russos não conhecem tais anúncios. Suas revistas não possuem *sex appeal*. Para olhos russos, essas tolas fotos publicitárias, que decerto não fazem mais nenhum homem ocidental arregalar os olhos, provavelmente eram a mais extraordinária pornografia.

Sentido para isso eles têm, todo homem tem. Mas em casa não lhes oferecem isso. Talvez um erro. Com tais figuras ideais, eles poderiam povoar suas fantasias e, no fim, não se lançariam mais sobre toda velha e feia que encontram pelo caminho. Tenho de pensar a respeito.

Quando, por volta das dez horas, subi ao apartamento para um gole de café de cevada, estava lá o major, sozinho. Ele esperava por mim, veio para se despedir. Visto que as coisas vão mal com seu joelho, ele recebeu dois meses de férias de restabelecimento, que deve passar numa pousada militar próxima a sua cidade natal, Leningrado. Ele já parte hoje.

Ele está muito sério, quase rígido, domina-se ferreamente. De modo cerimonioso, anota meu endereço numa folha, quer me escrever, quer se manter em contato comigo.

Não posso lhe dar a foto que me pede, pois não tenho nenhuma. Todo o meu passado fotografado, reunido num álbum e num grosso envelope, foi perdido nos bombardeios, foi queimado. Não cheguei a tirar outra foto nas semanas que se passaram desde então. Ele me olha por longo tempo, como se quisesse me fotografar com os olhos. Então me beija à russa nas duas faces e sai mancando, sem olhar para trás. Sinto um pouco de dor, um pequeno vazio. Penso nas luvas de couro com que apareceu hoje pela primeira vez. Ele as segurava elegantemente com a esquerda. Em dado momento, as deixou cair; ele as levanta depressa, mas vi que pertenciam a pares diferentes — uma com costura nas costas da mão, a outra lisa. Ele ficou embaraçado, olhou para o lado. Naquele segundo gostei muito dele.

Saio outra vez à rua, preciso continuar o trabalho com a pá. Depois queremos sair em busca de madeira; precisamos de combustível para o fogão; as muitas sopas de ervilha consomem o seu tanto. É quando me ocorre que agora ninguém mais trará comida, velas e cigarros. Tenho de expor isso com cuidado à viúva quando ela voltar da bomba. A Pauli não direi nada. A própria viúva pode lhe passar os fatos.

Ao buscar madeira, piso pela primeira vez em duas semanas o gramado diante do cinema, onde agora são enterrados os mortos de nosso bairro. Entre pedaços de escombros e crateras, três covas duplas, três casais, três vezes suicídio. Uma velha que falava aos murmúrios, sentada sobre uma pedra, me contou com satisfação amarga, constantemente meneando a cabeça, detalhes sobre os mortos: na cova bem à direita jaz o diretor da seção nazista local com sua mulher (revólver). Na cova do meio, sobre a qual murcham alguns ramos cravados de lilás, um tenente-coronel com a mulher (veneno). Do casal na terceira cova a velha não sabe nada; ali alguém cravou um cavaco na areia em que está escrito com lápis vermelho "2 Müllers". Numa das covas individuais jaz a mulher que pulou do terceiro andar quando os ivãs a atacaram. Há uma espécie de cruz sobre ela, feita de dois pedaços brancos, polidos, do painel de uma porta, presos de través com arame. Minha garganta se apertou. Como ocorre que a forma da cruz nos fale com tanta força? Mesmo quando não devemos mais nos chamar de cristãos? Retornam antigas impressões da infância. Vejo e ouço a senhorita Dreyer descrever para nós, crianças de sete anos, com infinitos detalhes e olhos lacrimosos, a Paixão de Cristo... Para nós, ocidentais educados no cristianismo, há sempre um deus pendurado na cruz — mesmo que ela seja feita de dois pedaços do painel de uma porta e algum arame.

Em volta, lixo, esterco de cavalo e crianças brincando. Pode-se chamar isso de brincadeira? Elas ficam paradas por ali, piscam para nós, cochicham entre si. Caso se ouça uma voz alta, então é a voz de um russo. Um deles passou caminhando pesadamente, cortinas sob o braço. Gritou uma obscenidade para nós. Agora nós os vemos apenas isolados ou em tropas que partem. Suas canções estridulam ásperas e provocadoras em nossos ouvidos.

Levei setenta fênigues ao padeiro pelos dois pães recebidos; pareceu-me algo completamente estranho e tive o sentimento de que colocava em suas mãos algo sem nenhum valor; ainda não posso me resolver a considerar o dinheiro alemão como dinheiro de verdade outra vez. No prédio, a Erna do padeiro recolheu todos os cartões de orçamento, anotou numa lista os nomes e os números das carteiras de identidade dos moradores que ficaram. Ao que parece, há novos cupons de racionamento em vista. Erna tinha se arrumado, apareceu num vestido de verão florido — uma visão incomum, depois dos catorze dias em que as mulheres apenas se atreveram a sair vestidas com desleixo. Também estou disposta a usar um vestido novo. Ainda não acreditamos que nenhum russo bate mais em nossa porta, que nenhum mais se espreguiça sobre sofás e poltronas. Limpei bem o quarto, encontrei debaixo da cama uma pequena estrela soviética de vidro vermelho e um preservativo num invólucro de papel. Não faço idéia de quem o perdeu. Eu nem sabia que eles conheciam algo assim. Em todo o caso, não se deram ao trabalho de usá-los nas relações com mulheres alemãs.

Eles levaram junto o gramofone, também o disco de propaganda da loja de tecidos ("... para a criança, para a senhora, venham todos aqui agora..."). Em compensação, ficaram conosco, no total, 43 discos de música clássica, de Bach a Pfitzner, a metade do

Lohengrin entre eles. A tampa quebrada por Anatol também ficou para trás, e gratos a queimamos no fogão.

Agora já é de tardinha, quarta-feira, 9 de maio. Escrevo sentada sobre o peitoril. Lá fora é verão, o bordo está verde-escuro, a estrada está varrida, vazia. Aproveito a última luz do dia, pois a ordem agora é poupar velas. Ninguém nos trará outras.

Agora é assim também com a aguardente, o açúcar, a manteiga, a carne. Se ao menos pudéssemos ter acesso às batatas! Mas ninguém ainda se atreveu a pôr abaixo a barricada diante do porão do prédio. Pois não se sabe se eles vão voltar ou se novas tropas irão avançar. A viúva prega e prega, contudo, não acerca dos lírios do campo, cujo exemplo todavia nos serve. Ela tece pensamentos medrosos em relação ao futuro, vê a nós todos morrendo de fome, troca um olhar com o senhor Pauli quando peço um segundo prato de sopa de ervilhas.

A artilharia estala durante meu escrevinhar. Quer dizer, eles treinam para uma parada da vitória, de que americanos também tomarão parte. É possível. Que comemorem, isso não nos importa. Nós capitulamos. Apesar disso, percebo alegria de viver.

Adiante, agora escrevo à noite, à luz da vela, com uma compressa em volta da testa. Por volta das oito da noite, punhos bateram em nossa porta da frente:

— Fogo! Fogo!

Saímos. Lá fora, forte claridade. Dois prédios adiante, as labaredas se levantam do porão em ruínas e já lambem a parede mestra da casa intacta ao lado. Fumaça acre sai de um buraco nos escombros, arrasta-se rua acima. Fervilham sombras, civis. Chamados e gritos.

Que fazer? Não há água. O foco do incêndio se encontra embaixo, no porão do prédio arruinado. Ar muito quente, começou a ventar, foi como nas noites das bombas. Por isso, ninguém se agitou.

— Sufocar — eis o que fazer. — Cobrir o fogo com escombros.

Num ai se formaram duas correntes. Pedaços de pedra passaram de mão em mão. O último as jogava nas chamas. Alguém gritou que teríamos de nos apressar, logo seriam nove — e às dez da noite os civis precisam ter sumido das ruas.

Figuras rolaram um barril trazido de algum lugar; com baldes, tiramos um caldo fedorento que continha. Ao passar os baldes adiante, uma mulher bateu por descuido a borda de zinco em minha têmpora. Logo vi estrelas, cambaleei até um pedaço de pedra no gramado em frente, a rotunda das covas, e me sentei. Uma mulher se sentou perto de mim e informou monotonamente que "aqueles lá embaixo" eram um casal de oficiais, envenenados com cianeto de potássio. Eu já sabia disso, mas deixei a mulher falar.

— Nenhum caixão, nadinha — disse ela. — Eles apenas foram enrolados no papel de uma corrediça, com o cordão ao redor. Eles não tinham sequer lençóis sobre a cama, chegaram aqui apenas como vítimas das bombas.

Mas o veneno eles já deviam ter à disposição.

Fiquei tonta, cheguei até a sentir como o galo crescia na testa. O incêndio logo foi isolado e coberto. Eu me juntei a um grupo que vociferava e fiquei sabendo a causa do incêndio: um vendedor de iguarias finas, que no passado administrava seu negócio nesse prédio arruinado, deixou restos de seu estoque de vinhos no porão em parte conservado. Os russos descobriram, eu diria cheiraram, e, velas na mão, esvaziaram as prateleiras. Ao fazê-lo, botaram fogo por descuido na palha das garrafas e o incêndio cresceu lentamente. Um homem conta:

— Os sujeitos estavam deitados pela sarjeta, podres de bêbados. Eu mesmo vi como um deles, que ainda estava de pé em suas botas, foi passando de um em um e tirou os relógios dos pulsos de seus camaradas.

Risos.

Agora estou deitada na cama, escrevo, refresco meu galo. Para amanhã planejamos uma grande viagem através de Berlim até Schöneberg.

Quinta-feira, 10 de maio de 1945

A manhã passou com afazeres domésticos, lascar lenha e buscar água. A viúva lavou seus pés em água gasosa e experimentou penteados que melhor escondessem os cabelos grisalhos. Às três da tarde finalmente estávamos prontas para sair. Nosso primeiro passeio pela cidade conquistada.

Pobres palavras, vocês não bastam.

Passamos pelo cemitério na Hasenheide, com as séries longas, uniformes, de túmulos na areia amarela, resultados do último grande ataque aéreo de março. Ardia o sol do verão. O parque jazia deserto. Além disso, daquela vez os nossos ainda derrubaram as árvores para liberar o campo de tiro. Trincheiras por toda parte; trapos, garrafas, latas, arames e munição espalhados dentro delas. Num banco, dois russos sentados com uma garota. Um russo raramente sai sozinho. Decerto se sentem mais seguros em duplas. Adiante, através de ruas operárias outrora densamente povoadas. Agora se poderia crer que os dez mil que aqui moravam emigraram ou estão mortos; tão quietas estão as ruas, tão fechadas e escondidas parecem as casas. Nenhum sinal de vida, nem de homem nem de animal, de automóvel, rádio ou bonde. Apenas o silêncio opressivo em que ouvimos os nossos passos. Se alguém nos olha pelas janelas, faz isso às escondidas. Não vemos rosto algum atrás das janelas.

Adiante, aqui começa o bairro Schöneberg. Logo veremos se é possível ir em frente, se ficou intacta uma das pontes que passam sobre a linha de trem e conduzem ao oeste. Vemos pela primeira vez em algumas casas bandeiras vermelhas, ou antes, bandeirolas — ao que parece, recortadas de antigas bandeiras com a suástica; às vezes ainda se vê o círculo escuro do qual o tecido branco com a suástica negra foi arrancado. As bandeirolas são — como poderia ser diferente em nosso país? — lindamente bordadas por mão de mulher.

No caminho, vestígios das tropas por toda parte, carros depenados, tanques queimados, carretas de canhão retorcidas. Vez por outra, um letreiro, um cartaz em russo que comemora o Primeiro de Maio, Stalin, a vitória. Também aqui mal se encontra gente. Às vezes passa uma criatura miserável, um homem em mangas de camisa, uma mulher despenteada. Ninguém presta grande atenção em nós.

— Sim, a ponte ainda está em pé — responde à nossa pergunta uma mulher descalça, arruinada, e se vai depressa.

Descalça? Em Berlim? Nunca antes vi uma mulher andando desse modo. Na ponte, mais uma barricada de pedras dos escombros. Nos esgueiramos pela frincha, meu coração batendo forte.

Sol intenso. A ponte vazia. Paramos, olhamos para a via elevada lá embaixo. Um emaranhado de trilhos amarelo-palha, entre eles crateras com metros de profundidade. Pedaços de trilho se erguem torcidos no ar. Almofadas e trapos brotam de vagões-leito e vagões-restaurante bombardeados. O calor ferve. Cheiro de incêndio paira sobre os trilhos. Em volta, deserto e abandono, nenhum sopro de vida. Eis o cadáver de Berlim.

Em frente, rumo a Schöneberg. À porta, aqui e ali, uma mulher, uma moça: olham sem ver, os traços balofos e inchados. Neles posso ler que a guerra se foi daqui há apenas poucos dias. Elas ainda não recuperaram o equilíbrio, ainda se encontram tão atordoadas como nós estávamos há alguns dias.

Descemos trotando a Potsdamer Strasse e passamos diante de repartições enegrecidas pelo fogo, arranha-céus vazios, montes de entulho.

Numa esquina, imagem tocante: diante de um monte de entulho cuja altura em muito as excedia, duas senhoras velhas, fracas, raspavam um pouco da imundície e despejavam num carrinho. Se continuarem assim, precisarão de semanas para remover o monte. Elas possuem dedos nodosos, talvez consigam.

O Kleistpark é um deserto. Debaixo das arcadas jazem farrapos, colchões e estofamentos arrancados de automóveis. Montes de excremento por toda parte, envoltos pelo zumbido das moscas. No meio do parque, o *bunker* semi-acabado, rodeado de espinhos de ferro como um ouriço. Provavelmente deveríamos procurar refúgio das bombas lá dentro no sétimo ano da guerra. Dois civis remexem numa pilha de vigas em frente, um deles serra pedaços transportáveis. Tudo pertence a todos. O arranhar da serra é lastimoso em meio a todo o silêncio. Eu e a viúva cochichamos uma com a outra involuntariamente, nossas gargantas estavam secas, a cidade morta nos tirava o fôlego. O ar do parque estava cheio de poeira, todas as árvores pareciam cobertas de pó branco, estavam peneiradas dos tiros e gravemente feridas. Uma sombra alemã passou apressada, arrastava roupa de cama. Na saída, um túmulo russo, cercado de arame. Outra vez estelas sepulcrais de madeira pintadas de vermelho berrante, entre elas uma placa delgada de granito em que consta, pincelado à cal, que aqui descansam heróis, caídos pela pátria. *Gueroi*, essa a palavra, herói. Soa muito prussiano.

Vinte minutos depois estávamos diante da casa em que moram os amigos da viúva.

— Um companheiro de corporação de meu marido — segundo ela diz —, professor ginasial, filólogo clássico, casado.

O prédio parece completamente morto. A porta da frente está pregada com ripas. Enquanto procuramos uma entrada nos fundos, topamos com uma mulher que tem as suas saias levantadas e, sem cerimônia, faz as suas necessidades diante de nossos olhos num canto do pátio. Outra coisa que também vejo pela primeira vez tão abertamente em Berlim. Enfim encontramos a escada, nos enfiamos por dois andares acima, batemos, gritamos o nome da viúva como senha... Lá dentro, rumores, passos e sussurros até entenderem quem estava do lado de fora. A porta se abre de repente, nos abraçamos, eu pressiono meu rosto contra um rosto completamente desconhecido; pois nunca vi essas pessoas antes. É a mulher do professor ginasial, atrás dela surge o marido, nos estende as mãos, nos convida a entrar. A viúva fala como se estivesse febril, misturando tudo; a outra mulher também fala e nenhuma delas presta atenção. Demora um pouco até estarmos sentados no único cômodo habitável do apartamento penetrado por ventos intensos. Tiramos da bolsa as fatias de pão com manteiga que trouxemos junto e as oferecemos. Os dois ficam pasmos. Aqui ainda não tiveram pão, e nenhum russo deixou pão para trás. À pergunta estereotipada "quantas vezes eles...?", a dona da casa esclarece num tom arrastado do leste da Prússia:

— A mim? Apenas uma vez, no primeiro dia. A partir daí nos trancamos no abrigo antiaéreo, lá embaixo tínhamos uma caldeira de ferver roupas cheia de água.

Aqui os vencedores chegaram mais tarde e desapareceram mais cedo, tudo se passou num piscar de olhos.

Do que vivem as duas pessoas?

— Ah, ainda temos um saquinho de sêmola e algumas batatas. Ah é, e nosso cavalo!

Cavalo? Risadas, e a dona da casa conta com gestos plásticos: quando ainda havia tropas alemãs nas ruas, alguém veio correndo ao porão com a boa-nova de que um cavalo havia caído lá fora. Num ai todo o povo do porão estava lá. O animal ainda estrebuchava e revirava os olhos e as primeiras facas de pão e canivetes já se cravavam em seu corpo — sob tiroteio, naturalmente. Cada um cortava e remexia lá onde havia começado. Quando a mulher do professor ginasial estendeu a mão para o outro lado, onde a gordura cintilava amarela, levou um golpe nos dedos com o cabo de uma faca:

— A senhora! Fique a senhora onde está!

A dona da casa conseguiu extrair um pedaço de três quilos.

— Com o resto comemoramos meu aniversário — disse ela. — O sabor estava impecável, eu a havia posto de conserva em meu último vinagre.

Nós os parabenizamos intensamente. Apareceu uma garrafa de *bordeaux*. Nós bebemos, demos vivas à dona da casa, a viúva contou da comparação com a mulher ucraniana — ninguém mais tem medida entre nós.

Nos despedimos repetidas vezes. O professor ginasial remexeu pelo quarto em busca de algo para nos presentear, para nos dar em troca das fatias de pão, mas não encontrou nada.

Em frente, para o interior do bairro bávaro, ainda queremos visitar minha amiga Gisela. Séries intermináveis de carros particulares alemães, quase todos depenados, bloqueavam a estrada. No outro lado, reabriu um barbeiro; um cartaz anuncia que ele corta o cabelo de homens e também lava cabeças de mulheres caso se traga água quente. Ao fundo, na semi-escuridão, avistamos de fato um cliente e alguém que saltitava ao seu redor com uma tesoura nas mãos. O primeiro sinal de vida no cadáver da cidade.

Escada acima ao apartamento de Gisela. Bati e chamei, estava toda trêmula de emoção. Rosto contra rosto outra vez; e, no entanto, antes no máximo nos apertávamos as mãos.

Gisela não estava sozinha. Ela havia hospedado duas mocinhas que algum conhecido lhe havia mandado. Duas estudantes fugidas de Breslau. Elas estavam sentadas, mudas, em um quarto quase vazio, sem vidraças, mas limpo.

Depois das primeiras palavras e dos primeiros diálogos agitados, fez-se silêncio. Eu percebi: aqui domina o sofrimento. Os olhos das duas mocinhas estavam orlados de preto. O que diziam soava tão desesperado, tão amargo. Ambas foram defloradas pelos russos, segundo me contou Gisela na sacada para a qual me arrastou, e tiveram de suportar a coisa muitas vezes. A loira Hertha, vinte anos, tem dores constantes desde então e não sabe o que fazer. Ela chora muito, diz Gisela. Hertha nada sabe de seus parentes; da Silésia, eles foram espalhados em todas as direções, caso ainda vivam. A mocinha se agarra histericamente à Gisela. A graciosa Brigitte, de apenas dezenove anos, se defende com um cinismo maldoso contra a ferida psíquica. Ela transborda de ódio e amargura, acha a vida imunda e todas as pessoas — ela quer dizer todos os homens — uns porcos. Ela quer ir embora, para longe daqui, para algum lugar em que não haja uniformes, cujo mero aspecto tira seu coração do compasso.

A própria Gisela escapou sã e salva com uma artimanha de que eu, infelizmente, soube muito tarde: antes de se tornar redatora, Gisela tivera ambições teatrais e também aprendera um pouco de maquiagem na escola. Assim, ela tracejou sobre o rosto uma extraordinária máscara de velha e escondeu o seu cabelo sob um lenço. Quando vieram os russos com lanternas de bolso e descobriram as jovens estudantes, eles empurraram Gisela e suas rugas de carvão para a cama:

— Tu, *babutchka*,[26] dormir.

Tive de rir involuntariamente, mas logo abafei minha alegria — as duas moças olhavam de modo muito sombrio, muito severo.

Essas moças foram despojadas para sempre dos primeiros frutos do amor. Quem começa com os últimos e, além disso, de modo tão malvado, não pode mais estremecer ao primeiro toque. Paul,

[26]Avó, em russo.

era assim que se chamava aquele em que penso agora; ele tinha dezessete, e eu também, quando me levou para a sombra de um portão desconhecido na Ulmenstrasse. Vínhamos de um concerto estudantil, Schubert, acho, ainda quentes da música, sem saber, no entanto, o que dizer a respeito. Ambos inexperientes; dentes se pressionaram contra dentes, enquanto eu esperava crédula pela coisa extraordinária que deveria provir do beijo. Até que percebi que meu cabelo tinha se soltado. O prendedor, que costumava segurá-lo na nuca, tinha sumido.

Que susto! Sacudi o vestido e a gola. Paul tateou o pavimento da rua no escuro. Eu o ajudei a procurar, nossas mãos se encontraram e se tocaram, mas então inteiramente frias. Não encontramos o prendedor de cabelo. Decerto já o tinha perdido durante o caminho. Era algo bastante incômodo. A mãe logo perceberia, faria perguntas, ficaria me olhando. E o meu rosto não lhe revelaria o que Paul e eu fizemos no portão? Nos separamos com precipitação, num súbito embaraço, e depois nunca mais voltamos a nos aproximar. Apesar disso, aqueles minutos acanhados no portão conservaram para mim um brilho prateado.

Longa despedida uma hora depois. Agora é tão difícil separar-se dos amigos, nunca se sabe quando e como se irá revê-los. Pode acontecer tanta coisa. Em todo o caso, convidei Gisela para nos visitar no dia seguinte. A viúva também convidou seus amigos. Vamos ver se conseguimos arranjar uma crosta de pão para eles.

De volta, o mesmo caminho deserto, longo, poeirento. Mas agora foi demais para a viúva, seus pés ardiam, vez por outra tínhamos de descansar sentando no meio-fio. Eu rastejava como se estivesse sob um peso de cinqüenta quilos; tinha o sentimento de que Berlim nunca mais poderia se levantar, de que ficaríamos sendo ratazanas de escombros durante nossa vida inteira. Pela primeira vez me surpreende o pensamento de deixar essa cidade, procurar pão e casa em outro lugar, onde ainda existam ar e paisagem.

No parque, descansamos sobre um banco. Ao nosso lado estava sentada uma mulher jovem que levava dois menininhos para passear. Um russo se aproximou, acenou para o segundo e inevitável russo que o acompanhava e lhe disse em russo:

— Vem cá, aqui há crianças, são as únicas com quem se pode falar aqui.

Medrosa e encolhendo os ombros, a mãe olha para nós. Começa, de fato, uma conversa entre os homens e os dois meninos, que, quietos, permitem que os peguem no colo e os balancem ao som de uma canção russa de upa-upa cavalinho.

Então um dos soldados se virou para mim e, no tom mais amigável do mundo, disse em russo:

— Tanto faz quem dorme com vocês. Pau é pau. (A expressão me foi ensinada por Anatol, com a grosseria dos costumes rústicos.)

Tive de me conter para guardar a parva ignorância com que esse rapaz contava. Portanto, apenas ri, ao que os dois sujeitos desataram numa gargalhada. Muito obrigada!

Para casa com os pés cansados. O senhor Pauli se postou à janela em sua poltrona, esperando por nós. Ele não queria acreditar de modo algum que durante as três horas de caminhada encontramos apenas alguns russos vadiando ao acaso. Ele tinha imaginado que estaria fervilhando de tropas no centro da cidade. Nós mesmas nos admiramos depois com isso, e ficamos pensando onde todos os vencedores poderiam ter ido parar. Respiramos fundo o ar limpo de nossa esquina, lembrando com arrepios do deserto de poeira de Schöneberg.

Só com dificuldade peguei no sono. Pensamentos sombrios. Um dia triste.

Sexta-feira, 11 de maio de 1945

Trabalho doméstico. Colocamos roupas de molho, descascamos nossas últimas batatas do estoque da cozinha. A senhorita Behn nos trouxe os novos cupons de racionamento. Eles são impressos em papel-jornal nos idiomas alemão e russo. Há um modelo para adultos e um para crianças com menos de catorze anos.

Tenho o cupom comigo e anoto a ração diária: duzentos gramas de pão, quatrocentos gramas de batatas, dez gramas de açúcar, dez gramas de sal, dois gramas de café de cevada, 25 gramas de carne. Nenhuma gordura. Se realmente nos derem esses alimentos, já será alguma coisa. Estou atônita com o fato de que em meio à confusão já se faça tanta ordem outra vez.

Quando vi uma fila embaixo no verdureiro, entrei nela e consegui beterrabas e batatas secas em nosso cupom. Na fila, exatamente o mesmo falatório que ouvi na bomba de água: agora todos se distanciam de Adolf e ninguém tomou parte. Todos são perseguidos e ninguém denunciou.

Eu própria fui a favor? Contra? Em todo o caso, eu estava no meio e respirei a atmosfera que nos envolvia e nos tingia, mesmo que não quiséssemos. Paris me mostrou isso, ou melhor, um jovem estudante que encontrei durante o terceiro ano da era Hitler no Jardin du Luxembourg. Por causa de um aguaceiro, nos refugiamos debaixo da copa de uma árvore. Conversamos em francês e logo cada um percebeu que o outro era estrangeiro. De que país? Com muita brincadeira e troça nos entregamos a adivinhações. A cor de meu cabelo o levou a apostar que eu fosse sueca, enquanto eu insisti que ele era um monegasco, pois acabara de aprender essa denominação para os cidadãos de Mônaco e a achara divertida.

A chuva acabou de modo tão repentino quanto começara. Nos pusemos a caminho e eu dei um passo mais curto para acertar minha passada com a dele. Ele ficou parado e exclamou:

— *Ah, une fille du Führer!*

Uma filha de Hitler, portanto, uma alemã, reconhecida no momento em que se esforçava em marchar no mesmo passo com o vizinho de fila.

Acabou-se a brincadeira e a troça. Pois então o jovem se apresentou: não um monegasco, mas holandês e judeu. O que ainda teríamos para conversar? Nos separamos na esquina seguinte. Na época, essa experiência teve um gosto amargo para mim, e a ruminei por longo tempo.

Ocorreu-me que faz muito tempo que não ouço mais nada do senhor e da senhora Golz, crentes no partido e vizinhos de corredor em meu antigo prédio, incendiado. Percorri a distância de poucos prédios, mas perguntei em vão por eles; após intermináveis batidas na porta, que abriram apenas um pouquinho, deixando a corrente presa, ouvi de vizinhos que o senhor e a senhora Golz tinham fugido sem ser notados — o que era bom, assim acrescentaram, pois outro dia os russos já tinham procurado o homem, que evidentemente fora denunciado.

No fim da tarde, bateram em nossa porta e me chamaram. Para meu assombro, uma figura quase esquecida de nosso passado no porão: Vitório, o crente na vitória, que ouviu em algum lugar que eu tinha contato com "altos russos". Queria saber de mim se era verdade que todos os antigos membros do partido deviam se apresentar voluntariamente ao trabalho pois do contrário seriam fuzilados. Circulam tantos boatos que nem se consegue acompanhá-los. Eu lhe disse que não sabia de nada e que também não acreditava que tivessem planejado algo assim — ele devia esperar. Mal se podia reconhecer o homem. O corpo emagrecido nadava nas calças, o homem todo fazia uma figura miserável e amarrotada. A viúva lhe passou um sermão sobre os resultados de ser um ingênuo maria-vai-com-as-outras, e que ele mesmo podia ver agora... Vitório — ainda não sei qual seu verdadeiro nome — engoliu tudo cheio de humildade e pediu um pedacinho de pão. E também recebeu. Por isso, após a sua saída, briga familiar. O senhor Pauli raivava e gritava, era incrível que a viúva ainda desse alguma coisa para esse homem — ele, unicamente, era o responsável por todos os apuros, as coisas nunca andariam ruins o suficiente para ele, que devia ser engaiolado, privado do cupom de racionamento. (Pauli sem dúvida sempre foi contra, pois ele tem um caráter de oposição — negativo, negador, um "espírito que sempre nega".[27] Não há, até onde vejo agora, nada sobre a Terra com que ele concorde sem restrições.) É, agora ninguém mais quer saber do Vitório. Ele não pode aparecer aqui no prédio, todos lhe cortam a palavra com brusquidão, ninguém quer tratar com ele. E quem está em idêntica situação se mantém à parte. O interior desse homem deve ter um aspecto caótico e confuso. Eu também o repeli com brusquidão, o que agora me incomoda. Como posso acompanhar todos os humores do povo? Sempre se repetem os "hosana/crucifica-o!".

Há uma meia hora, durante o crepúsculo, tiros repentinos. Um grito de mulher, distante, estridente:

— Socooorro!

Nem sequer olhamos pela janela. Para que, afinal? Mas algo assim é muito bom; nos faz recordar novamente, nos deixa vigilantes.

Sábado, 12 de maio de 1945

Pela manhã, toda a comunidade do prédio — que é chamada assim oficialmente outra vez — cavou em conjunto uma cova no jardim dos fundos, onde certa vez eu já tinha organizado um cemitério em minha imaginação — uma cova, porém, apenas para

[27] "Eu sou o espírito que sempre nega", autodefinição de Mefistófeles no *Fausto* de Goethe.

o lixo do prédio, que formava montanhas ao redor das latas de lixo. Animada dedicação ao trabalho, frases divertidas, todos se sentiram aliviados, se alegraram com a atividade útil. É tão estranho que ninguém mais precise ir "ao escritório", que todos, de certo modo, passem férias em casa, que os casais estejam juntos da manhã à noite.

Depois disso, limpei a sala de estar; esfreguei das tábuas escarros dos russos, graxa das botas e os últimos fragmentos de esterco de cavalo. Isso deu uma boa fome. Ainda temos ervilhas e farinha. A viúva unta com a banha da manteiga, banha que ela obteve do resto rançoso da manteiga trazida pelo senhor Pauli da Volkssturm.

A casa reluzia quando chegaram as nossas visitas de Schöneberg. Eles se puseram a caminho juntos, embora minha amiga Gisela até agora não conhecesse os amigos da viúva. Todos estavam lavados, bem penteados, vestindo roupas limpas. Eles tinham tomado o mesmo caminho que nós e viram o mesmo — raras pessoas, apenas russos isolados, ou então deserto e silêncio. Havia café ralo e fatias de pão com gordura para os três — uma mesa farta!

Levei Gisela comigo para a sala a fim de conversar, queria saber de que modo ela imaginava continuar a vida. Ela é pessimista. Ela vê seu mundo, o ocidental, impregnado de arte e de cultura, o único que possui valor para ela, indo agora a pique. Ela sente sua alma muito cansada para um recomeço. Não acredita que reste espaço para um homem diferenciado respirar, ou mesmo para o trabalho intelectual. Não, veronal e outras iguarias tóxicas do gênero não lhe apetecem. Ela quer resistir, ainda que sem ânimo e sem alegria. Ela diz que quer procurar "o divino" em si mesma, se reconciliar com as próprias profundezas, donde espera salvação. Ela está subalimentada, possui grandes sombras sob os olhos e vai ter de continuar passando fome com as duas mocinhas que hospedou — e para as quais, essa a minha sensação, ainda tira do que é seu. Seu pequeno estoque de leguminosas e de aveia em flocos já havia sido roubado do porão pelos alemães antes da entrada dos russos. *Homo homini lupus.* Na despedida, dei a ela dois charutos que afanei às escondidas da caixa do major, que o senhor Pauli já esvaziou até a metade. Afinal, fui eu que estendi a mão a esses presentes, não ele; minha parte me cabe. Gisela pode trocá-los por comida.

À tardinha, ainda fui buscar água. Nossa bomba é um móvel extraordinário. O tronco, quebrado; o braço, quebrado várias vezes, precariamente amarrado com vários metros de corda e arame. Três pessoas sempre precisam segurar a estrutura, enquanto duas bombeiam. O trabalho coletivo foi bem-treinado, não se fala uma palavra. Em meus dois baldes, flutuam em seguida lascas e limalhas que se soltaram da bomba. Tivemos de coar a água. Me espanta outra vez o fato de que "eles" construíram barricadas que não servem para nada, mas não pensaram sequer um pouquinho em instalar algumas bombas de água utilizáveis para o cerco. Eles próprios cercaram cidades, teriam portanto de sabê-lo. Mas é provável que todo dirigente que tivesse falado sobre construção de bombas de água teria sido despachado como derrotista e canalha.

Noite silenciosa. Pela primeira vez em três semanas abri um livro: Joseph Conrad, *A linha de sombra.* Mas consegui compreender somente com dificuldade; eu mesma estou por demais repleta de imagens.

Domingo, 13 de maio de 1945

Radiante dia de verão. Desde cedo, ruídos otimistas: batidas, esfregadas, marteladas. Ao mesmo tempo, paira sobre nós o medo de que tenhamos de esvaziar nosso prédio, nossos apartamentos, para os militares. Na bomba corre o boato de que alojarão tropas no bairro. Nada mais nos pertence nesse país, apenas a hora. E essa nós gozamos enquanto estávamos sentados, os três, à mesa do café-da-manhã abundantemente posta, o senhor Pauli ainda em seu roupão, mas já a meio caminho do restabelecimento.

Sobre Berlim repicam os sinos da vitória dos aliados. Em algum lugar, nesse momento, ocorre a célebre parada, que nada nos importa. Consta que hoje é um dia festivo para os russos, que as tropas recebem vodca em comemoração à vitória. Dizem junto à bomba que as mulheres, na medida do possível, não devem sair de casa. Não sabemos direito se devemos acreditar nisso. A viúva balança a cabeça, hesitante. O senhor Pauli já fricciona as costas outra vez, diz que precisa se deitar... Eu fico esperando.

Nesse meio-tempo, tratamos do tema álcool. O senhor Pauli ouviu certa vez que passaram instruções às tropas combatentes alemãs para que nunca destruíssem estoques de álcool, mas os deixassem para o inimigo, pois segundo a experiência, este é atrasado pelo álcool e prejudicado em sua posterior energia combativa. Esse é um palavrório tão masculino, algo maquinado por homens para homens. Eles deviam pensar por apenas dois minutos sobre os efeitos libidinosos do álcool e sobre a poderosa intensificação dos impulsos que provoca. Estou convencida de que sem a abundância de álcool que os rapazes encontraram por toda parte conosco, apenas a metade de todos esses estupros teria acontecido. Esses homens não são Casanovas. Primeiro eles precisam se estimular para feitos atrevidos, precisam afastar inibições. Disso eles sabem, ou pelo menos suspeitam; caso contrário, não procurariam bebidas com tanto ímpeto. Na próxima guerra, que será feita em meio às mulheres e às crianças (para cuja proteção, segundo se diz, os homens saíam no passado), qualquer gota que sobrasse de bebidas estimulantes deveria ser lançada na sarjeta antes da partida das próprias tropas, armazéns de vinho deveriam ser explodidos, adegas de cerveja mandadas pelos ares. Ou, por mim, seriam utilizadas para promover depressa uma noite alegre para o próprio pessoal. Apenas fora com o álcool enquanto há mulheres ao alcance do inimigo.

Adiante, é de tardinha. O tão temido domingo passou. Nada aconteceu. Foi o domingo mais pacífico desde 3 de setembro de 1939. Estou deitada no sofá; lá fora, sol e gorjeios. Eu mordisquei bolos, que a viúva assou para nós com uma quantidade imensa de lenha, e pensei sobre a vida. Eis o balanço:

Por um lado, as coisas vão bem comigo. Estou viva e saudável. Não fui prejudicada fisicamente. Tenho a sensação de que sou equipada para a vida da melhor maneira, como se tivesse nadadeiras para o pântano, como se minha fibra fosse especialmente flexível e resistente. Eu sirvo para o mundo, não sou delicada. Minha avó carregava esterco. Do outro lado, há apenas sinais negativos no balanço. Não sei mais o que fazer no mundo. Não sou imprescindível a ninguém, apenas fico parada por aí e espero, não vejo, no presente, meta nem tarefa diante de mim. Tive de pensar vivamente em um diálogo que travei certa vez com uma suíça inteligente, e em que, contra todos os planos de reforma do mundo, insisti em minha tese:

— A soma das lágrimas permanece constante.

Pouco importa sob que bandeiras e fórmulas os povos vivam; pouco importa que deuses sigam e qual o salário real que recebem: a soma das lágrimas, das dores e dos medos, com que cada um paga pela sua existência, permanece constante. Povos saciados chafurdam nas neuroses e no tédio. Povos excessivamente atormentados, como nós agora, recebem a ajuda do embotamento. Caso contrário, teria de chorar da manhã até à noite. Faço-o tão pouco quanto os outros. Há uma lei que aí domina. Todavia, quem acredita na imutabilidade da soma das lágrimas terrenas não serve para reformador do mundo, e de modo algum para ações enérgicas.

Algum dia, refazer a conta: estive em doze países da Europa, morei em Moscou, Paris, Londres, entre outras cidades, e, pessoa comum entre pessoas comuns, recebi de perto a minha parte de bolchevismo, parlamentarismo e fascismo. Diferenças? Sim, consideráveis até. Porém, segundo me parece, elas se encontram na forma e na cor, nas regras de jogo válidas a cada vez; não na maior ou menor felicidade da maioria, conforme ainda era o desejo de Cândido. O homem pequeno, embotado, submisso, que apenas conhece a existência na qual nasceu, não me pareceu mais infeliz em Moscou do que em Paris ou Berlim. Ele se adaptou psiquicamente às condições de vida que encontrou.

O que é decisivo para mim atualmente é o que há de mais pessoal, meu gosto. Não gostaria de viver em Moscou. O que mais me oprimiu lá foi a doutrinação ideológica incessante; depois, a impossibilidade dos nativos de viajar livremente pelo vasto mundo; e, por fim, a ausência de toda aura erótica. O regime de lá não me agrada. De Paris ou Londres, ao contrário, gostei. Contudo, lá sempre percebi do modo mais doloroso que eu estava sem equilíbrio, que permanecia estranha, apenas tolerada, estrangeira. Retornei voluntariamente para a Alemanha, embora amigos me aconselhassem a emigrar. Foi bom ter voltado. No estrangeiro, não poderia ter lançado raízes em parte alguma. Eu me sinto parte de meu povo, quero partilhar seu destino, mesmo agora.

Mas como? Não há mais caminho de volta à bandeira vermelha, que em minha juventude parecia tão luminosa. A soma das lágrimas também permaneceu constante em Moscou. Perdi meu piedoso berço infantil, Deus e o além se transformaram em símbolos e abstrações. Progresso? Sim, rumo a bombas maiores. A felicidade da maioria? Sim, para Petka e cúmplices. Idílio nos rincões? Sim, para os cardadores de franjas de tapeçaria. Posses, bem-estar? Que eu não ria, nômade metropolitana sem casa que sou. Amor? Este jaz pisoteado no chão. E caso se levantasse outra vez, eu sentiria medo constante, não encontraria mais refúgio nele, nunca mais ousaria esperar sua duração.

Talvez a arte, a escravidão a serviço da forma? Sim, para os competentes, entre os quais não me encontro. Sou apenas uma pequena serviçal, tenho de me resignar. Posso agir e ser boa amiga apenas em um círculo restrito. O resto é esperar pelo fim. Apesar disso, a obscura e estranha aventura da vida me atrai. Só a curiosidade já basta para que eu permaneça nela; e porque me alegra respirar e sentir meus membros sadios.

Segunda-feira, 14 de maio de 1945

Ontem à noite, um ronco de motor me arrancou do primeiro sono. Lá fora, gritos, buzinadas. Cheguei à janela, aos tropeções. Parado lá embaixo, um caminhão russo cheio de farinha. O mestre padeiro já possui carvão, portanto ele pode assar, pode abastecer os cupons e as senhas. Eu o ouvi jubilar e vi como abraçava o motorista russo. Este também estava radiante. Eles gostam de bancar o papai-noel.

Hoje fui acordada na madrugada cinzenta pela fila tagarela do pão. Ela fazia voltas pela metade do bairro, e agora, à tarde, ainda continua. Muitas mulheres trouxeram banquinhos consigo. Ouço, realmente, a Fama cochichar.

Buscamos água pela primeira vez de um hidrante de verdade, não muito longe. É algo maravilhoso. Uma bomba automática com três torneiras, das quais a água brota num jorro espesso. Num ai o balde está cheio. Precisamos esperar apenas alguns minutos até que chegue nossa vez. Isso muda nosso dia, torna nossa vida mais leve.

A caminho do hidrante, passei por muitos túmulos. Quase todos os jardins diante das casas possuem o aquartelamento silencioso. Ora há um capacete de aço alemão em cima, ora brilham, em vermelho gritante, as colunas de madeira russa com as estrelas brancas soviéticas. Eles devem ter trazido carregamentos inteiros desses marcos.

Nos meios-fios, erguem-se tábuas com inscrições em alemão e em russo. Uma delas diz com as palavras de Stalin que os Hitler etc. desaparecem, mas que a Alemanha fica. Tais sentenças são chamadas pelos russos de "Losungi",[28] um estrangeirismo alemão.

Coladas ao lado da nossa porta da rua, há agora "notícias para alemães". Nesse contexto, a palavra soa muito estranha aos meus ouvidos, quase um palavrão. Na folha, podemos ler o texto de nossa capitulação, assinado por Keitel, Stumpff, Friedenburg. Além disso, notícias sobre rendições em todos os fronts. Göring foi pego. Uma mulher diz ter ouvido pelo rádio que ele chorou feito criança quando foi preso, e que Hitler já o condenara à morte. Um colosso com pés de barro.

Um outro anúncio, muito cercado, muito disputado, diz que os russos colocam à disposição rações novas e maiores, que devem ser distribuídas para nós obedecendo a uma divisão em cinco grupos: para trabalhadores da indústria pesada, trabalhadores comuns, funcionários, crianças, população restante. Pão, batatas, cereais, substituto de café, café em grão, açúcar, sal e até gordura. No todo, nada mal, se estiver correto. Em parte, rações maiores do que nos últimos tempos de Adolf. A repercussão dessa novidade é forte. Ouço:

— Aí se vê outra vez que nossa propaganda só nos fez de idiotas.

Sim, é verdade, nos pintaram tantas vezes a morte pela fome, o completo aniquilamento físico através das potências inimigas, que cada pedaço de pão, cada alusão ao provimento futuro nos deixa muito admirados. Nisso Goebbels facilitou muito o trabalho dos vitoriosos. Cada crosta de pão das mãos deles nos parece um presente.

---

[28]Em alemão, *Losung* significa, entre outras coisas, "lema".

À tarde, fiquei na fila da carne. Nada mais instrutivo do que uma dessas horas na fila. Ouvi que já circulam trens outra vez rumo a Stettin, Küstrin e Frankfurt/Oder. Em compensação, o trânsito urbano parece que ainda se encontra completamente parado.

Uma mulher contou com satisfação como os russos, após breve passagem, pouparam seu prédio: no primeiro andar, encontraram uma família envenenada em suas camas, e no segundo, uma família enforcada nas cruzetas das janelas da cozinha. Isso fez com que fugissem cheios de medo e não retornassem. Em todo o caso, os objetos de intimidação ainda foram deixados por algum tempo em seus lugares... Recebi minha carne sem dificuldades. Carne bovina limpa, ela nos ajudará a continuar.

— As quatro e trinta da tarde a comunidade do prédio vai se reunir no porão — anunciaram de porta em porta.

A barricada do porão deve ser finalmente removida. Ótimo, pois então o acesso às batatas restantes da viúva ficará livre. Ficamos parados numa longa fila ao longo do corredor. Uma velinha, fixada numa cadeira, dava uma luz fraca. Tijolos, tábuas, cadeiras e pedaços de colchão passaram de mão em mão.

No porão, um deus-nos-acuda, ou seja, grande confusão. Cheiro de excrementos. Cada um juntou suas coisas. Bens sem dono deveriam ser deixados no pátio interior. (A viúva fez desaparecer suavemente em seu saco um conjunto de seda que não lhe pertencia. Mais tarde, porém, ela se lembrou outra vez dos dez mandamentos e devolveu a peça, cuja dona era indicada por um monograma bordado, ao endereço correto como "metida no saco por engano".) Os conceitos de propriedade estão completamente destroçados. Todos roubam a todos, pois todos são roubados e todos podem precisar de tudo. Desse modo, os objetos "sem dono" recolhidos eram, no fim, apenas tralha: saias puídas, chapéus, um sapato sem par. Enquanto a viúva ainda procurava obstinadamente pela pérola de gravata, cujo esconderijo esqueceu, arrastei as batatas para cima e as coloquei diante da cama do senhor Pauli. Assim que chegou, a viúva logo passou a anunciar outra vez, qual uma cassandra, a fome que se abaterá sobre nós depois de consumirmos essas últimas batatas. O senhor Pauli a acompanhou energicamente. Tenho a sensação de que começam a sentir que sou uma comensal inoportuna nessa casa, de que contam os bocados que levo à boca e invejam cada batata. Ao mesmo tempo, Pauli também come do meu açúcar do major. A despeito disso, quero tentar andar outra vez com minhas próprias pernas alimentares. Mas — como?

Não posso me zangar com os dois. É verdade que ainda não experimentei; mas poderia ser bom que em situação semelhante eu também partilhasse minha comida de má vontade. E não há um novo major no horizonte.

Terça-feira, 15 de maio de 1945

O costumeiro trabalho doméstico, que é de matar qualquer um de tédio. Em cima, no sótão, que pisei pela primeira vez desde a entrada dos russos, remexem dois telhadores. Eles recebem seus salários em forma de pão e cigarros. Nenhum russo encontrou o sótão. A fina camada de cal sobre as tábuas, que revela qualquer marca de pisadas, estava intocada quando deixei os telhadores entrar. Com água e provisões suficientes, eu possivelmente teria conseguido resistir lá em cima, Bela Adormecida inencontrável. Mas com certeza teria enlouquecido, tão sozinha.

Todas as pessoas devem se apresentar na Câmara Municipal. Hoje foi a vez de minha inicial. Um número incomum de pessoas estava na rua na hora do registro. No vestíbulo, um homem estava ocupado em remover o relevo de Adolf com martelo e cinzel. Vi como o nariz se lascou. O que é a pedra, o que são os monumentos? Um iconoclasmo sem igual atravessa a Alemanha por esses dias. Depois desse crepúsculo dos deuses, haverá algum dia uma ressurreição dos grandes do nazismo? Tão logo minha cabeça esteja mais livre, preciso sem falta me ocupar de Napoleão, que, em seu tempo, também foi banido e riscado, mas depois trazido outra vez à cena e elevado.

Em cima, no terceiro andar, as mulheres tiveram de formar fila. Um corredor escuro como breu, tumulto de mulheres que podiam ser ouvidas, mas não vistas. À minha frente, falam do corte dos aspargos, para o qual algumas mulheres já foram mandadas. Isso não seria nada mau. Atrás de mim, duas mulheres; pelo modo de falar, senhoras. Uma delas:

— Sabe, para mim era tudo indiferente. Eu sou muito apertada, meu marido sempre foi atencioso.

Parece que essa mulher, depois de vários estupros, tentou se matar com veneno. Mas:

— Eu nem sabia disso. Depois me explicaram que para isso o estômago precisa estar acidificado. Eu não consegui segurar a coisa dentro de mim.

— E agora? — pergunta a outra em voz baixa.

— Ora, a gente vai vivendo. Além disso, o que é bonito se foi. Fico feliz que meu marido não tenha chegado a passar por isso.

Tenho de pensar novamente sobre o que significa estar sozinha na miséria e com medo. Parece algo mais fácil para mim, visto que falta o tormento da compaixão. O que sente a mãe de uma mocinha arruinada? E toda pessoa que realmente ama e não pode ou não ousa ajudar? Os maridos casados há muitos anos são os que aparentemente ainda suportam melhor. Eles não fazem verificações. Mas um dia as mulheres lhes apresentam a conta. Terrível deve ser para os pais. Entendo muito bem que famílias inteiras se agarrem à morte.

Lá dentro, no registro, tudo andou num piscar de olhos. Cada um tinha de dizer quais as línguas estrangeiras que falava. Quando confessei o meu pouquinho de russo, meteram uma ficha em minha mão que me obriga à apresentação amanhã cedo ao serviço de intérpretes do governo militar russo.

Passei a noite preparando vocábulos russos, senti a miséria de minhas migalhas do idioma. Uma visita à hamburguesa, escada abaixo, fechou o dia. Stinchen, a estudante de dezoito anos, finalmente desceu do depósito no sótão. Os arranhões em sua testa, causados por fragmentos de escombros, sararam. Ela se apresentou como perfeita filhinha bem-educada de boa família, trouxe o bule com chá de verdade da cozinha e prestou atenção em nossa conversa. Parece que nossa jovem mocinha com aparência de rapaz também escapou sã e salva. Mencionei que tinha visto essa moça ontem à tarde na escadaria, bem no momento em que brigava com outra moça. Uma criaturinha morena cor de bronze vestindo pulôver branco, muito bonita, mas ordinária e descontrolada com seus palavrões. Segundo fico sabendo à mesa do chá, o que estava em jogo era ciúme: várias vezes, e depois com certa espontaneidade, a morena travou relações com um oficial russo, bebeu com ele e aceitou comida. Isso dá nos nervos da jovem namorada, que pertence à categoria dos amantes altruístas: sem parar, ao longo dos últimos anos, ela deu presentes e trouxe coisas para a morena. Tudo isso foi tratado com calma e de passagem durante o chá burguês. Nada de juízos, nada de valorações. Não cochichamos mais. Não hesitamos mais diante de certas palavras e coisas. Nós as pronunciamos, dando de ombros e como se estivéssemos em Sírio.

Quarta-feira, 16 de maio de 1945

Levantei às sete horas, horário de Moscou. Nas ruas vazias, o silêncio matinal. Os estabelecimentos ainda estão vazios e os novos cupons ainda não foram distribuídos. Junto ao portão gradeado do governo militar havia uma mocinha uniformizada; ela quis me negar a entrada, mas, com minha ficha, insisti.

Enfim estava dentro do escritório com o comandante, atualmente senhor de pelo menos cem mil almas. Um homenzinho magro, muito asseado, loiro-claro, cuja voz baixa chamava a atenção. Ele sabe apenas russo, mas tem a seu lado uma intérprete que fala alemão e russo como uma metralhadora, os dois idiomas sem sotaque. Uma mocinha de óculos e vestido quadriculado, não uma soldada. Com rapidez impressionante, ela traduz o que diz uma mulher de nariz afilado, dona de um café. Ela quer reabrir seu estabelecimento? Perfeito, ela deve fazê-lo. Do que ela precisa para tanto? Farinha, açúcar, gordura, salsichas. Hum, hum. Mas o que ela ainda tem? Café de cevada? Ótimo, então ela deve servi-lo e, se possível, também oferecer música, talvez instalar um toca-discos, pois o que importa é normalizar logo a vida outra vez. Ela e toda a sua rua deverão ter eletricidade novamente amanhã, promete o comandante. Chamado pela intérprete, sai um homem da sala lateral, provavelmente engenheiro elétrico e, com o auxílio de cianotipias, mostra ao comandante a situação do fornecimento de energia em seu distrito. Estiquei o pescoço; nosso bairro, porém, não constava.

Seguiram-se alguns solicitantes: um homem usando guarda-pó azul de mecânico perguntou se pode levar para casa e tratar um cavalo que se encontra lá no parque, ensangüentado e sem forças. Pois não — caso ele entenda de cavalos. Em segredo, fico admirada que esse cavalo ainda não tenha sido cortado em pedaços apropriados à panela. Ou o tempo dos abates precipitados já passou? É espantoso como de repente todo mundo está empenhado em pedir permissão para seus atos, em ter as costas quentes. Nesses dias, a palavra "comandante" é uma palavra-chave.

Um empresário acompanhado de duas estenodatilógrafas anuncia o seu pequeno negócio, uma oficina para chaminés de fogão, atualmente parada devido à falta de material.

— "Budit" — diz o comandante.

"Budit", a fórmula mágica russa, traduzida consoladoramente pela intérprete como "logo haverá de novo". Sim, "budit" eu também posso traduzir, assim como a segunda fórmula mágica, "savtra", que significa "amanhã".

Seguem-se dois senhores, ao que parece são diretores de uma fábrica de chocolate. Eles trouxeram junto o seu próprio intérprete, mais ou menos do meu nível, possivelmente alguém que passou algum tempo na Rússia cumprindo funções de operário ou soldado. Na verdade, ainda não tem nada a ver com chocolate; em compensação, os homens querem buscar farinha de centeio em um depósito suburbano para fabricar massas. Que façam isso! O comandante lhes promete um caminhão para "savtra".

Atmosfera objetiva, nenhum carimbo, pouco papel. O comandante trabalha com pequenas folhas de rascunho. Eu era toda olhos e ouvidos, vi a autoridade funcionando, o que achei interessante e satisfatório.

Finalmente chegou a minha vez. Eu comecei com atrevimento; confessei o que o comandante, de qualquer modo, ouviu: que meus conhecimentos de línguas não estão à altura de exigências tradutórias tão complexas. Amistoso, ele se informou sobre a origem de meu russo, sobre o tipo de trabalho que aprendi. Disse então que em breve pessoas que saibam lidar com câmeras e lápis de desenho serão sem dúvida requisitadas outra vez — eu devo esperar. Fico contente com isso.

Enquanto isso, entraram dois russos, ambos com as botas brilhando, ricamente enfeitados, uniformes recém-passados. Estar lavado e penteado é para eles uma parcela de "Kultura", um sinal de humanidade superior. Lembro-me ainda dos cartazes que daquela vez encontrei em todos os vagões de bonde e escritórios de Moscou com o slogan: "Lave diariamente o rosto e as mãos, e os cabelos ao menos uma vez por mês." Além disso, figuras pequenas e engraçadas espirrando e se lavando em tigelas. Lustrar as botas também faz parte dessa *Kultura* e dessa religião da limpeza. Por isso, não me causa admiração como aparecem brilhando sempre que podem.

Os dois homens conversam em voz baixa com o comandante. Por fim, ele se vira para mim e pergunta se eu poderia acompanhar o primeiro-tenente Fulano de Tal (Tch-tch-tch...; na verdade, dessa vez foi compreensível, mas logo esqueci) como intérprete em algumas caminhadas — ele está encarregado de inspecionar os bancos do distrito. Por mim está bem. Fico contente com qualquer atividade que não consista em buscar água e procurar lenha.

Ao lado do oficial moreno de boa aparência, troto pelas ruas de Berlim. Devagar e com a pronúncia mais clara, do modo que se fala com estrangeiros que não dominam a língua, ele me explica que primeiro procuraremos o burgomestre alemão e pediremos a ele uma lista das filiais dos bancos.

"Burguemestr", assim se chama agora esse burgomestre em russo. Na Câmara Municipal, bulício de pessoas, correria através dos corredores escuros. Homens correm apressados de uma sala a outra; portas batem constantemente. Em algum lugar, bate uma máquina de escrever. Em algumas colunas que tomam um pouco de luz, há várias folhas coladas com o mesmo texto escrito à mão: segundo ele, uma mulher que no dia 27 de abril perdeu a razão e fugiu é procurada pelos seus parentes. "A mulher em questão tem 43 anos, possui dentes cariados, cabelo pintado de preto e calça chinelos."

Na sala do burgomestre, um enxame de homens em volta da escrivaninha. Eles falam, gesticulam com energia, um intérprete tagarela no meio deles. Em poucos minutos, o primeiro-tenente obtém a desejada relação das filiais dos bancos. Uma moça bate os endereços à máquina. O peitoril da janela é enfeitado por um ramo de lilases.

Saímos. O primeiro-tenente é reservado e muito gentil. Ele pergunta se não está caminhando muito rápido, se estou familiarizada com assuntos bancários, se realmente não é incômodo acompanhá-lo...

No Dresdner Bank já encontramos ordem: mesas limpas, lápis arrumados sobre elas formando retângulos. Os borradores estão abertos, todos os cofres intactos. O acesso a esse banco é feito através de uma entrada para automóveis, e provavelmente passou despercebido.

Foi diferente no Commerzbank; um chiqueiro sem igual, abandonado e vazio. Todos os cofres arrombados, as caixas-fortes destruídas, os malotes cortados e pisoteados. Excrementos por toda parte, fedor. Fugimos.

No Deutschen Bank, as coisas parecem mais ou menos limpas. Dois homens varrem e arrumam. Os cofres estão vazios, mas inteiros; foram abertos com as respectivas chaves do banco. Um dos homens me diz que "eles" conseguiram o endereço do diretor do banco e voaram até lá de caminhão para buscá-lo, mas encontraram o homem, sua mulher e sua filha envenenados. Sem perda de tempo, eles seguiram até o endereço do vice-diretor e lhe exigiram a abertura dos cofres. Esse banco já trabalha. Uma placa anuncia que os guichês estão abertos das treze às quinze horas para o recebimento de depósitos. Ora, só gostaria de ver quem faz depósitos agora. O antiquado método da meia ou o do colchão me parecem decididamente mais seguros.

Não entendo bem como os russos puderam entrar desse modo

planejado nos bancos. Pois esses arrombamentos de cofres não podem ter sido algo oficial e resultado de ordens; depõem contra isso os cofres rudemente pilhados do banco inspecionado há pouco e as fezes que entregam o cheiro dos ladrões. Talvez eles tenham aprendido em seus cursos de doutrinamento que neste país os bancos são as fortalezas dos capitalistas malvados, que com a sua pilhagem eles promovem, por assim dizer, a expropriação dos expropriadores, conforme diz e festeja o seu dogma como sendo uma ação louvável. Algo não está certo aí. Parece que tudo é antes uma pilhagem enfurecida em que particulares enchem espertamente as burras. Gostaria de questionar o primeiro-tenente acerca dessas coisas. Não me atrevo.

Na Städtischen Sparkasse, grande limpeza e lavagem. Duas mulheres de meia-idade esfregam o chão. Não há nenhum cofre aqui. As caixas, até onde se pode ver, estão inteiramente vazias. O primeiro-tenente promete vigilância para amanhã. Mas o que precisa ser vigiado aqui?

Por algum tempo, procuramos em vão a filial do Kredit- und Bodenbank. Finalmente a encontramos em um pátio traseiro, atrás de grades baixadas, intocado em pacífico sono de Bela Adormecida. Perguntei nas casas da vizinhança, e enfim pude levar o endereço do diretor ao primeiro-tenente. Nenhum russo viu o banco. A placa de vidro que, junto à rua, outrora anunciava essa filial, consiste apenas de alguns estilhaços, pendurados em parafusos.

Resta ainda uma segunda filial do Deutschen Bank, situada nos limites do distrito. Nos colocamos a caminho. O sol queima. Eu estou fraca, me arrasto cansada. Atencioso, o primeiro-tenente modera seus passos. Ele pergunta coisas pessoais, sobre minha formação escolar, meus conhecimentos de línguas. E de repente ele diz em francês, em voz baixa e sem me encarar:

— *Dites-moi, est-ce qu'on vous a fait du mal?*

Perplexa, eu gaguejo:

— *Mais non, pas du tout.*

Então me corrijo:

— *Oui, monsieur, enfin, vous comprenez.*

De súbito, há outra atmosfera entre nós. Como é que ele fala um francês tão puro? Sei a resposta, sem que ele precise me dizer: ele é um "Bivche", um antigo, um membro do estrato outrora dominante na velha Rússia. Então ele também fala de sua origem: moscovita, seu pai era médico e seu avô foi um conhecido cirurgião e professor universitário. O pai estudou no exterior, em Paris e Berlim. Eram prósperos, tinham uma governanta francesa em casa. O primeiro-tenente, nascido em 1907, ainda recebeu algo desse "antigo" estilo de vida.

Depois da primeira troca de palavras em francês, retorna o silêncio entre nós. O primeiro-tenente se tornou sensivelmente inseguro em relação a mim. De repente, ele diz para o nada:

— *Oui, je comprends. Mais je vous prie, Mademoiselle, n'y pensez plus. Il faut oublier. Tout.*

Ele busca as palavras corretas, fala de modo enérgico e sério. Eu replico:

— *C'est la guerre. N'en parlons plus.*

E não tocamos mais no assunto.

Entramos em silêncio na sala aberta, inteiramente destruída e saqueada da filial do banco. Tropeçamos em gavetas e fichários, passamos a vau por torrentes de papel, desviamos com cuidado dos montes de excremento. Por toda parte, moscas, moscas, moscas... Nunca ouvi e vi em Berlim tais massas de moscas. Nunca imaginei que pudessem fazer tanto barulho.

Descemos por uma escada de ferro ao cofre-forte. Embaixo, inúmeros colchões atirados em volta. Em meio a eles, as eternas garrafas e panos para envolver os pés, além de pastas e malotes retalhados. Pairando sobre tudo, uma densa fedentina e um silêncio mortal. Subimos outra vez à luz. O primeiro-tenente toma nota.

Lá fora, o sol ardente. O primeiro-tenente quer descansar, tomar um copo de água. Descemos um trecho da rua, que está solitária, deserta e silenciosa, toda nossa. Nos sentamos debaixo de lilases sobre um pedaço de muro de jardim.

— *Ah, c'est bien* — diz o russo.

Ele prefere, contudo, falar russo comigo. Seu francês, tão puro e bom quanto à pronúncia, carece evidentemente de exercício e está um tanto esgotado depois das primeiras frases e perguntas. Ele acha meu russo bastante corajoso, contudo sorri do meu sotaque, que ele — "*Excusez, s'il vous plaît*" — acha judeu. Compreensível, pois a língua materna dos judeus é o iídiche, um dialeto alemão, portanto.

Olho para o rosto moreno do primeiro-tenente e considero a possibilidade de que ele seja judeu. Pergunto-lhe a respeito? Mas logo rejeito a idéia como destituída de tato. Posteriormente, me ocorre que entre todas as calúnias e censuras da parte dos russos, nunca me lançaram em rosto as perseguições aos judeus; e que o caucasiano, daquela vez, logo na primeira frase que me dirigiu, se acautelou energicamente de ser tomado por judeu. Nos questionários que todos tinham de preencher na Rússia quando lá estive, a palavra judeu era incluída na coluna etnográfica, tal como "tártaro", "calmuco" ou "armênio". E me lembro da funcionária de escritório que recusou aos gritos o registro de "judia" — sua mãe teria sido uma russa. Apesar disso, nas repartições em que os estrangeiros precisam se apresentar, pode-se encontrar grande número de cidadãos judeus com os típicos nomes alemães de significativo toque florido, como Goldstein, Perlmann, Rosenzweig. Na maioria, pessoas versadas em línguas, resignadas ao dogma soviético, sem Jeová, Arca da Aliança e sabá.

Estamos sentados à sombra. Às nossas costas, outra vez uma das colunas vermelhas de madeira. Debaixo dela jaz um dorminhoco silencioso, o segundo-sargento Markoff. Assim que se abre uma minúscula fresta na porta do porão e uma senhora velhíssima espreita para fora, peço um copo de água para o russo. Amigavelmente, nos é estendido um copo embaciado de água fria. O primeiro-tenente se levanta e agradece com uma reverência.

Tenho de pensar no major e no seu comportamento de Knigge. Sempre os extremos. "Venha mulher!" e excrementos no quarto; ou delicadeza e reverências. O primeiro-tenente, em todo o caso, não poderia ser mais cortês, não poderia me tratar de modo mais adamado. Parece que aos seus olhos sou verdadeiramente uma dama. Em geral, tenho a sensação de que nós, mulheres alemãs, na medida em que nos apresentamos razoavelmente limpas, bem-educadas e dotadas de conhecimentos escolares, somos criaturas altamente respeitáveis aos olhos dos russos, somos representantes de uma *Kultura* superior. Mesmo o lenhador Petka deve ter sentido algo assim. Talvez a moldura em que nos encontram também contribua para isso: os restos polidos de mobília, os pianos, quadros e tapetes, toda a fedentina burguesa que lhes parece tão grandiosa. Lembro-me da admiração de Anatol com a abastança dos nossos camponeses que encontrou nos povoados às margens dos caminhos da guerra:

— Eles tinham todas as gavetas cheias de coisas!

Sim, a profusão de coisas! Isso é algo novo para eles. Eles possuem apenas poucas coisas. Elas podem ser guardadas numa única peça. E muitas famílias, em vez do guarda-roupa, possuem apenas alguns ganchos na parede. Mas assim que eles têm algumas coisas, logo conseguem estragá-las. A eterna remendagem e os eternos trabalhos manuais das mães de família alemãs não agradam nem um pouco às russas. Na família de um engenheiro, eu mesma vi a mulher varrer a sujeira do quarto para debaixo do armário, onde certamente já havia mais. E atrás da porta do quarto havia uma toalha pendurada na qual as três crianças da família se assoavam — a menor embaixo, as maiores em cima. Costumes rústicos.

Ficamos sentados um bom tempo sobre o murinho, tagarelamos e descansamos. Então o primeiro-tenente quer saber onde moro, de que modo vivo. Ele gostaria de me conhecer melhor, ao mesmo tempo que logo se resguarda contra toda falsa suspeita:

— *Pas ça, vous comprenez?* — diz ele, e me olha com olhos nebulosos.

Ah, sim, eu entendo.

Combinamos um encontro para a tardinha. Ele vai me chamar da rua. Na hora marcada, ficarei à escuta na janela. Ele se chama Nikolai. Sua mãe o chama de Kólia. Não pergunto sobre sua mulher. Certamente ele tem mulher e filhos. Que me importa isso?

— *Au revoir* — diz ele à despedida.

Vou para casa e entrego tudo quentinho à viúva. Ela fica encantada.

— Trate de segurar esse. Finalmente um homem educado de boa família com quem a gente pode conversar. (Pauli e a viúva também sabem um pouco de francês.)

Além disso, a viúva já imagina produtos chegando outra vez, está convencida de que Nikolai tem acesso a mantimentos, de que fará algo por mim — e assim, para nós três. Não sei bem. Por um lado, não posso contestar que ele é simpático. É o mais ocidental dentre todos os russos que encontrei até agora no papel de vencedor. Por outro lado, não tenho qualquer vontade de ter outro homem; ainda me embriago com a solidão entre lençóis limpos. Além disso, finalmente quero sair do primeiro andar e me afastar da viúva; sobretudo do senhor Pauli, que me inveja por cada batata. Gostaria de voltar ao sótão, limpá-lo, torná-lo habitável. Por que devo arranjar na cama a comida para o preguiçoso senhor Pauli? ("Arranjar na cama", outra expressão inventada por nós. Com o tempo, desenvolvemos um jargão estranho, falamos de "açúcar do major" e "sapatos do estupro", de "vinho da pilhagem" e "carvão afanado".)

Adiante, no final da tarde. Por volta das vinte horas, fiquei espreitando à janela, conforme o combinado, mas não apareceu nenhum Nikolai. O senhor Pauli fez troça de minha conquista infiel. A viúva, ainda esperançosa, ficou de olho no despertador. Quando já anoitecia, eis o chamado lá fora:

— *C'est moi!*

Eu abri, completamente agitada, e o conduzi ao nosso apartamento. Ele veio, contudo, só para ficar uns quinze minutos, e apenas para dizer que não poderia vir, não poderia ficar. Ele cumprimentou a viúva e o senhor Pauli num francês solene e logo se despediu com seu "*au revoir*". No corredor, enquanto me apertava a mão, ele me disse em russo:

— Até domingo à noite, às oito.

E, outra vez em francês:

— *Vous permettez?*

Ora, o que ainda temos para permitir? Mas talvez agora sopre realmente um outro vento. De resto, Nikolai não fala de inflação ou moeda nova, assuntos sobre os quais lhe perguntei hoje pela manhã. Ele afirma que nosso dinheiro permanecerá em circulação provisoriamente, mas que o sistema bancário será bastante simplificado. Eu:

— Entendi, decerto socializado?

E ele:

— Não, nada disso, as circunstâncias são muito diferentes — e mudou de assunto.

Quinta-feira, 17 de maio de 1945

Levantei cedo, busquei água no hidrante novo. Numa vitrine há um jornal pendurado, o título é *Tägliche Rundschau*, "Panorama cotidiano", uma publicação do Exército Vermelho para a "população berlinense". Agora não somos mais um povo, somos apenas uma população, decerto ainda existimos, mas não representamos mais nada. Em outras línguas, também há essa distinção valorativa: *peuple* e *population*, *people* — *population*. Uma sensação amarga quando li acerca dos festejos da vitória em Moscou, Belgrado e Varsóvia. Consta que o conde Schwerin-Krosigk discursou aos alemães e os admoestou dizendo que deviam encarar os fatos. Nós, mulheres, já fazemos isso há tempo. Mas o que acontecerá se agora os agraciados com a cruz de cavaleiro, os generais e os chefes de distrito tiverem de fazer o mesmo? Eu gostaria de saber qual é a taxa de suicídios na Alemanha nestes dias.

Agora o senhor Pauli manifesta otimismo. Ele fala de um rápido crescimento econômico, da inserção da Alemanha no comércio internacional, de verdadeira democracia e de um tratamento em Bad Oeynhausen, a primeira coisa que pretende conceder a si mesmo. Quando, munida com a sabedoria de Nikolai, deitei água em seu vinho, ele ficou realmente enfurecido e proibiu minha intromissão em assuntos dos quais, segundo ele, não faço idéia. Notei que sua raiva a propósito desse motivo tolo teve sua origem no fato de que ele simplesmente está farto de mim. Antes, a viúva dava atenção apenas a ele, cercava-o de cuidados desde a manhã até a noite. Eu atrapalho.

Depois do almoço — houve sopa de ervilhas e eu antecipei outras refeições —, o senhor Pauli se acalmou. A viúva até me obrigou a me servir outra vez. Noto que a minha cotação na bolsa dessa casa volta a subir. A alta foi causada por Nikolai. Devo me incomodar com isso, devo aplicar o critério moral aos meus companheiros de residência? Não faço isso. *Homo homini lupus* — uma verdade, sempre e em toda parte. Mesmo entre parentes próximos não deve ser diferente nestes tempos. Quando muito, posso imaginar mães que passam fome para saciar seus filhos — provavelmente porque sentem que os filhos são sua própria carne. Mas quantas mulheres não foram condenadas nos últimos anos porque venderam os cupons de leite de seus filhos ou os trocaram por cigarros. O que há de lupino no homem faminto prevalece. Aguardo pelo instante em que, pela primeira vez na vida, vou arrancar um pedaço de pão das mãos de alguém mais fraco. Às vezes acredito que esse instante nunca chegará. Consigo imaginar que, pouco a pouco, eu ficaria tão fraca, abatida, apagada, que não teria mais a energia para o roubo e a pilhagem. Meditações estranhas com a barriga cheia e a perspectiva de um novo provedor russo!

Na escadaria, uma novidade: desentocaram em nosso prédio um animal do antigo partido, um diretor administrativo do Reich, ou algo assim (conheço mal os postos nazistas). Eu o via com freqüência no porão, ainda me lembro da loira que ninguém conhecia direito e que estava sempre sentada de mãos dadas com o seu sublocatário igualmente desconhecido — duas rolas. O pombo, portanto, era a caça grande. Ao mesmo tempo, ele tinha uma aparência insignificante, andava com roupas surradas, falava pouco e timidamente. É o que se chama de boa camuflagem.

Eu só gostaria de saber como foi que descobriram. A namorada não o denunciou. Segundo conta a livreira, agora ela fica sentada, chorando queixosamente no apartamento do terceiro andar, no qual, exceto por dois ivãs na primeira noite, não precisou suportar mais nada. Ela mal ousa sair, tem medo de que a busquem da mesma maneira. O homem foi levado embora num veículo militar.

Entre nós, sentimentos discordantes ao falarmos do assunto. Não se pode negar a satisfação com o mal alheio. Os nazistas exageraram a própria importância, importunaram demais o povo com pequenas chicanas, especialmente nos últimos anos — e agora têm de pagar pela derrota geral. Apesar disso, não gostaria de estar entre aqueles que deduram esses antigos gritalhões. Talvez fosse diferente se tivessem me espancado ou assassinado pessoas próximas a mim. Na maior parte dos casos, não é a grande e ardente vingança que vai se descarregar, mas a infâmia minúscula: aquele lá me desdenhou, sua mulher latiu o seu mordaz "Heil Hitler" para a minha mulher, além disso, ele ganhava mais, fumava charutos mais grossos que os meus — portanto vou humilhá-lo, vou calar a boca dele e a de seus pais...

De resto, soube na escadaria que no próximo domingo é Pentecostes.

Sexta-feira, 18 de maio de 1945

Levantei cedo, busquei água, procurei lenha. Aos poucos, adquiro os verdadeiros olhos de madeira,[29] não me escapa nenhum cavaco. Descubro sempre lugares novos, ainda não vasculhados, em porões, ruínas, barracos abandonados. Ao meio-dia, a senhorita Behn nos trouxe os cupons novos. A viúva, Pauli e eu pertencemos por enquanto à quinta e mais baixa categoria de "população restante". Com meu cupom, anoto as quantidades para um dia: trezentos gramas de pão, quatrocentos gramas de batata, vinte gramas de carne, sete gramas de gordura, trinta gramas de cereais, o que inclui sêmola, cevadinha, flocos de aveia etc., quinze gramas de açúcar. Além disso, cem gramas de substituto de café, quatrocentos gramas de sal, vinte gramas de chá de verdade e 25 gramas de grãos de café mensalmente. A título de comparação, alguns números do cupom para trabalhadores da indústria pesada do grupo I, no qual também se incluem "artistas ilustres", técnicos, gerentes, sacerdotes, diretores de escola, médicos epidemiologistas e enfermeiras: seiscentos gramas de pão por dia, cem gramas de carne, trinta gra-

[29]Brincadeira da autora com a expressão *Holzauge, sei wachsam!* ("Olho de madeira, fique atento!"). No linguajar dos soldados, "olho de madeira" é a olhadela através de um buraco de nó numa cerca de tábuas.

mas de gordura, sessenta gramas de cereais e, mensalmente, cem gramas de café em grão. Em posição intermediária, os cupons II para trabalhadores e III para funcionários, com quinhentos e quatrocentos gramas de pão por dia. Apenas as batatas são divididas democraticamente entre todos os estômagos. Para trabalhadores intelectuais de segunda categoria está previsto o cupom II; talvez eu possa entrar aí.

Entre o povo a tranqüilidade é perceptível. Todos sentados e estudando seus cupons. Há comando outra vez, há alguém que provê para nós lá em cima. Admiro-me de que devamos ganhar tanto e duvido da possibilidade de distribuições pontuais. A viúva se alegra com o café em grão, promete dar vivas a Stalin com a primeira xícara.

À tarde, dou um passeio com a hamburguesa e sua filha Stinchen até a Câmara Municipal. Foi um pedido da hamburguesa em favor de Stinchen. Parece que ela foi chefe de um grupo de moças, ou algo assim, da juventude hitlerista, e por isso teme represálias, às quais devo fazer frente, caso seja necessário, com palavreado russo. A viúva se juntou a nós.

A caminho da Câmara Municipal, novamente agitação e bulício. Até mesmo um número significativo de homens; no entanto ao ar livre ainda é perceptível o excedente de mulheres. Vi inclusive uma mulher usando chapéu — a primeira depois de muito tempo.

Diante de uma filial de banco que vistoriei recentemente com o primeiro-tenente havia sentinelas postadas: dois russos com fuzis erguidos. O efeito sobre eventuais clientes é decididamente intimidador.

A Câmara Municipal era outra vez uma colméia. Ficamos paradas no corredor escuro como breu e esperamos. Em torno de nós, circulava o falatório. Tema: desgraça.

Sim, isso interessa a todas nós na medida em que eles conseguiram nos agarrar.

— Dizem que uma em cada duas mulheres foi desgraçada — afirma uma voz.

Uma outra replica, estridente:

— Que importa. Isso cada uma pode tirar.

— Dizem que Stalin até deu ordens para que aquelas com filhos de russos recebam o cupom I — diz uma terceira.

Risada geral:

— A senhora gostaria...?

— Não, prefiro ter pegado alguma coisa.

A viúva me tocou no escuro, queria encontrar o meu olhar. Eu não quis. Não gosto de pensar nisso. Por volta dessa hora, na próxima semana, saberei melhor.

— A senhora já esteve no hospital? — foi a pergunta que passou a circular na fila das mulheres.

— Não, como assim?

— Lá instalaram agora um posto de exames para mulheres estupradas. Todas devem passar lá. Por causa das doenças venéreas.

A viúva me tocou outra vez. Ainda não sei, me sinto limpa, gostaria de esperar.

É claro que tudo se passou sem dificuldades com Stinchen, nenhuma pessoa a interrogou sobre o seu passado glorioso. Seria uma piada se menores tivessem de ser condenados por coisas de que participaram com o assentimento de todos os pais, professores e dirigentes. Se nossos antepassados, segundo sei de algumas fontes, queimaram bruxas infantis, foi sempre porque tomaram essas crianças-bruxas por sedes e porta-vozes de demônios muito adultos. É difícil encontrar o ponto em que começa a imputabilidade no sentido ocidental.

No caminho de volta, uma mulher do prédio vizinho nos acompanhou. Ela nos contou sobre uma vizinha de corredor que, depois de ter bebido e dormido várias vezes com o mesmo russo, foi morta a tiros de pistola junto ao fogão, pelas costas, por seu próprio marido — depois disso, o assassino, um funcionário mandado de volta para casa pela Wehrmacht em razão de problemas cardíacos, meteu uma bala na própria boca. Restou a única criança do casal, uma garotinha de sete anos.

— Eu já a mantive com o meu filho todos esses dias — explicou a mulher. — Eu gostaria muito de ficar com ela. Para meu marido está bem assim, caso ele retorne. Ele sempre desejou ter uma menina.

Os pais foram enrolados em cobertores e enterrados depressa no pátio do prédio. A pistola também.

— Foi bom que não houvesse nenhum russo na casa — disse a mulher.

A posse de armas proibidas certamente teria sido um estopim.

Ficamos por um momento diante dos túmulos no gramado circular. A hamburguesa diz que tudo teve de acontecer como aconteceu — se Hitler tivesse sido despachado já em 20 de julho de 1944, então certamente haveria permanecido um resto de seu nimbo. Muitos teriam continuado a acreditar no falecido. Será que agora ele está realmente morto? Ou fugiu de avião? Ou escapou de submarino? Circulam boatos de toda espécie, mas ninguém lhes dá grande atenção.

À noite, a perebenta veio nos visitar e nos trouxe uma história triste: hoje ela marchou até a Lützowplatz para procurar seu chefe, um advogado para quem ela já escreve os libelos há anos. Este advogado, visto que se casara com uma judia e não quisera se separar, teve de suportar muita coisa sob o Terceiro Reich, especialmente nos últimos anos, em que mal conseguia seu pão. Há meses o casal já se alegrava com a libertação de Berlim, passava as noites sentado junto ao rádio escutando as emissoras estrangeiras. Quando os primeiros russos entraram no porão em busca de mulheres, houve luta e tiros. Uma bala ricocheteou na parede e atingiu o advogado no quadril. Sua mulher se lançou aos russos implorando por ajuda em alemão. Eles a arrastaram até o corredor, três sujeitos em cima dela, enquanto ela chorava e gritava sem parar:

— Eu sou judia, mas eu sou judia.

Enquanto isso, o marido sangrava. Ele foi enterrado no jardim da frente. Depois disso, a mulher se foi, ninguém sabe para onde. Tenho calafrios ao escrever isso. Algo assim não pode ser imaginado, não pode ser inventado, é a crueldade extrema da vida, o acaso cego de cólera. A perebenta chorou, suas lágrimas ficaram presas nas crostas. Ela disse:

— Se pelo menos já tivesse passado esse pobre restinho de vida.

Sábado, 19 de maio de 1945

Vivemos sem jornal e sem hora certa, nos voltamos para o sol como as flores. Depois de buscar água e recolher lenha fui às compras. As primeiras coisas que consegui com os novos cupons foram sêmola, carne suína e açúcar. A sêmola está cheia de cascas, o açúcar formou torrões, pois o molharam, e a carne está dura de sal. Apesar disso, é comida. Estamos contentes com ela.

— Estou curiosa sobre a vinda de Nikolai — disse a viúva quando depus as sacolinhas e pacotinhos sobre a mesa.

À tarde, celebramos a faxina. A abertura foi dada por um grito da viúva:

— Olha só isso!

Realmente, a torneira pingava, autênticos e grossos pingos de água saindo de nosso encanamento seco há tanto tempo. Abrimos o quanto foi possível; disparou um jato forte, primeiro marrom, mas logo limpo e claro. Acabou a falta de água, o interminável arrastar de baldes! Pelo menos para nós, no primeiro andar, pois ouvimos mais tarde que a benção da água não passa do terceiro andar. Mas aqueles que moram acima buscam água no nosso pátio — ou no apartamento de conhecidos, um andar abaixo. Acrescente-se a isso que a célebre comunidade do povo, do prédio e do abrigo antiaéreo se desintegra lentamente. Segundo os bons modos de uma grande cidade, cada um se fecha outra vez dentro de suas quatro paredes e escolhe sua companhia com cautela.

Colocamos a casa de pernas para o ar e fizemos uma formidável faxina. Não pude me cansar de ver a água; mexia sem parar na torneira. O jorro enfraqueceu ao anoitecer, mas então já tínhamos enchido a banheira até a borda.

É estranha a sensação de receber outra vez, um após o outro, os "milagres da técnica", as conquistas da modernidade. Agora já me alegro com a corrente elétrica.

No meio-tempo, quando todas as nossas coisas boiavam, apareceu a loira cujo amante, um graúdo do partido, foi levado ontem pelos russos. Tive de ouvir uma história de revista acerca de amor e fidelidade:

— Algo assim como o nosso amor, ele me disse, ele nunca experimentou. Deve ser o grande amor, disse ele.

Talvez o grande amor fale de fato assim. A mim, em todo o caso, essas frases soaram pavorosas, como o cinema mais barato e os romances mais ordinários. Ela ficou se lamentando em volta, enquanto eu esfregava o corredor:

— Onde ele estará agora? O que farão com ele?

Eu também não sei. Aliás, ela não se demorou muito nisso, depressa passou a falar de si:

— Será que logo me buscarão também? Não será melhor eu me mandar daqui? Mas para onde? Absurdo! Não anunciaram em lugar algum que os membros do partido teriam de se apresentar.

E eu perguntei:

— Quem foi afinal que deu com a língua nos dentes?

Ela encolhe os ombros:

— Suponho que tenha sido sua mulher. Ela foi evacuada com as crianças para Schwiebus, certamente voltou a Berlim depois disso, para a casa que eles têm em Treptow. Lá ela certamente ouviu de algum vizinho que ele saiu freqüentemente comigo para buscar coisas.

— A senhora conhecia a mulher?

— Um pouquinho. Afinal, fui secretária dela.

Portanto, a costumeira "cama de reserva", conforme o humor berlinense chama o refúgio noturno dos maridos que por ordem superior — e, com freqüência, sem nenhum desagrado — tiveram de evacuar mulher e filhos. Das assim chamadas "mu-fis", as "mulheres com filhos", evacuadas e sem marido, também se contam todo tipo de historietas sobre puladas de cerca e comportamentos levianos. Com suas fraquezas morais, não se transplanta o homem mediano impunemente. O ambiente costumeiro da parentela, da vizinhança, dos móveis polidos e das horas preenchidas com atividades são um forte espartilho moral. Parece-me bem provável que a mulher enfurecida tenha entregado seu marido — talvez porque ela supusesse que a companheira da cama de reserva também seria punida.

— Ah, ele era tão encantador — assegurou-me ela quando enfim a arrastei até a porta.

E ela secou uma lágrima.

(Anotado à margem em julho de 45: foi a primeira mulher no prédio a ter um americano: cozinheiro, barriga, nuca gorda, traz pacotes.)

Domingo de Pentecostes, 20 de maio de 1945

Dia radiante. Desde manhã cedo, nossa rua ecoava dos passos de incontáveis pessoas a marchar rumo às casas de amigos e parentes em outros bairros da cidade. Tomamos o café-da-manhã até as onze, havia bolos e café em grão misturado. A viúva contou toda espécie de anedotas de família. Esse é o seu forte. Mas a sua parentela também é realmente engraçada, pois inteiramente confusa: o sogro foi casado três vezes, em grandes intervalos; sobreviveu a duas de suas mulheres. Há filhos e netos de todos os casamentos correndo por aí, tias que são mais jovens que suas sobrinhas, tios que freqüentam a mesma classe de seus sobrinhos. E ainda por cima, confessa a viúva, logo depois de sua morte, a última esposa se casou em segundas núpcias com um judeu. Esse sogro-padrasto judaico morreu muito antes do início do Terceiro Reich, porém permaneceu uma mancha na história da família. Hoje, ao contrário, a viúva fala dele com agrado e se vangloria de sua pessoa.

Depois do almoço, subi ao sótão, abri caminho entre montes de cal e entulho, carreguei baldes de lixo escada abaixo, limpei o chão. Nas floreiras apodrecidas da varanda plantei cerefólio e borragem; ou seja, espalhei em sulcos rasos os grãos castanhos e os vermezinhos negros a partir dos quais deve crescer a minha horta. Qual a aparência das plantas, sei apenas dos rótulos dos pacotinhos de sementes que a hamburguesa me deu de presente de velhos estoques. Depois fiquei deitada ao sol no chão do terraço. Uma hora de profundo contentamento. Logo após, porém, inquietação. Há algo em mim que insiste e adverte. Não posso continuar vegetando desse jeito, tenho de me mexer, tenho de começar alguma coisa. Para mim é como se tivesse um bom jogo de cartas na mão. Será que posso jogá-lo? Com quem? O pior, hoje em dia, é nosso isolamento.

Quando voltei ao apartamento da viúva, entrei em meio a grande júbilo. Inesperadamente e sem procurar, a viúva topou com a pérola de gravata extraviada de seu falecido; ela havia escondido a preciosidade no dedo de uma meia repleta de coisas.

— Como se pode esquecer algo assim! — espantava-se ela depois.

O domingo de Pentecostes transcorreu calmamente. A partir das oito horas da noite esperei pelo primeiro-tenente — por Nikolai, que na quarta-feira havia me perguntado se poderia vir hoje. Ele não veio, provavelmente também não virá mais. O senhor Pauli não pôde se poupar de fazer uma observação a respeito disso.

Segunda-feira, 21 de maio de 1945

Nem sinal de uma segunda-feira festiva de Pentecostes. Poucas pessoas ainda trabalham profissionalmente. Berlim está de férias. Procurei lenha e topei com um cartaz que convocava todos os "trabalhadores da cultura" a se apresentarem hoje às onze na Câmara Municipal: artistas, pessoal da imprensa e das editoras. Todos devem levar a carteira profissional e provas da arte que exercem.

Fui para lá. Fila no segundo andar. Ali estão eles, inconfundíveis. Cabeças requintadas, roupas marcantes, moças do teatro ao lado de pintoras idosas carregando quadros que cheiravam a óleo. Ali a mulher masculinizada, adiante o jovem efeminado de cílios longos, possivelmente bailarino. Estou no meio de tudo e escuto as conversas à direita e à esquerda, por exemplo, acerca do colega famoso Fulano de Tal supostamente enforcado, até que uma voz feminina estridente retifica:

— Não, ao contrário! Só agora veio à tona que seus avós eram judeus.

Talvez até seja verdade. Por toda parte, os "não-arianos" nas árvores genealógicas, até aqui escondidos com tanto temor, são agora sublinhados com toda ênfase e recebem novo polimento.

O registro foi apenas uma formalidade. Uma mulher de certa idade com feições judias anotou os dados pessoais num grosso caderno, deu a cada pessoa um tíquete de registro, e pronto. Será que se pode esperar alguma coisa disso, uma indicação, uma ajuda? Dificilmente.

Para o almoço, a viúva abriu um de seus vidros com frango em conserva, medrosamente protegidos desde 1942. Sim, frango, mas frango com gosto de bolinhas de naftalina. O vidro ficou guardado por anos em meio a tapetes embrulhados com naftalina no porão, e foi completamente impregnado pelos seus vapores. Isso provocou muitas risadas. Mesmo o guloso senhor Pauli recusou. A viúva engoliu alguns pedaços e deixou o resto para mim. Eu inventei um método para engolir os bocados fechando o nariz. Mas, horas depois, eu ainda arrotava à naftalina.

Por volta das quinze e trinta, iniciei a marcha para Charlottenburg a fim de procurar Ilse; senhora Ilse R., fotógrafa de moda elegante e redatora de nossa revista feminina até que se casou com um engenheiro. Um especialista da indústria de armas — esse o general Heldenklau teve de lhe deixar.

Depois de copiosas despedidas por parte da viúva, parti. Ruas longas, desertas, mortas. Dentro do túnel em que antigamente as lâmpadas ficavam acesas também durante o dia, escuridão de breu e cheiro de fezes. Meu coração bateu medrosamente quando corri através dele.

Em frente, rumo a Schöneberg. Durante um quarto de hora, encontrei apenas duas pessoas, mulheres, uma delas descalça e com varizes da espessura de cordas. Tudo me pareceu tão desfigurado e fantasmagórico — talvez por causa dos óculos de sol que usei devido à poeira. No cruzamento, uma russa de cachos negros, uniformizada, dançava de um lado para o outro sobre uma plataforma de madeira. Quando vinham veículos russos, ela balançava bandeirolas vermelhas e amarelas e sorria para os que passavam. Seus grandes seios dançavam junto. Tímidos, alguns alemães com baldes de água passavam junto a ela.

Ruas vazias que não acabam mais. De súbito, uma massa incomum de pessoas, possivelmente vinte ou trinta homens, brotando de um cinema em que está sendo exibido um filme russo chamado *Tchapaiev*, segundo anunciam cartazes pintados à mão. Uma voz masculina, em tom baixo:

— Que conversa fiada!

Nas paredes há cartazes coloridos, borrões feitos à mão que anunciam os programas de variedades em várias tabernas. Os artistas são os primeiros a entrar em cena.

Bicicletas matraqueavam sobre a pista de rodagem. Elas realmente matraqueavam, pois rodavam sem pneus nos aros nus — um método novo e eficiente de escapar dos "confiscos" russos. De resto, não foram poucos os alemães que "acharam" bicicletas nestes dias, pois ao primeiro defeito nos pneus os russos abandonam as bicicletas que utilizam e saem em busca de novas e melhores.

Em frente, através de verdes ruas residenciais. Silêncio por toda parte, paralisia até. Parece que todos estão escondidos e assustados. Às vezes passa uma moça andando a passos curtos e rápidos, vestida com elegância. Aqui e ali já se dança outra vez, foi o que a viúva escutou na padaria.

Minha garganta estava seca de tensão quando dobrei a esquina da rua de minha amiga. Quando se fica dois meses sem ver alguém — e que meses! —, não se sabe se as casas ainda estão em pé e se as pessoas dentro delas ainda estão vivas.

Ali estava o prédio, intacto, porém fechado, morto. Gritando e assobiando vaguei por cerca de quinze minutos em torno dele, até que pude entrar com uma moradora. Em cima, na porta do corredor, ainda o nome bem conhecido. Batidas e chamados. Digo quem sou. Lá dentro, um grito de alegria. Outra vez abraço uma mulher com quem normalmente eu trocava no máximo um aperto de mão. O marido exclama:

— Ora! Lá vem ela dançando como se não tivesse acontecido nada!

Depressa, eu e Ilse trocamos as primeiras frases:

— Estuprada quantas vezes, Ilse?

— Quatro vezes, e tu?

— Não faço idéia, tive de começar com os soldados do trem de guerra para chegar até o major.

Sentamos juntas na cozinha, tomamos chá de verdade, arranjado para comemorar o dia, comemos pão com doce de frutas para acompanhar e conversamos... Sim, agüentamos de tudo um pouco. Ilse foi apanhada uma vez no porão, as outras vezes no primeiro andar, num apartamento vazio para o qual a empurraram com coronhadas nas costas. Um deles, assim relata ela, quis se deitar com ela armado. Ela ficou com medo e explicou com gestos que ele primeiro deveria tirar sua arma — o que o sujeito acabou fazendo.

Enquanto tratávamos desse tema, o marido de Ilse se retirou para, segundo disse, buscar algumas novidades radiofônicas para mim no apartamento do vizinho. Ilse sorriu ironicamente às suas costas:

— É, isso ele não gosta de ouvir.

Ele se atormenta com autocensuras por ter ficado para trás no porão enquanto os ivãs agarravam sua mulher. Quando do primeiro estupro, no porão, ele estava inclusive ao alcance da voz. Deve ter sido uma sensação estranha para ele.

Aliás, aproveitamos a ausência do senhor R. para uma pequena bisbilhotice de mulheres. Ilse é uma mulher exigente, viajada, de porte elegante. O que ela tem a dizer a propósito dos cavalheiros russos?

— Lamentáveis — disse ela e franziu o nariz. — Não lhes ocorre nada que seja ao menos um pouco interessante. Simplórios e rudes, um igual ao outro, até onde ouvi aqui no prédio. Mas talvez tenhas tido experiências melhores com os teus altos oficiais.

— Não, nesse ponto não.

— Pode ser que em seu país eles tenham o que há de mais moderno em economia planificada socialista — disse Ilse. — Com relação ao erotismo, em todo o caso, eles ficaram parados nos tempos de Adão e Eva. Foi o que eu também disse para consolar meu marido.

Ela piscou um olho:

— Com pouca comida, é claro que um desses pobres maridos não vale muita coisa. O meu já está ficando complexado por isso e imagina que o Exército Vermelho, com sua valentia, realmente teria chances conosco, mulheres.

Rimos muito e concordamos que em campo aberto, na condição de pretendentes normais, nossos dignos inimigos não teriam a menor chance conosco em noventa e nove por cento dos casos. Quando muito, julgaríamos o centésimo digno de uma prova eliminatória. Assim bisbilhotamos e nos vingamos com zombarias daqueles que nos humilharam.

O engenheiro trouxe de fato algumas novidades do vizinho. Segundo elas, Berlim deve se tornar uma cidade internacional para todos os vencedores e Leipzig será a capital dos russos. Dizem que Himmler foi preso. Sobre Adolf ainda não se tem notícias seguras. Enquanto Ilse age de modo muito sereno e zomba das atuais circunstâncias com a superioridade própria de uma dama, seu marido está perturbado e confuso. Sua carreira está acabada de vez. Sua fábrica de armas, na medida em que não foi bombardeada, está sendo desocupada e esvaziada atualmente. Os russos pegam para si as máquinas alemãs. No caminho, encontrei vários caminhões com enormes tabiques de madeira sobre a carroceria. Agora sei o que havia dentro. O senhor K. tem medo de descer socialmente, de precisar recomeçar na função de trabalhador braçal. Ele anseia por contato e novidades, está cheio de medo da vida e empenhado com obstinação em obter pão e salário outra vez em algum lugar. Ele se candidatou a uma vaga para trabalhar na calefação do hospital. Ainda está atordoado com a queda. Vê-se outra vez que nós, mulheres, suportamos melhor a queda, não ficamos tão facilmente com vertigens. Ilse e seu marido aprendem russo. Ele considera, ainda que de má vontade, uma mudança para a Rússia. Pois "aqui eles nos levam embora os meios de produção". Ele não acredita que permitirão logo aos alemães ter outra vez uma produção apreciável; também ouviu no rádio do vizinho que toda a Alemanha deverá ser transformada num batatal. Vamos aguardar.

Nos despedimos várias vezes. Nunca se sabe se e quando nos veremos outra vez. Na volta, ainda subi até a sobrinha por casamento da viúva — ao apartamento da jovem futura mãe que mora com sua amiga Frieda e espera pelo seu bebê. Estava deitada de costas, a pequena, tinha aparência simpática e radiante. Mas o ventre abaulado se assenta sobre o corpo magro em demasia, como que saltando dele. Acreditamos ver a criança em formação tirando todas as energias do corpo da mãe. Do futuro pai, obviamente nenhuma notícia. Ele parece completamente esquecido em razão das urgências diárias da procura por alimento e lenha. Visto que no apartamento há apenas um fogão elétrico — agora sem sentido —, as moças construíram na varanda uma espécie de fogão de tijolos que alimentam com ramos de pinheiro procurados com esforço. Leva uma eternidade até que o pouquinho de mingau esteja pronto. Além disso, Frieda precisa ficar constantemente sentada diante do fogacho, atiçando-o e deitando mais galhos. Há um cheiro natalino de resina no ar.

De volta para casa, marchando, marchando. Um cartaz em alemão e russo anuncia que em breve será aberto um "mercado livre". Por quem? Para quem? Um "jornal mural" nomeia os novos chefes da cidade. Apenas personalidades desconhecidas, supostamente emigrantes que voltaram para casa vindos de Moscou. Um grupo colorido de italianos veio em minha direção, cantando, carregados de trouxas e malas, aparentemente apetrechados para viajar de volta para casa. Mais bicicletas que matraqueiam com os aros nus. Em Schöneberg ficou mais solitário, e o túnel-fantasma da linha férrea estava negro e abandonado. Eu estava contente quando o deixei para trás, quando vi as casas de nosso bairro. Voltei para casa como se tivesse chegado de uma grande viagem e partilhei minhas novidades.

Pés cansados, dia abafado. Agora o fim do dia traz sossego e chuva.

Terça-feira, 22 de maio de 1945

Por volta das seis da manhã a viúva já se arrastava pelo apartamento. Na noite anterior, ela ganhou uma ficha do preposto de nosso prédio. (Preposto do prédio — mais uma invenção! Quem faz esse papel entre nós é o marido da hamburguesa.) A ordem, um papelucho mimeografado, diz que a viúva deve estar às oito horas em frente à Câmara Municipal para trabalhar. Mais nada.

— Seria bom se fosse para o corte dos aspargos — disse ela e já nos pintou as mais saborosas refeições com aspargos.

Portanto, hoje banquei a dona de casa e cozinhei uma sopa de farinha de ervilhas para o senhor Pauli e para mim. Por volta das duas da tarde, altos brados na rua de nosso prédio: um pregoeiro de ofício, como há milhares de anos. Ele se postou debaixo do bordo e leu mecanicamente de uma folha de papel que todos os homens e mulheres de quinze a cinqüenta anos capazes de trabalhar e ainda desempregados deveriam se apresentar de imediato em frente à Câmara Municipal.

Grande discussão na escadaria: devemos ir ou não? A livreira foi a favor, pois temia que do contrário poderíamos ser buscados à força. Juntei-me a ela. Saímos juntas. Perguntei-lhe se já sabia o que fora feito de sua livraria.

— Incendiada no final de abril — foi a resposta lacônica.

Apesar disso, a livreira olha o futuro com otimismo. No porão, disse, ela salvou do Terceiro Reich uma caixa imensa de livros — em sua maioria, literatura "proibida". Quer dizer, aquilo que se proibiu entre nós desde 1933: primeiro os livros de judeus e de emigrantes, mais tarde os livros de nossos adversários.

— As pessoas anseiam por isso agora — acha a livreira. — Nós vamos construir um recanto em nosso negócio e instalar nele uma biblioteca, com uma taxa de empréstimo bem alta, naturalmente, senão nossos livros logo estarão estragados.

Eu anunciei que seria a primeira leitora, tenho de recuperar muita coisa.

Diante da escadaria da Câmara Municipal já se aglomeravam muitas mulheres. Homens, ao contrário, apenas alguns. Com muitos gritos e muita agitação, um jovem elaborava uma lista com os nossos nomes. A rua diante da Câmara Municipal oferecia a imagem de um canteiro de obras selvagemente animado. A vala no meio do leito da rua, aberta em outro tempo com misteriosos fins bélicos por alguns alemães e muitas mocinhas russas vestindo casacos de algodão, é agora fechada pelos nossos — um procedimento cuja lógica me parece evidente. A vala é preenchida com areia, cacos de tijolos e o negro entulho dos incêndios. Mulheres empurram vagonetes, rolam a massa de preenchimento até a borda da vala e a despejam dentro dela. De todas as ruas secundárias se estendem as correntes de mãos e alcançam balde após balde até o vagonete. Amanhã cedo às oito eu também devo assumir esse trabalho. Não tenho nada contra.

Espreitei em vão em busca da viúva entre as mulheres trabalhadoras. Em dado momento, passou um carro de som, berrando notícias num alemão tingido de russo. Nenhuma novidade para mim.

Para o jantar houve pães com carne enlatada. A viúva ainda não havia chegado. Já eram nove da noite quando enfim seu chapéu vermelho surgiu lá embaixo. Ela estava exausta, acabada, morta, soltava apenas sons curtos, incompreensíveis, de raiva, e não queria conversa conosco. Só depois de se lavar interminavelmente é que ela consentiu em algumas frases: de acordo com elas, não houve corte de aspargos. Um caminhão russo levou as mulheres até uma fábrica de máquinas, onde a viúva, juntamente com mais ou menos duzentas outras mulheres, passou o dia inteiro embalando coisas em caixas, desembalando-as, trocando-as de embalagem e embalando-as novamente sob o comando de torturadores russos, tomando encontrões e empurrões o tempo inteiro, e recebendo para o almoço apenas uma crosta de pão seco.

— Se isso é pra ser organização — indignou-se a viúva diante de nós. — Que embrulhada, que confusão!

E ela contou:

— Nós logo dissemos que as peças de ferro eram muito pesadas para as caixas, que o fundo das caixas quebraria. Então eles gritaram conosco: "Calem a boca!" e "*Rabotta, rabotta!*".[30] E como justamente a primeira caixa quebrou em pedaços bem no momento em que a levantaram, então a gritaria começou pra valer, e claro que nós éramos as culpadas!

[30]Em russo no texto alemão: "Ao trabalho, ao trabalho!".

A viúva se sacudiu:

— É um mistério para mim como foi que esses homens puderam vencer a guerra. Eles têm menos juízo do que um escolar alemão.

E assim por diante; ela enumera outras medidas equivocadas e teimosias dos russos e não consegue se acalmar de modo algum. Ela teve de caminhar uma hora e meia para chegar em casa; depois que o trabalho acabou, nenhum caminhão transportou as mulheres para casa. A conseqüência foi uma bolha no dedão da viúva; ela se queixa disso, se lamenta acerca do destino de todos nós e acerca da derrota alemã. Nada pode consolá-la, nem sequer o martelo ou o alicate, o pano de pó ou a caneca de lata — coisas que ela contrabandeou da fábrica debaixo de seu vestido.

Quarta-feira, 23 de maio de 1945

Munida de balde e pá de lixo, marchei numa cinzenta manhã chuvosa até a Câmara Municipal. Já a caminho chovia a cântaros. Eu sentia bem como o meu vestido de malha absorvia a água.

Choveu sem parar, ora mais fraco, ora mais forte. Apesar disso, enchíamos balde após balde com lixo para que a corrente de mãos não se rompesse. Éramos cerca de cem mulheres de todos os tipos. Algumas se mostravam preguiçosas e desanimadas e apenas se mexiam quando um de nossos dois supervisores alemães olhava para elas. (Os homens sempre ganham as vagas de supervisores.) Outras mulheres labutavam com o zelo de donas de casa, até com obstinação.

— O trabalho precisa ser feito de qualquer jeito — disse uma delas, profundamente convicta.

Empurramos nós quatro os vagonetes cheios até as valas. Aprendi a manejar uma placa giratória. Até que aguaceiros violentos nos obrigaram a uma pausa.

Aglomeradas qual animais, ficamos paradas sob uma varanda. As roupas molhadas grudavam no corpo; as mulheres se arrepiavam e tremiam. Aproveitamos a ocasião e comemos nossos pães molhados sem nada em cima. Uma mulher murmurou:

— No tempo do Adolf eu não teria comido coisa assim.

De todos os lados vieram contestações:

— Pois a senhora ponha isso na conta de seu Adolf.

A mulher, completamente perplexa:

— Eu não quis dizer isso.

Ficamos mais de uma hora paradas daquela maneira. A chuva batia a nossa volta. Quando ela amainou, nosso supervisor, um jovem de sotaque vienense com nome tcheco, nos mandou de volta aos vagonetes. A vagoneta que eu manejava trazia a inscrição "A vagoneta risonha". Uma outra vagoneta era designada com giz de "A vagoneta chorosa". Mas alguma mão apagou a palavra "chorosa" e escreveu por cima "sorridente".

Por volta das quinze horas, nosso vienense finalmente marcou nossos nomes na lista e pudemos ir para casa. Cheia de contentamento, balancei meu balde de lixo ao longo do caminho de acordo com o lema: "O que não me mata, me fortalece".

Em casa, encontrei a viúva em grande inquietação. Segundo confessou, ela notou nos últimos dias "uma coceira e uma ardência" e foi pesquisar a respeito numa enciclopédia. Verbetes "gonorréia" e "sífilis". Na verdade, tendo sido mulher de um farmacêutico, ela acumulou um bom número de conhecimentos sobre as moléstias humanas, mas nessa área específica faltam-lhe as experiências necessárias.

— Eu tenho nódulos — afirma ela rígida e firme.

Na enciclopédia, esses nódulos são referidos como característicos de uma sífilis incipiente; eles aparecem três ou quatro semanas depois do contágio. A viúva calcula que seu violador da escadaria, o pequeno, o imberbe, a possuiu há exatamente quatro semanas.

— O que? Vânia? Essa criança?

Não consigo acreditar:

— Ele estaria...?

— Por que não? Um desses vermes tontos. Além disso, não sei se foi realmente Vânia. Pois como é que tu queres saber isso? E então ainda aquele polonês!

A viúva soluça lastimosa. O que eu deveria fazer? Examiná-la não teria sentido nenhum; não entendo nada disso. Minha proposta de perguntar ao senhor Pauli foi recusada com veemência. Assim, não resta mais nada a não ser esperar pelo dia de amanhã e procurar o mais cedo possível o posto para mulheres estupradas que foi instalado no hospital. É quando me lembro de como as minhas orelhas coçaram quando, na escola, com a ajuda de modelos anatômicos extragrandes, nos ocupamos do ouvido humano. Possivelmente, os sintomas da viúva só começaram para valer quando ela leu a descrição da enciclopédia. Esperemos até amanhã. Talvez eu também tenha de ir logo e me deixar examinar. Estou um dia atrasada.

Quinta-feira, 24 de maio de 1945

O despertador matraqueou — de pé para o trabalho com a pá. Dessa vez, vesti a calça esportiva azul e amarrei um avental em volta. Céu encoberto novamente. Chuviscava quando começamos. Manejamos a pá com aplicação. Inclusive dois homens nos auxiliaram dessa vez, ou seja, quando o olhar do supervisor os encontrava, do contrário, não. Por volta das dez horas, gritos repentinos, uma voz de russo:

— Venha mulher, venha mulher!

Um chamado que é muito popular. Num ai as mulheres sumiram como se tivessem sido varridas. Elas se esconderam atrás de portas, vagonetas, montes de entulho, fizeram-se bem pequenas ao se pôr de cócoras. Mas passado um momento, a maioria reapareceu, eu entre elas.

— Eles não...? Aqui, em plena rua? De todo modo, é só um sujeito isolado.

Este então entrou em ação. Ele parecia munido de ordens, juntou o restante do efetivo de mulheres e nos reuniu num grupo. Nós íamos com lentidão atrás dele, na sua frente. Ele corria ao nosso redor como um cão em torno do rebanho de ovelhas; um tenente com o fuzil a postos. Atravessamos os jardins de Schreber a trote e por fim chegamos ao terreno de uma fábrica de máquinas-ferramentas.

Os pavilhões amplos com centenas de bancadas de trabalho jaziam desertos. Um "força!" alemão ecoou das paredes. Homens alemães sob ordens russas acabavam de carregar em cima de vagões, com gruas, as peças de altura sobre-humana de uma prensa de forjar. Por toda parte se viam homens que desparafusavam, soltavam, lubrificavam ou levavam embora alguma coisa. Lá fora, sobre os trilhos, um vagão de carga atrás do outro, alguns deles já carregados até em cima com peças de máquinas.

O que nós, mulheres, deveríamos fazer aqui? Andamos de um lado para o outro no pavilhão, não sabíamos para onde ir. Não podíamos nos safar, isso logo vimos; todos os portões estavam vigiados por soldados.

Finalmente nos deram a ordem de recolher no grande pavilhão de montagem tudo que fosse latão ou "metal claro" e levá-lo em caixas até um dos vagões.

Com alguma companheira casual que nem sequer me olhava no rosto e silenciava teimosamente às minhas tentativas de conversa, arrastei uma caixa, peguei aqui e ali pedaços reluzentes, peças de cobre, barras de latão — como uma pega. Revolvi os armários de ferro dos operários, encontrei cachimbos, lenços amarrotados, lenços de papel limpos e dobrados — como se o companheiro só ontem tivesse parado de trabalhar. Simplesmente jogávamos nossa pilhagem de pegas no chão de um vagão. Dentro dele, duas mulheres se exercitavam separando os pedaços de metal ao modo das donas de casa, exatamente segundo o tamanho.

Por volta do meio-dia fomos mandadas para um pavilhão, uma espécie de galpão-armazém. Em estantes altas se erguiam barras de metal das mais diferentes espécies, peças, parafusos e porcas, estas do tamanho de punhos. Passamos as coisas sem parar pela corrente de mãos. A mulher da ponta, seguindo as ordens, empilhava tudo em caixas.

Pensei nas experiências da viúva e esperei com alguma impaciência pelo instante em que o fundo das caixas quebrasse quando fossem transportadas. A coisa não foi tão longe, porém. Quando chegou a hora de levantar a primeira caixa já ficou claro que ela era muito pesada. Nem sequer o sargento zarolho que nos incitava ao trabalho, e que tinha o tórax do tamanho de um armário, conseguiu mover a caixa. Não havia carretas ou algo assim. Depois de soltar pragas grosseiras, o zarolho ordenou que deveríamos esvaziar as caixas e levar tudo para fora, até o vagão, através da corrente de mãos. Desse modo, executamos um mínimo de trabalho com um máximo de esforço.

Vieram novos grupos, na maioria mulheres, jovens, mas outras bem velhas. Correu a notícia de que deveríamos ganhar algo para comer. Depois das três da tarde, realmente nos mandaram para a cantina da fábrica. Havia uma sopa de pão espessa, fumegante. Os pratos de metal eram escassos, as colheres de metal também. Dessa maneira, uma mulher sempre tinha de esperar pela outra. Raramente alguma delas correu para fora até a torneira. A maioria apenas esfregou a colher desleixadamente na saia ou no avental e pegou o prato de sua antecessora tal como estava.

De volta, *rabotta*! No galpão havia uma forte corrente de ar. Dessa vez, passamos adiante armações de zinco, durante horas e horas. Por fim, devia ser por volta das oito da noite, apareceu nosso incitador zarolho e anunciou:

— Mulher, pra casa! — enquanto fazia gestos afugentadores com os braços, como se tivesse galinhas diante de si.

Gritos de alívio. Depois disso, ainda nos deram na cantina um pedacinho de pão de cem gramas. Em seguida, rolaram um barril para dentro; do botoque vertia algo espesso e branco — uma espécie de melaço. Nos colocamos em fila para recebê-lo.

— O gosto é esplêndido — garantiram, lambendo, as primeiras junto ao barril.

Não sabia onde colocar o líquido, até que uma mulher me deu um pedaço de papel verde-azinhavre[31] que havia encontrado no galpão. O verde desbota, mas, segundo dizem as mulheres, não é venenoso.

Orgulhosa de minha pilhagem, cheguei ao apartamento da viúva por volta das dez da noite. Ela apenas balançou a cabeça enquanto eu tirava do papel com os dedos o visco que havia ficado verde. Eu tirava e lambia, e fiquei com a boca cheia de papel. Não faz mal — o gosto é doce. Somente passado um tempo me lembrei da enciclopédia e dos "nódulos" da viúva.

— Que nada — foi a sua resposta à minha pergunta. — O médico disse que está tudo em ordem comigo.

Continuei perguntando, queria saber como as coisas se passaram no posto de exame.

---

[31]Em alemão *giftgrünes Papier*. Literalmente, "papel verde-veneno".

— Havia mais duas mulheres além de mim — contou a viúva. — O médico foi bem divertido. Ele lidou um pouquinho e então disse "sinal verde, caminho livre!".

A viúva se sacudia:

— É, dessa eu escapei.

De resto, inventaram nesse meio-tempo uma expressão oficial para todo esse negócio dos estupros: "relação compulsória", esse o nome dado pelas autoridades. Uma expressão que talvez pudesse ser considerada na reedição de dicionários militares.

Sexta-feira, 25 de maio de 1945

Levantei cedo outra vez, marchei para o trabalho na manhã clara. Vinham mulheres de todos os lados. Hoje a maioria trouxe vasilhas consigo. Em minha cintura também balança uma marmita de soldado. Nós nos colocamos em formação, segundo as ordens, primeiro em filas de três, depois de quatro; fomos interminavelmente contadas, classificadas, registradas. Nosso vienense, que nos seguiu de nosso trabalho nos vagonetes até aqui — dizem que é músico —, precisou de quase uma hora até que tivesse a nós todas em suas listas. Há muitas mulheres novas.

— Temos de trabalhar de qualquer jeito — ouvi uma delas dizer. — E aqui pelo menos temos a nossa comida.

E, de fato, começamos o dia de trabalho com uma espessa sopa de cevadinha. Atravessando o aterro da ferrovia, nos arrastamos até os pavilhões. No aterro, prisioneiros alemães se esfalfavam, velhotes com roupas miseráveis, possivelmente membros da Volkssturm. Gemendo, eles carregavam pesadas coroas de roda em vagões. Eles nos olhavam com tanta insistência, se aproximavam. Não entendi o motivo. Outras mulheres entenderam e, às furtadelas, passaram pedaços de pão aos homens. Isso é proibido. Mas o vigia russo olhava ferreamente em outra direção. Os homens estavam com a barba por fazer e emagrecidos, tinham um aspecto miserável de cães. Para mim foi como se eles nem parecessem alemães. Eles pareciam os prisioneiros russos, tal como já os tínhamos visto durante a guerra removendo escombros. Essa também é uma inversão cuja lógica é persuasiva.

Outra vez no pavilhão. Entre duas ou entre três arrastamos barras de ferro difíceis de manejar, e depois, através da corrente de mãos, passamos placas e barras até o vagão lá fora. Um russo surgiu no pavilhão, examinou a fila de mulheres e acenou para que duas, e mais um terceira, o acompanhassem. A terceira era eu. Trotamos atrás dele. Para onde? Uma de nós conjecturou:

— Talvez para descascar batatas?

Pois para isso eles já haviam buscado uma dúzia de mulheres e as levado para o outro lado do aterro da ferrovia, onde estão parados os vagões-leito russos cuidadosamente enfeitados com cortinas.

Não, ele nos levou para outro lugar, para um barraco, ao longo de um corredor escuro, em meio a um cheiro de excrementos cada vez mais forte. Uma das mulheres se safou, simplesmente correu de volta, atravessando o terreno. Depois disso, o russo ordenou que caminhássemos à sua frente. Ele nos levou a uma peça com chão de pedra. Via-se uma caldeira de ferver roupas, tinas, tábuas de lavar roupa, baldes. Ele apontou para esses objetos e fez o gesto de lavar roupa.

Pois bem. Mas não aqui dentro desse cubículo! Junto com minha companheira casual, uma mulher pequena de olhos atrevidos, arrastei a maior das tinas para fora, para o ar livre, diante da porta coberta do barraco, uma espécie de varanda. Lá nos sentimos mais seguras e não fedia tanto. Para o russo estava bom assim. Ele nos trouxe dois pedaços de sabão e alguns aventais, camisas e toalhas que uma vez foram brancos e nos ordenou com gestos que os limpássemos. Ele era de poucas palavras, mas sem ser grosseiro, e não nos apalpou de modo algum, sequer com os olhos.

Minha companheira se apresentou como natural de Dantzig e trocou algumas palavras em polonês com o russo. Tanto melhor! Assim não preciso falar, posso esconder o meu russo. Não gostaria de tagarelar com eles feito lavadeira.

Eles se aproximam em grupos constantemente, ficam parados em volta da tina e tagarelam a nosso respeito. Dois deles, por exemplo, disputam acerca de nossas idades. Depois de muito vaivém, eles me dão 24 anos. Nada mal!

As horas se arrastam. Nós ensaboamos, esfregamos, carregamos água, quente da caldeira da tropa, fria do hidrante da rua. Machuquei as mãos de tanto esfregar a roupa imunda. As toalhas estavam enrijecidas de gordura. Eram, sem exceção, toalhas de famílias alemãs com monogramas, pilhagem. Escovei as peças com uma escova de cabelo e me cansei muito ao fazê-lo. Enquanto isso, russos ao nosso redor o tempo inteiro, eles nos beliscavam onde conseguiam. Dei coices como um cavalo e os respinguei com minha escova de cabelo, mas não disse um ai. Às vezes, vinha nosso comitente e expulsava os bolinadores. Então ele nos trouxe uma pilha de cuecas; elas não possuem botões, tudo é amarrado com lacinhos.

Enquanto isso, a mulher de Dantzig me contava monotonamente como alguns ivãs agarraram sua mãe idosa. A mãe, já avó, perguntou em seu polonês de Dantzig se os rapazes não se envergonhavam de estuprar uma mulher tão velha.

Ela recebeu em alemão a resposta clássica:

— Tu velha, tu saudável.

Quando eu já pensava que iria desmaiar sobre a tina, apareceu o nosso chefe e anunciou o intervalo do almoço. Ele trouxe para cada uma de nós uma marmita cheia de sopa gordurosa com pedaços de carne, pepinos e louro, acompanhada de um prato de lata cheio de mingau de ervilhas com gordura derretida. Parece que nosso chefe é cozinheiro, e dos bons, ainda por cima. O sabor da comida era excelente. Cheguei a sentir como cresciam novas forças em mim.

Continuamos a lavar, sem parar. Duas horas da tarde, três horas, quatro horas, cinco horas, seis horas. Lavamos sem parar, estávamos sem parar sob supervisão. Ensaboamos, torcemos, carregamos água. Os pés doíam, fazia tempo que os nós dos dedos estavam ralados. Os russos em volta acreditavam que nos impunham uma grande humilhação com essa lavagem de roupas. Eles esfregavam as mãos, contentes com nossa desgraça:

— Hihi, vocês têm que lavar pra nós, bem feito!

A mulher de Dantzig apenas arreganhou os dentes. Eu fingi que era surda-muda, sorri para todos os lados e lavei, lavei. Os sujeitos se admiravam. Ouvi um deles dizer ao outro:

— Essas trabalham bem. E sempre alegres.

Demoramos até as seis da tarde para lavar as últimas toalhas, limpamos nossas tinas e fomos ao refeitório, onde todas receberam uma porção de mingau de sêmola. Depois disso, quando queríamos voltar para casa com as outras mulheres, nos mandaram de volta no portão:

— *Rabotta!*

As mulheres gritaram alvoroçadas, se aglomeraram no portão, se revoltaram. Mas para derrotados não há dia de oito horas. Um soldado nos repeliu com a arma levantada, gritou ameaçador:

— Mulher! *Rabotta!* — uma palavra russa que todas aprenderam.

Tivemos de voltar todas ao pavilhão e carregar mais peças de ferro. Mudas e apáticas, passamos as placas e barras uma para a outra. Dói terrivelmente tocar o aço frio com as mãos gretadas de lavar roupa.

Por fim, em torno das oito, nosso supervisor gritou que o vagão estava cheio. Sim, ele estava sobrecarregado, chegou a gemer quando a locomotiva o arrastou para fora do pavilhão. Quem sabe até Moscou o fundo se quebre. Um operário velho saltou do trem em movimento e disse que eles deveriam tê-lo deixado ir junto, pois "o que ainda tem pra fazer aqui?". E ele apontou para o pavilhão deserto, esvaziado. E as mulheres perguntavam:

— Onde nossos maridos devem trabalhar agora?

Uma hora depois eu estava em casa, dessa vez morta de cansaço, com as mãos enrijecidas, o que dificultou minha escrita hoje. Ao mesmo tempo, ainda levemente embriagada do almoço gorduroso, abundante. Amanhã a lavagem continua. O nosso chefe já nos anunciou mais trabalho.

Sábado, 26 de maio de 1945

Outra vez a interminável contagem de gado no terreno da fábrica, embora nosso vienense já tivesse de saber melhor como fazer isso. O dia começou novamente com uma sopa quente de cevadinha. Satisfeitas, as mulheres contavam os pedaços de carne que ela continha. E eu fico contente por não haver nenhum senhor Pauli à minha frente contando os bocados que levo à boca.

Busquei em vão pela minha companheira de lavagem. A pequena e atrevida mulher de Dantzig não apareceu. Por isso, convenci duas outras mulheres, uma bem jovem e uma com cerca de quarenta, ambas de aparência amável, a vir comigo até a tina. Já havia blusas de uniforme nos esperando de molho em baldes, manchadas e graxentas, pois essa é uma tropa motorizada.

Um dia como ontem. As novas lavadeiras são trabalhadoras e simpáticas. Os russos nos assediam outra vez. Nós nos defendemos com os punhos e com risadas imbecis. Um deles, de olhos puxados, meteu na cabeça que ia nos enfurecer. Jogou algumas blusas, que já estavam penduradas no varal, de volta na tina, apontando para algumas manchas que ainda podiam ser vistas nas peças. Sim, realmente elas ainda estão manchadas. O pouquinho miserável de sabão e a nossa escovação não bastam. Outros rapazes se mostraram mais amigáveis, deixando pedaços de pão ao lado de suas blusas.

Por volta do meio-dia, nosso chefe montou para nós uma espécie de sala de jantar ao ar livre, feita de uma caixa e duas gavetas viradas, mandou que tomássemos lugar e nos serviu, sempre com o mesmo rosto amigável-impassível, uma grande panela da mais gordurosa sopa de carne. Comemos ao sol, pensativas. Minhas companheiras também apreciaram muito essa refeição. De resto, minha pergunta estereotipada sobre o número de vezes que as estupraram recebeu respostas evasivas de ambas. A mais velha, uma mulher bonita com os dentes destruídos, mas com um humor indestrutível, disse que tudo lhe havia sido indiferente — o principal, agora, era que seu marido, caso volte enfim do front ocidental, nada saiba disso. De resto, ela se declara partidária da tese de que "um russo sobre a barriga" não é tão ruim quanto "um americano sobre a cabeça". Acerca desse assunto ela tem o que dizer; ela foi, segundo diz, soterrada no porão com outros moradores de seu prédio, atingido em cheio por uma bomba. Houve feridos e uma morta. Apenas duas horas depois vieram socorristas e resgataram os soterrados. A narradora entrou na maior agitação quando começou a falar da morta, uma senhora idosa.

— Ela estava sentada junto à parede, exatamente em frente a um espelho.

O espelho fora instalado próximo ao solo, pois o porão foi pensado originalmente para as crianças de um jardim de infância que se encontrava num barraco ao lado. Mas quando todas as crianças foram evacuadas de Berlim, o jardim de infância foi fechado e o porão liberado para os moradores do prédio.

— E então a velha senhora apanhou os milhares de cacos do espelho nas costas e na nuca. Ela sangrou inteiramente calada, sem que no escuro e na agitação alguém percebesse.

Indignada, a narradora agitou a sua colher de sopa no ar:

— Espelho! Que absurdo!

Sem dúvida é uma morte estranha. As criancinhas para as quais o porão fora construído provavelmente deveriam pentear seus cachinhos diante desse espelho nas manhãs posteriores às noites de bombardeio. Esse ornamento com certeza foi instalado bem no início dos ataques aéreos, quando ainda procurávamos dotar os abrigos antiaéreos de conforto e de confiança no futuro.

Passamos a tarde lavando; com nossas mãos enrugadas e inchadas esfregamos blusas, calças e bonés. Por volta das sete horas, conseguimos sair às escondidas por uma portinha lateral e ganhar a rua. Magnífico sentimento de liberdade, de fim de expediente e de gazetear aula.

Em casa, a viúva, o senhor Pauli e eu tomamos o último resto do borgonha que daquela vez eu tinha roubado da caserna da polícia de segurança pública. Amanhã é domingo, mas não para mim. O vienense fez um discurso dizendo que se não fôssemos amanhã, seríamos buscadas à força em nossas casas para continuar trabalhando na fábrica.

Domingo, 27 de maio de 1945

Dia longo, desolador, fatigante. O domingo mais longo de minha vida. Trabalho ininterrupto das oito às oito no terreno intensamente ensolarado. A lavagem de roupas foi suspensa hoje. Nossos russos têm feriado. Formamos uma corrente no pátio, o sol ardia. Passamos barras e pedaços pontiagudos de zinco de mão em mão. Os elos da corrente, de uns cem metros de comprimento, eram escassos. Até a mulher seguinte, tínhamos de caminhar sempre dois ou três passos com a tralha pesada. Logo eu tinha dores de cabeça do sol intenso. Além disso, costas doloridas e mãos machucadas dos dias lavando roupa.

Em volta, bisbilhotice estúpida, briguinhas. Por fim, uma espécie de cantoria. Sem parar, as mulheres repetiram o seguinte verso: "Do céu brilha o sol tão quente e querido — lá vai o barão a pescar no rio e d— —o céu...". E assim por diante, monotonamente. Desse modo, as mulheres dissimularam a raiva pelo domingo roubado.

Vez por outra, uma mulher grande e ossuda tirava das profundezas de algum bolso um relógio de pulso envolvido num lenço e nos dizia as horas. O tempo se arrastava. De entremeio, uma rápida porção de mingau de sêmola.

Continuamos no calor sem sombras. Zinco, zinco, e isso não acabava mais. Por volta das quatro da tarde, o primeiro vagão estava cheio. Ele cintilava, prateado. Todos juntos o empurramos com "força!" um trecho de ferrovia adiante e então aproximamos o vagão de carga seguinte. Um vagão francês de Bordeaux com o emblema SNCF, que conheço tão bem. Fedia. Homens o tinham empregado como latrina. As mulheres riram. Uma gritou:

— A merda irá junto para Moscou.

Continuamos, zinco que não acabava mais. Por fim, mesmo os nossos dois supervisores ficaram entediados. Nós já conhecemos os dois soldados muito bem. Entre nós os chamamos de "Ursinho" e "Vesgo". Hoje eles não foram muito severos, gritaram duas vezes a bela palavra "pausa!". Além disso, Vesgo até arriscou uma dança com uma de nossas garotas, enquanto marcávamos o compasso com palmas. Por volta das cinco da tarde eles sumiram de repente.

Fim de expediente para eles, infelizmente não para nós. De súbito surgiu um silêncio inquietante no terreno. Nenhum grito de incitação, nenhuma conversa, nenhum gemido, mais nada. Apenas o raspar de nossos pés, e, às vezes, o chamado fraco de "atenção!" quando alguma das mulheres se distraía. E então, é claro, a sempre repetida pergunta pelas horas.

Do porão, onde também havia mulheres o dia inteiro, veio a notícia de que lá ainda existiam massas imensas de barras de zinco. Por volta das sete horas surgiu o boato de que o expediente havia chegado ao fim — o que se provou um equívoco. Continuamos, zinco, zinco... Enfim, por volta das oito, apareceu um russo e nos mandou para a cantina. Devoramos a sopa gordurosa e trotamos para casa. Eu estava morta de cansaço, minhas mãos estavam cinza-escuras. Depois que me lavei, boiavam na água espessos flocos cinzentos. Me deitei na cama, deixei que a viúva me mimasse com chá e bolos.

Desde ontem temos energia elétrica outra vez. Foi-se o tempo das velas, foram-se as batidas na porta, foi-se o silêncio. O rádio é transmitido de uma emissora berlinense. Na maior parte do tempo ele traz notícias e revelações, cheiro de sangue, cadáveres e crueldade. Parece que milhões de pessoas foram queimadas em grandes campos no leste, a maioria judeus. Dizem que fizeram adubo de suas cinzas. E o que é o mais insano: dizem que está tudo claramente anotado em grossos livros, uma contabilidade da morte. Somos mesmo um povo ordeiro. Tarde da noite veio Beethoven, e com ele vieram lágrimas. Desliguei. Isso é insuportável agora.

Segunda-feira, 28 de maio de 1945

Lavanderia outra vez. Hoje os nossos ivãs estavam especialmente animados. Eles nos beliscaram e bolinaram e repetiram sua fórmula alemã:

— Toucinho, ovos, dormir em casa — enquanto, por uma questão de melhor compreensão, deitavam a cabeça sobre o antebraço qual anjinhos de Rafael.

Toucinho e ovos seriam úteis para nós. Mas a saborosa oferta, até onde pude ver, não encontrou aceitantes em parte alguma. Estupros em plena luz do dia no terreno amplo, com tamanho bulício de gente, devem ser impossíveis. Há agitação por toda parte, em lugar algum os rapazes encontram um canto sossegado. Por isso o "dormir em casa" — eles gostariam de ser levados para casa por mocinhas solícitas, necessitadas de toucinho. Certamente há bastante dessas entre nós aqui na fábrica, mas o medo tem um efeito inibidor.

Outra vez lavamos blusas, camisas e lenços. Um deles acabou se revelando uma toalha de mesinha-de-cabeceira — um pequeno retângulo debruado de vermelho com a inscrição, bordada em ponto de cruz, "durma bem". Foi a primeira vez que lavei lenços cheios de catarro de homens estranhos. Nojo do ranho inimigo? Sim, mais do que das cuecas; tive de conter o vômito.

Minhas companheiras de lavagem pelo visto não sentiram nada parecido, elas lavaram com obstinação. Agora já conheço as duas muito bem. A pequena Gerti, dezenove, delicada e pensativa, me confessa em voz baixa toda sorte de desventuras amorosas. Um namorado a deixou, um outro morreu em combate... Eu a dirigi para os últimos dias de abril. Por fim, ela me confessou de olhos baixos que três russos a buscaram no porão e — primeiro um após o outro, depois sem ordem alguma — a possuíram sobre um sofá em um apartamento térreo desconhecido. Depois do ato consumado, eles se mostraram brincalhões. Remexeram o armário desconhecido e encontraram — típico para os armários alemães de então — apenas doce de frutas e substituto de café. Entre risos, jogaram colheradas do doce de frutas no cabelo da pequena Gerti e depois espalharam generosamente por cima o substituto de café.

Eu olhava para a pequena enquanto ela me contava essa história, envergonhada e em voz baixa, sobre sua tábua de lavar roupa; tentei imaginar o quadro horrendo. Nunca, nunca um autor pôde inventar algo semelhante.

À nossa volta, gritos de incitação o dia inteiro:

— *Davai, pustai, rabotta, skarre!* Andem, upa, ao trabalho, mais rápido!

De repente, todos estão com uma pressa desgraçada. Talvez eles se mandem logo.

O sanitário é um problema para nós, lavadeiras. Fazemos uso de um lugar medonho, mal se pode entrar nele. No primeiro dia, tentamos usar a água da descarga. Mas os canos estão entupidos. O que é terrível é que os russos nos espionam. Agora duas de nós montam guarda quando a terceira precisa utilizar o lugar: uma sentinela em cada ponta do corredor. Sabão e escovas sempre levamos conosco, pois do contrário somem.

Por volta do meio-dia, nos sentamos ao sol por uma hora sobre nossas gavetas viradas, comemos sopa gordurosa e nos distraímos. Depois lavamos e lavamos outra vez. Molhadas de suor, fomos para casa por volta das sete. Conseguimos nos safar outra vez às escondidas pela portinha lateral.

Em casa, banho agradável, vestido bonito, noite sossegada. Preciso pensar. Grande é nossa miséria espiritual. Esperamos por alguma palavra animadora que faça algum efeito sobre nós e nos traga de volta à vida. Nossos corações se esvaziaram, temos fome de comida, daquilo que a Igreja Católica chama de "maná, pão da alma".

Eu gostaria, caso eu tenha folga no próximo domingo e haja missa novamente, de visitar uma igreja — gostaria de ver se as pessoas encontram lá o pão da alma. Pessoas como eu, que não pertencem a nenhuma igreja, sofrem na escuridão, e sozinhas. O futuro jaz plúmbeo sobre nós. Eu me oponho a isso, tento manter a chama acesa dentro de mim. Para quê? Pelo quê? Do que fui encarregada? Estou tão desesperadamente sozinha com tudo isso.

Terça-feira, 29 de maio de 1945

Outro dia de lavagem, longo e quente. Dessa vez choveram calças e blusas. Uma blusa desapareceu do varal, parece que era uma especialmente boa, propriedade de um oficial. A ninguém, nem mesmo ao prejudicado, ocorreu o pensamento de que uma de nós pudesse ter pegado a peça. Houve gritaria entre os homens, mas se nota que eles aceitam o roubo como se fosse um fenômeno da natureza. A gatunagem é profundamente arraigada neles. Quando estive na Rússia, fui, sobretudo nos primeiros tempos, roubada em quase tudo que era passível de roubo: carteira, pasta, sobretudo, luvas, despertador, meias penduradas para secar no banheiro. Certa vez, uma pequena tesoura me foi roubada em um escritório no qual se encontravam três funcionários — exatamente no minuto em que eu me abaixava para escolher uma foto numa gaveta. Apenas um dos três presentes entrava em questão como ladrão — todos eles funcionários de escritório bem-educados e amistosos. Não me atrevi a dizer uma palavra sobre o roubo, remexi muda sobre a escrivaninha e fiquei ruborizada — enquanto os três continuavam seus trabalhos inteiramente despreocupados. Até hoje não sei quem poderia ter sido. Sei apenas que, daquela vez, russos comuns não conseguiam comprar tais tesouras. O roubo sem dúvida tem sua origem na pobreza, e entre nós ele também se torna comum agora. Mas os russos possuem um modo muito especial, ingênuo e natural de surrupiar. As coisas são assim — o que se pode fazer?

Durante o dia inteiro os rapazes nos assediaram outra vez com sua oferta estereotipada: toucinho, ovos, dormir em casa. Um deles não saiu do meu lado, me mostrou às escondidas uma nota alemã de vinte marcos, à qual acrescentaria uma segunda de vinte se eu fosse rapidinho com ele para dentro do barraco e... Antes ele já tinha feito a mesma oferta à pequena Gerti.

Hoje uma russa lavou ao nosso lado, a mulher ou namorada de um capitão, uma loira de busto avantajado. Ela lavou camisas de seda artificial enquanto cantava em lá-lá-lá um sucesso alemão que ela decerto conhece de algum disco de gramofone. Gerti e minha outra companheira de lavagem, ambas cantoras de voz límpida, a acompanharam. A russa sorriu para nós. Soprou um ar amistoso.

Lá fora, belíssimo tempo seco, sol e vento. A maioria dos russos cochilava em algum lugar pelo terreno. Ninguém veio nos beliscar e nos bolinar. Apenas lavamos. De algum modo, fomos topar com poemas. Vimos que a pequena Gerti sabe de cor a metade de sua antologia escolar. Tomei parte; e, por um momento, Mörike, Eichendorff, Lenau e Goethe soaram sobre as tinas. Gerti, de olhos baixos:

— Apenas espere, logo também descansarás.[32]

E, soluçando:

— Se ao menos já tivesse chegado a esse ponto.

A outra lavadeira se sacudiu. Ela é quase duas vezes e meia mais velha que a pequena Gerti, mas não faz planos de morrer. Sua fala constante:

---

[32]De um poema de Goethe, *Ein gleiches*, "O mesmo".

— Tudo passa.

Cansada, cheguei em casa por volta das oito horas. E então descobri que a palavra "casa" não é mais adequada. Nossa família casual rebentou. Face ao cesto de batatas quase vazio, o senhor Pauli fez a cena há muito tempo iminente e exigiu da viúva que não me deixasse mais comer e morar aqui. É, minhas ações estão em baixa desde que Nikolai se desfez no ar e não há mais nenhum novo "companheiro de cama" em vista nos arredores. A viúva engoliu e falou com hesitação quando me surpreendeu no corredor a fim de me dar a má notícia. Por um lado ela gosta de mim. Os dias ruins nos ligaram. Por outro lado, ela conhece o senhor Pauli há mais tempo do que a mim, sente-se pertencente a ele, espera dele uma certa salvaguarda para o futuro. Ela não gosta de melindrá-lo. Eu:

— Graças a Deus que sei a que me ater. Há muito tempo que nenhum bocado tinha mais gosto para mim aqui. Fiquei contente em comer com os russos na última semana.

É claro que ainda não sei do que devo viver na próxima semana assim que o trabalho para os russos chegar ao fim e estiver sentada sozinha lá em cima no sótão diante de armários vazios, dependendo da escassa ração que devemos ganhar, mas que ainda não ganhamos. Embrulhei minhas coisinhas, minhas colheres e trapos, e subi a escada com elas, devagar; porém dormi ainda uma última vez no apartamento da viúva, onde escrevo isso agora. O órfão precisa marchar. O que há de mais amargo na vida de uma mulher solitária é que ela, tão logo entra numa espécie de vida familiar, sempre incomoda depois de algum tempo, ela sobra, desagrada a um porque agrada a outro, e no fim é excluída por amor à querida paz. Lambuzeira de lágrimas sobre esta página.

Quarta-feira, 30 de maio de 1945

O último dia de lavagem. A partir de amanhã estamos liberadas, nós todas. Os russos fizeram suas trouxas, por toda parte havia um clima de partida. Lá dentro, debaixo da caldeira de ferver roupas, eles fizeram fogo por conta própria; um oficial queria tomar banho. Os homens se esfregavam ao ar livre, em bacias que tinham colocado sobre cadeiras; com toalhas úmidas eles esfregavam os largos tóraces nus.

Hoje fiz uma conquista: com gestos e farrapos de alemão, nossos jovens bolinadores me deram a entender que "aquele ali" se apaixonou por mim e está pronto a fazer tudo por mim se eu... "Aquele ali" se mostrou como sendo um soldado grande, largo; um rosto de camponês com cândidos olhos azuis, as têmporas já grisalhas. Ele afastou o olhar, envergonhado, quando olhei em sua direção, depois se aproximou passinho a passinho, pegou o pesado balde de água e o levou para mim até a tina. Um exemplar inteiramente novo! Essa idéia extravagante ninguém teve até agora. Depois, surpresa ainda maior, ele disse em alemão, sem qualquer sotaque russo:

— Amanhã vamos embora, para bem longe daqui.

Ele pronunciou corretamente o "daqui". Logo entendi. Um *Volksdeutscher*. Ele confirmou, sim, sua casa fica às margens do Volga, o alemão é sua — levemente enferrujada — língua materna. Ele ficou o dia inteiro a minha volta, cuidou de mim com olhinhos amistosos. Ele não tem jeito de bolinador, é antes tímido, um camponês. Só que, ininterrupto, o olhar de fidelidade canina no qual ele tenta colocar tudo que é possível. Enquanto ele esteve próximo a mim, pararam os beliscões e empurrões dos homens em torno de nossa tina.

Nós três nos esfalfamos outra vez a valer. A pequena Gerti estava hoje extremamente contente, cantou e trauteou sem parar. Ela está tão contente porque desde hoje ela sabe que daquela vez sobre o sofá não resultou nenhum russinho. O que me leva a pensar que agora já estou uma semana atrasada. Apesar disso, não tenho nenhum pressentimento, ainda acredito que através de meu "não" interior pude me bloquear contra isso.

A contente Gerti tinha fortes dores. Procuramos poupá-la um pouquinho, lavamos a parte dela. O dia estava nublado e abafado, as horas se arrastaram. Ao entardecer, os russos vieram um após o outro e buscaram as roupas que no meio-tempo haviam secado. Um deles apertou ao coração um gracioso lenço feminino com debrum de crochê e pronunciou, os olhos fanaticamente revirados, apenas uma palavra: o nome de um lugar, "Landsberg". Outro Romeu, segundo me parece. Em seus bosques siberianos, talvez Petka algum dia também aperte sua manzorra de lenhador contra o peito e, com olhos igualmente revirados, murmure meu nome — se em seguida ele também não me rogar pragas enquanto lasca lenha.

No tumulto da partida, o cozinheiro não nos trouxe hoje a comida da tropa. Tivemos de sorver a sopa de cevadinha com as outras na cantina. Lá circulou o boato de que o salário de oito marcos diários prometido na semana passada nunca nos será pago, de que todo o dinheiro foi embolsado pelos russos. Além disso, um segundo e pior rumor: anunciaram no rádio que uma tempestade de mongóis se abaterá sobre Berlim, que mesmo Stalin não conseguiu dominar tais hordas e teve de lhes permitir três dias de liberdade para saquear e estuprar, aconselhando a todas as mulheres que se escondam em suas casas... Um absurdo descarado, sem dúvida. Mas as mulheres acreditam e berram e se lamentam em confusão, até que a nossa intérprete intervém. Uma moça robusta, uma tipa soldadesca. Ela nos trata a todas por "tu" e joga no mesmo time de nossos incitadores, ainda que não tenha sido incumbida disso, mas conduzida para cá como todas nós na condição de trabalhadora, até que ascendeu à intérprete graças aos seus farrapos de russo (ela provém da Alta Silésia polonesa). O que ela conhece da língua, eu já conheço há um bom tempo. Mas estou muito aliviada por ter me calado. Eu teria traduzido ordens e gritos de estímulo com extrema má vontade. Todas nós temos medo dessa intérprete. Ela tem caninos pontiagudos e um olhar penetrante, perverso. É assim que imagino supervisoras de campos de concentração.

Ao entardecer, na cantina, anunciaram nossa liberação. Devemos procurar nosso soldo, segundo disseram, semana que vem na Câmara Municipal, sala tal, caixa. Talvez haja mesmo pagamento lá, talvez não. Temos de esperar. Apertei a mão da pequena Gerti e de minha outra companheira de lavagem — com cuidado, já que todas nós temos as mãos gretadas — e lhes desejei tudo de bom para o caminho. Gerti quer voltar para a Silésia, onde vivem seus pais. Ou viviam. Pois não se sabe de nada.

Quinta-feira, 31 de maio de 1945

Hoje começou minha existência faminta e independente no sótão. Quando eu estava no apartamento da viúva e comia sem pensar no dia de amanhã, acredito que isso acontecia por uma previsão instintiva. Eu sabia que não poderia demorar. Por isso coloquei para dentro de mim tudo o que coube. Isso ninguém pode me tirar agora. Tão mais difícil é a passagem da boa vida ao quase nada. Reservas eu não tenho. Não houve quase nenhuma distribuição até agora. Resta o pão, que recebemos pontualmente. Para mim são trezentos gramas por dia, seis pãezinhos cinzentos de centeio, de que dou cabo facilmente no café-da-manhã. No entanto, pelo fato de que hoje não havia pãezinhos, tive de pegar um pão de cem gramas. Tracei uma cruz sobre ele, como fazia a mãe devota de minha mãe. Que o pão nunca me falte aqui em cima. Marquei os três terços do dia com entalhes na casca do pão. Não há gordura para passar nele. As batatas secas e o resto de farinha de ervilha que me foram dados pela viúva são suficientes para dois almoços. Para o jantar não há nada melhor à disposição do que urtigas. Isso deixa qualquer um fraco. Agora, quando escrevo isto, tenho a sensação de que minha cabeça é um balão que logo poderia voar embora. E se me abaixo, fico zonza. A passagem é muito brusca. Apesar disso, me alegro de ter tido essas semanas de fartura. Delas me sobrou energia. Uma hora as distribuições provavelmente começarão. Com um provedor russo eu não posso mais contar. Isso acabou.

Hoje labutei o dia inteiro no sótão. Um dia de completo silêncio e solidão, o primeiro em muito tempo. De mais a mais, descobri que o aparelho de rádio do proprietário do apartamento sumiu. No lugar em que ele estava parado, podem-se ver marcas de mão na cal, verdadeiras impressões digitais. Material para um Sherlock Holmes. Concluí que os senhores telhadores se locupletaram aqui, quero subir ao telhado deles também. Vou conseguir o endereço com a governanta de nosso senhorio, metido no oeste da Alemanha. Ela faz o papel de autoridade no prédio em seu lugar e no momento cobra os aluguéis de junho. Por determinação oficial, os aluguéis de maio foram suspensos — o mês de maio de 1945 não conta civilmente.

Sexta-feira, 1° de junho de 1945

Nas floreiras da varanda, brota eriçado o cerefólio, e, com folhas redondas, a borragem. A vida pequena e verde alegra minha manhã. Para o café-da-manhã havia três fatias de pão, untadas com um grude que eu mesma fiz com fermento seco e água. A senhora austeridade está no poder.

Apesar disso, parti para uma grande marcha, desta vez rumo a Steglitz, até a casa de uma jovem secretária de minha antiga firma.

Berlim se limpa. As crianças têm a aparência de que voltaram a tomar banho. Por toda parte se vêem caravanas de famílias com carrinhos de mão — refugiados dos arredores de Berlim, que anseiam voltar para casa. Aqui e ali, nas paredes e nos postes de iluminação, há cartazes colados que convocam os silesianos e os prussianos orientais para os transportes coletivos rumo à pátria. Dizem que as coisas estão mais complicadas no oeste, o Elba ainda está intransponível. Lá os russos e americanos se encontraram, lá eles ainda confraternizam, segundo disseram no rádio.

A caminho, passei por longas correntes de mulheres, em azul e cinza elas se estendem sobre os montes de escombros. Baldes passavam de mão em mão. Regressão à época das pirâmides, só que não construímos, mas demolimos.

O prédio ainda estava de pé, mas parecia ter sido fortemente atingido pelas chamas. No apartamento, marcas de incêndio e rachaduras na parede. As tapeçarias pendiam em farrapos; mas no quartinho de Hilde, flores nos vasos. Visto que Hilde ficou singularmente quieta, cobri-a com palavras apressadas, recorri a toda sorte de coisas engraçadas para fazê-la rir. Até que ela começou a falar por si mesma. Então me calei embaraçada.

Hilde usava um vestido azul-escuro, pois não tem nenhum preto. No dia 26 de abril ela perdeu seu único irmão. Enquanto a mãe e a irmã permaneciam no porão, ele subiu à rua para sondar a situação. Um estilhaço de granada abriu sua têmpora. Alemães saquearam o morto. Outros levaram o cadáver despido a um cinema próximo. Apenas dois dias depois, tendo procurado por toda parte, ela encontrou o irmão lá. A mãe e a filha o levaram num carrinho de mão ao parque público, escavaram uma cova rasa com a pá e nela enterraram o rapaz de dezessete anos enrolado em sua capa de chuva. Ele ainda jaz lá. A mãe acabara de sair para colocar lilases sobre a cova.

Tanto a mãe quanto a filha conseguiram escapar dos russos. Os quatro andares até o apartamento as protegeram; além disso, o corrimão está quebrado a partir do terceiro andar; não se acredita que acima ainda more alguém. Hilde contou que no porão deles uma menina espigada de doze anos foi "chaveada junto" na pressa. Felizmente, havia um médico nas proximidades, que mais tarde veio em seu auxílio. A uma outra mulher da casa, um russo de passagem deixou um lenço imundo, atado, que continha toda sorte de jóias — um tesouro sobre cujo valor fabuloso circulavam os mais fantásticos boatos no prédio.

Tudo isso Hilde contou inteiramente impassível. Ela adquiriu um rosto diferente, parece chamuscada. Está marcada para toda a vida.

Na volta, fiz um desvio com o propósito de visitar minha amiga Gisela. As duas ex-estudantes abandonadas de Breslau ainda estão com ela. Três moças sujas; hoje cedo elas tiveram de carregar escombros na corrente de mulheres por algumas horas. A loira Hertha estava deitada no sofá com o rosto ardendo. A médica que mora ao lado diagnosticou uma inflamação nos ovários. Além disso, é grande a probabilidade de que Hertha esteja grávida. De manhã cedo ela vomitou o pouquinho de pão seco. O mongol que a forçou possuiu-a quatro vezes seguidas.

Para o almoço, as três mulheres tiveram uma sopa rala de farinha. Tive de almoçar com elas para não ofendê-las. Além disso, eu também estava com uma fome terrível. À sopa Gisela acrescentou urtigas picadas, que crescem selvagemente nas floreiras da varanda.

Para casa, e para cima, ao meu sótão. Uma imagem no caminho: um caixão preto, exalando forte cheiro, visto que fora alcatroado, amarrado com cordas sobre um carrinho de mão. Um homem e uma mulher empurravam; uma criança estava sentada em cima. Outra imagem: uma carroça de lixo da cidade de Berlim. Seis caixões sobre ela; um deles servia de banco aos cocheiros. Eles tomavam o café-da-manhã em movimento, passavam uma garrafa de cerveja entre si, cada um por seu turno a levava à boca.

Sábado, 2 de junho de 1945

Fiz uma visita a um dos telhadores e expliquei sem cerimônias diante de sua porta que eu tinha vindo para buscar o aparelho de rádio que havia desaparecido do meu sótão. De início, o bom homem se fez de ignorante: ele não sabia de aparelho nenhum, eu devia estar enganada.

Lancei mão de um truque sujo: mostrei-lhe a velha ficha da Câmara Municipal em que consta minha indicação como intérprete ao comandante local e afirmei que sempre há um russo à minha disposição para eventuais buscas domiciliares. Então a memória do homem voltou de imediato: ah, sim, pode ser que seu colega, aliás morando aqui no mesmo prédio, tenha levado consigo o aparelho, que estava largado por aí sem dono, para colocá-lo a salvo. Ele me mandou esperar, subiu um andar e voltou três minutos depois com o aparelho — embrulhado, ainda amarrado. Até o papel de embrulho, como logo vi, eles pegaram do sótão.

O poder como meio coercitivo. Eu simulei poder com a ajuda de um papelinho. O truque pegou de imediato. Estou convencida de que de outro modo eu não teria conseguido reaver o rádio. Apesar disso, ficou uma sensação pegajosa. Mas é provável que a maioria dos mecanismos da vida — casamentos, empresas, Estados, exércitos — siga em movimento graças a esse tipo de truques.

Durante o meio-dia, fiquei deitada ao sol na varanda do sótão. Enquanto isso, olhei pela janela que fica bem em frente. Lá uma mulher pedalava a máquina de costura e pespontava uma faixa azul a uma vermelha. Então ela recortou círculos de um retalho branco e denteou as bordas formando estrelas. *Stars and Stripes*. Isso deve se tornar uma bandeira americana. Na escada, a perebenta já me perguntou quantas estrelas a bandeira americana precisava ter. Eu não sabia com exatidão se eram 48 ou 49, e indiquei à perebenta a enciclopédia da viúva. Uma bandeira trabalhosa para costureiras manuais alemãs, trabalhosa já nas cores; ainda mais trabalhosa quanto ao modelo. Que simples, em comparação, a bandeira russa: basta arrancar o motivo alvinegro da suástica das velhas bandeiras que se acham em todas as casas que não foram bombardeadas; sobre o vermelho, trata-se então de costurar um martelo, uma foice e uma estrela amarelos. Vi martelinhos comovedoramente tortos e foices retorcidas. A mais bem-sucedida é a tricolor, pois também os franceses são vencedores: azul e branco e vermelho, só isso, as tiras costuradas verticalmente umas às outras, e pronto. Para o vermelho, a maioria das costureiras pega forros de cama ou restos de bandeiras nazistas. Restos de lençóis para o branco podem ser facilmente encontrados. O problema aqui é o azul. Eu vi como recortaram roupas de criança e toalhas de mesa para isso. A viúva sacrificou uma velha blusa amarela para o martelo, a foice e a estrela soviética. A partir de sua enciclopédia, também amalgamaram a Union Jack britânica; só que ela não tremula ao vento, mas fica presa à haste como uma tábua — rígida por causa dos vários metros de varal usados para fixar as faixas vermelhas diagonais e em cruz sobre o fundo azul do tecido de um avental.

Algo assim, só mesmo neste país. Circulou uma ordem — de onde, não sei — para que as bandeiras dos quatro vencedores fossem hasteadas. E veja só, a dona de casa alemã tira quase do nada, por encanto, essas bandeiras. Se eu fosse um colecionador de suvenires dos países vencedores, mais tarde eu passearia por aí e recolheria esses farrapos esquisitos, tão diferentes em cor, forma e material, como curiosidades. No decorrer da tarde, surgiram por toda parte em nossa rua paninhos tocantemente tortos, desbotados e diminutos.

Por volta das dezessete horas, Ilse R., que visitei há quase duas semanas em Charlottenburg, veio ao meu sótão. Ela fez o longo caminho a pé, inclusive usando salto alto, pois não tem outros calçados, dama refinada que um dia foi. Ela veio com um plano. Seu marido conhece um húngaro que acabou vindo parar na Alemanha pouco antes da guerra. O húngaro possui, segundo ela, um maço inteiro de dólares americanos. Com isso ele quer fundar alguma coisa. O que lhe parece mais lucrativo é uma editora, na qual ele pensa publicar jornais, revistas e livros. Pois, é o que ele sustenta, todas as velhas editoras estão mortas, visto que compactuavam com os nazistas. Assim, todo esse campo pertence agora ao primeiro que aparecer de mãos limpas e arranjar papel. Eles querem que eu tome parte porque possuo experiência editorial e sei fazer a paginação. Não conheço o húngaro, nunca antes ouvi falar dele, julgo tudo isso uma bobagem. Mas talvez eu esteja enganada. Em todo o caso, concordei. Assim que a firma estiver de pé, vou ganhar um atestado de trabalho — e com isso, cupom II e quinhentos gramas de pão por dia em vez de trezentos. Inimaginável!

Enquanto Ilse estava comigo, apareceu a viúva. Tagarelamos as três como se estivéssemos em um chá de senhoras. Só faltavam o café e os bolos, eu não tinha nada a oferecer. Apesar disso, estávamos todas alegres, uma superou a outra no humor sobre os estupros.

Noite quieta para mim, que o aparelho de rádio reavido dos telhadores com luta tornou mais agradável. Mas logo desliguei. Depois do jazz, das revelações, de Heinrich Heine e da humanidade, vieram elogios ao Exército Vermelho que me pareceram demasiado açucarados. Que não falassem nada ou dissessem francamente:

— Vamos dar isso por acabado, e agora uma nova folha.

Domingo, 3 de junho de 1945

Manhã sossegada, sol quente. As bandeirolas miseráveis, feitas em casa, colorem a rua. Eu fiz pequenas arrumações pelo apartamento, cozinhei minha sopa de cevadinha sobre o fogão elétrico que falhava sem parar. Sopa mais duas vezes e a cevadinha se foi. Não tenho mais nada de gordura; ainda não houve nenhuma distribuição. No entanto, me disseram no mercado que está para chegar óleo de girassol russo. E eu vi os vastos campos de girassóis da Ucrânia, dourados de gordura. Que bom seria.

Depois do almoço, seguiu-se a minha segunda marcha a Charlottenburg através da Berlim nevoenta e deserta. Minhas pernas se movem de modo inteiramente mecânico. Sou como uma máquina de caminhar.

Encontrei o húngaro com Ilse e seu marido; ele está realmente tomado de um ímpeto de fundador. Um tipo moreno com a testa retangular, vestindo camisa recém-passada e aparentando estar tão bem-nutrido que acredito em seus dólares. Num alemão bastante irregular, ele proferiu uma conferência sobre o fato de que pretende fundar em primeiro lugar um jornal diário. Ele gostaria de chamar esse novo periódico internacional de *Die neue Tat*, "A nova ação".

Discutimos acerca do caráter e da orientação do jornal. Havia um desenhista conosco; ele já esboçou um cabeçalho para o jornal, muito ousado.

Além disso, o húngaro quer fundar várias revistas, uma para mulheres, uma para a juventude madura — jornais para a reeducação democrática. (Essa expressão ele tomou do rádio.) Perguntei-lhe até que ponto ele já avançou em suas negociações com os russos. Ele respondeu que havia tempo para isso — tratava-se, primeiro, de comprar todo o papel que sobrou em Berlim para, desse modo, eliminar a concorrência de antemão.

O húngaro sem dúvida se considera o Ullstein ou o Hearst do futuro. Ele vê arranha-céus onde nós vemos escombros, sonha com um truste gigantesco. Tão inspirador é o efeito de um bolso cheio de dólares americanos.

Apesar de minhas dúvidas e hesitações, logo me sentei junto com o desenhista e esbocei a paginação de uma capa de jornal. O húngaro deseja formato grande e muitas fotos. Quanto às impressoras, quem está cuidando disso é o marido de Ilse, visto que é engenheiro. Ele conhece uma tipografia que ainda jaz até a metade sob escombros soltos de incêndio. Com o manejo de especialistas, diz ele, as máquinas escondidas nos escombros podem ser utilizadas facilmente outra vez. Repliquei que o desentulho decerto só poderia ser feito assim que as tropas russas tiverem se retirado. Mas o senhor R. disse rindo que máquinas como essas são muito antiquadas para os vencedores; entre eles há especialistas e, em toda parte, eles estão loucos apenas atrás do melhor e mais moderno.

Cheguei em casa bem, as pernas ainda estão duras da caminhada rápida. Mas eu me sinto animada e farejo uma chance.

Agora depende de mim mesma. Amanhã deve começar o trabalho de planejamento para as revistas. Como escritório, serve-nos por enquanto o apartamento do engenheiro. Lá também devo receber meu almoço. Ilse contrabandeou um saquinho de ervilhas. Ótimo.

Inventei uma pequena guloseima para a noite. Do resto de açúcar no saco de papel, peguei uma colher de chá cheia e a coloquei em um copo pequeno. Dele tiro agora a doçura com a ponta do indicador, lenta e cautelosamente; eu me alegro com cada lambida e aprecio os cristais doces sobre a língua mais do que jamais apreciei uma caixa de bombons em tempos de paz.

Segunda-feira, 4 de junho de 1945

Marcha matutina a Charlottenburg, calor sufocante. Nossas revistas já ganham um rosto. Reuni para elas textos de autores proibidos, na medida em que estavam ao alcance; na biblioteca do senhor R. ou seja onde for no prédio. Máximo Gorki, Jack London, Jules Romains, Thomas Wolfe, também autores mais antigos, Maupassant, Dickens, Tolstói. A questão agora, na medida em que os autores ainda não estão liberados, é como adquirir os direitos editoriais, visto que nenhuma das antigas editoras já voltou a existir. Tais ninharias absolutamente não incomodam o húngaro. Ele é a favor da reprodução.

— Se mais tarde vier alguém e exigir dinheiro, então pagamos — ele bate no bolso de sua calça.

Ele já arranjou uma bicicleta, que colocou generosamente à disposição da "editora", que por enquanto só existe no ar.

Para o almoço tivemos de fato sopa de ervilhas, por infelicidade não de todo como manda o figurino: as ervilhas, diz Ilse, simplesmente não amolecem com o cozimento. Por isso, ela passou tudo pelo moedor de carne. O gosto é áspero como de areia, mas dá para engolir. Em compensação, um pedaço de toucinho foi acrescentado à sopa; recebi o couro do toucinho por ter de marchar muito.

Teria de me pesar outra vez, tenho a sensação de que emagreço rapidamente. Todos os vestidos já estão grandes demais.

Por volta das seis da tarde, marcha para casa. As ruas estavam movimentadas por muitas caravanas pequenas e cansadas. De onde? Para onde? Eu não sei. A maioria dos grupos rumava na direção leste. Os veículos se parecem uns aos outros: miseráveis carrinhos de mão, com pilhas altas de sacos, caixas e malas. Muitas vezes, atrelados a eles com cordas, uma mulher ou um adolescente. Atrás, crianças pequenas ou um vovô que empurrava o carrinho. Quase sempre, no alto da tralha do carrinho, mais criaturas humanas: bem pequenas, crianças ou algum velho. Medonha a aparência desses velhos, seja homem ou mulher, em meio aos trastes. Pálidos, arruinados, já semimortos, trouxas indiferentes de ossos. Parece que antigamente, entre povos nômades como os lapões ou os indianos, os velhos desamparados se enforcavam em um galho ou se escondiam na neve para morrer. O Ocidente cristão os arrasta consigo enquanto ainda respirarem. Muitos terão de ser enterrados à beira do caminho.

"Honrai a velhice" — sim, mas não no carrinho de fuga, essa não é a hora nem o lugar para tanto. Pensei sobre a posição social dos velhos, sobre o valor e a dignidade daqueles que viveram muito. Outrora, os velhos eram os proprietários, os que controlavam os bens. Na massa desapossada à qual quase todos hoje pertencemos, a velhice não vale nada. Não é algo honroso, mas lastimável. Mas parece que precisamente essa situação ameaçada espicaça os velhos e atiça seu impulso de viver. O soldado desertor de nosso prédio contou à viúva que por causa de sua sogra idosa precisa chavear cada migalha de comida. Ela rouba tudo que consegue pegar e consome às escondidas; ela come sem escrúpulos as rações de sua filha e de seu genro. Se lhe dizem alguma coisa, ela berra que decerto querem deixá-la morrer de fome, matá-la de alguma maneira para herdar a casa... É assim que as veneráveis matronas se transformam em animais que se agarram vorazes ao seu resto de vida.

Terça-feira, 5 de junho de 1945

Dormi mal, dores de dente. Apesar disso, levantei cedo e marchei para Charlottenburg. Hoje há novamente bandeiras hasteadas em toda parte. Dizem que os aliados pousaram no aeroporto aos milhares, ingleses, americanos, franceses. Em sua honra tremulam as bandeirolas engraçadas, tão desiguais, produtos do zelo de fim de semana das mulheres alemães. Enquanto isso, os caminhões russos continuam levando nossas máquinas embora.

Eu troto e troto, continuo sendo a máquina de caminhar. Marcho pelo menos uns vinte quilômetros por dia, com alimentação escassa. O trabalho me agrada. Todo dia o húngaro maquina alguma coisa nova. Ele ouviu de alguém que em primeiro lugar deverão distribuir papel apenas para livros escolares. Portanto, ele inclui livros escolares no programa de sua editora. Ele aposta na necessidade urgente de cartilhas alemãs atualizadas e gramáticas russas, me encarregou de quebrar a cabeça nesse sentido. Enquanto isso, Ilse distribuiu uma xícara de café. Depois das seis da tarde, tomei o caminho de casa a pé (as solas dos calçados já estão finas como papel). No caminho, passou por mim o primeiro veículo alemão outra vez em funcionamento, um ônibus que circula a cada meia hora; mas muito lotado, impossível chegar perto. Também vi policiais alemães, novos na função; rapazinhos singularmente franzinos, esforçados em não chamar a atenção.

Cheguei em casa molhada de suor e com os pés ardendo. A viúva me deteve na escada com uma surpresa: Nikolai esteve aqui, ele perguntou por mim! Nikolai? Tive de pensar um bom tempo até me recordar dele, o primeiro-tenente e inspetor bancário de tempos idos; Nikolai, que pretendia vir e não veio.

— Por volta das oito, ele vai perguntar por ti outra vez — disse a viúva. — Logo ele tocará a campainha lá em cima. Isso não te deixa alegre?

— *Je ne sais pas* — respondi, na lembrança dos conhecimentos de francês de Nikolai.

Eu realmente não sabia se devia me alegrar. Depois que Nikolai já havia se desfeito no ar duas vezes, sua vinda em carne e osso me parecia de todo inacreditável. Além disso, já fazia tanto tempo. Não gostaria de ser lembrada disso. E eu estava muito cansada.

Mal acabara de me lavar às pressas e, como sempre faço depois dessas marchas forçadas, de me deitar, tocou a campainha. Nikolai, de fato. Trocamos frases em francês na semi-escuridão do corredor. Quando o convidei a entrar na sala e ele me viu na claridade, seu susto foi visível:

— Mas o que aconteceu? Que aparência é essa?

Ele me achou emagrecida e adoentada, quis saber como isso foi possível em tão pouco tempo. Pois é, muito trabalho e marchas intermináveis com muita fome e pouco pão seco — desse jeito a gente emagrece. Estranho que a transformação não tenha chamado tanto a minha própria atenção. Não temos ocasião de nos pesar; e no espelho nos olhamos apenas fugazmente. Mas será que é tão terrível assim?

Ficamos sentados um diante do outro à mesinha dos fumantes. Em meu cansaço, não pude reprimir os bocejos, não encontrei mais as palavras em minha cabeça, estava tão sonolenta que absolutamente não entendia do que Nikolai estava falando. Mas fiz um esforço e ordenei a mim mesma ser simpática com ele; ele próprio estava muito amigável, mas estranho. Pelo visto, contava com outra recepção. Ou o fantasma pálido em que me transformei simplesmente não lhe agradou mais. Finalmente entendi que também dessa vez Nikolai veio apenas para se despedir, que ele já se encontra fora de Berlim e que hoje, apenas por um dia, tinha coisas a tratar aqui, pela última vez, conforme disse. Não precisei, portanto, fazer uma cara amigável, não precisei fingir nenhum interesse por ele. Simultaneamente, notei durante todo o tempo um pesar silencioso pelo fato de as coisas terem se sucedido assim com Nikolai. Ele tem uma boa cara. Na despedida, no corredor do prédio, ele premeu algo em minha mão, e sussurrou:

— *En camerades, n'est-ce pas?*

Eram notas de dinheiro, mais de duzentos marcos. E, exceto por algumas frases entremeadas de bocejos de minha parte, ele não recebeu nada em troca. Gostaria de comprar algo para comer com esse dinheiro, mesmo que fosse só um jantar para hoje. Mas nesses tempos cada um segura firme o que possui. E assim morre o mercado negro.

Quarta-feira, 6 de junho de 1945

É noite outra vez, e a máquina de caminhar voltou para casa. Lá fora corre a chuva. Aqui dentro, em meu sótão, ó felicidade, a água também corre da torneira agora. Enchi a banheira e derramei jatos de água sobre mim. Foi-se o cansativo subir de escadas com os pesados baldes de água.

Outro dia severo de trabalho. Eu saí com o húngaro por causa do aluguel de salas de trabalho. Antes estivemos na Câmara Municipal, onde o húngaro arranjou papéis, carimbos e assinaturas que devem atestar seus planos e sua integridade. Lá eu vi personagens estranhas: jovens dançarinos; uma judia batizada que falava de sua operação no nariz; um homem de idade com uma barba assíria vermelho-fogo, pintor de quadros "degenerados". Eles saem de todos os buracos; tipos como já não se via há anos.

Depois de uma pequena xícara de café de verdade, discussão acalorada com Ilse e seu marido: deve o senhor R. aceitar uma oferta e ir a Moscou? Oferecem-lhe uma posição de comando, bom salário... Mas Ilse se defende a socos e pontapés, já pelo fato de que seu marido precisaria ir sozinho, em primeiro lugar. Mas ele também não quer. Ele gostaria de continuar respirando o ar ocidental, reuniu coragem com os nossos planos editoriais e espera poder um dia tomar parte outra vez do velho jogo masculino por dinheiro, poder e carros maiores.

Hoje os aliados negociam entre si. O rádio cospe discursos, transborda de belas palavras com as quais nossos ex-inimigos homenageiam uns aos outros. Compreendo apenas que nós, alemães, fomos por água abaixo, abandonados. Não posso mudar nada disso, preciso engoli-lo; quero tentar conduzir meu pequeno barco em meio a isso. Trabalho duro, pão escasso — mas o velho sol no céu. E talvez o coração volte a falar outra vez. As coisas todas que já tive em minha vida — em abundância!

Quinta-feira, 7 de junho de 1945

Hoje a máquina de caminhar teve um dia de folga. Já cedo, eu estava na fila do verdureiro Fritz, em busca de abóbora. Infelizmente, vi depois que a coisa estava salmourada — não consegui engoli-la. Por felicidade, consegui duas bandejas de verduras secas, chamadas de "arame farpado", e uma sacola de batatas secas. Além disso, apanhei uma bolsa cheia de urtigas nos jardins dianteiros das ruínas; colhi tudo elegantemente com minhas luvas de pele de tubarão salvas em minha bagagem do abrigo antiaéreo. Devorei as ervas com avidez, também bebi a água verde da cozedura; me senti realmente renovada.

Então calculei que agora eu já estava atrasada há mais de duas semanas, e andei a passos largos sete casas adiante, onde pende a tabuleta do consultório de uma médica, embora nunca antes tivesse estado lá, e sem saber se ela já atendia novamente. Encontrei uma mulher loira, pouco mais velha do que eu, que atendia num casebre que fora atingido pelas chamas. No lugar das vidraças, ela havia encaixado velhas chapas de raios x com tórax alheios nas molduras da janela. Ela não se deteve em falatórios e foi logo ao assunto.

— Não — disse ela depois do exame —, nada encontrado, tudo em ordem.

— Mas eu estou atrasada. Algo assim eu nunca vi.

— Creia a senhora que isso acontece com muitas agora. Eu também estou atrasada. Tem a ver com a alimentação. O corpo poupa sangramentos. A senhora dê um jeito de colocar algo no bucho. Então as regras também ficarão em ordem outra vez.

Ela pediu dez marcos, que lhe dei de consciência pesada. Que grande coisa ela pode fazer com isso? Por fim, arrisquei perguntar se também não vinham mulheres engravidadas por russos e pediam ajuda.

— É melhor não tocarmos nesse assunto — disse ela asperamente e me dispensou.

Noite tranqüila, toda para mim. Rajadas de vento varrem através das molduras vazias das janelas, remoinham a poeira no quarto. Para onde irei quando um dia o dono do apartamento voltar? Em todo o caso, é certo que sem a minha presença o sótão já teria sido esvaziado há muito tempo por telhadores e outros compatriotas. Móveis alheios queimam melhor do que os próprios.

Sexta-feira, 8 de junho de 1945

A máquina de andar esteve outra vez a caminho. Hoje, uma experiência singular: nesse meio-tempo, um trecho da via férrea foi reativado a título de experiência. Vi os vagões vermelhos e amarelos parados lá em cima na plataforma, subi as escadas, por vinte de nossos antigos fênigues comprei um bilhete e embarquei. Dentro, as pessoas estavam tão solenemente sentadas nos bancos! De imediato, duas se chegaram e abriram espaço para mim. Foi uma viagem sibilante pelo sol e pelos desertos de ruínas. Todos os meus penosos e intermináveis minutos de caminhada passaram voando. Lamentei muito por ter de descer tão cedo. A viagem foi tão agradável, como um presente.

Hoje trabalhei com aplicação. Juntamente com Ilse, fiz um projeto para o primeiro fascículo da planejada revista feminina. Apenas os títulos de nossas publicações ainda não estão definidos; matutamos em conjunto a respeito. De qualquer modo, em todos os títulos deve aparecer a palavra "novo".

Dia estranhamente onírico, vi pessoas e coisas como que através de um véu. A caminho de casa com os pés doloridos, estou esgotada de fome. No apartamento de Ilse recebemos agora apenas um prato de sopa de ervilhas, duas conchas cheias para cada um, a fim de prolongar as reservas. Pareceu-me que todos os passantes olhavam com olhos encovados de fome. Amanhã quero procurar urtigas novamente. A caminho, eu já sondava cada porção verde de terreno com esse propósito.

Em toda parte se nota o temor pelo pão, pela vida, por trabalho, por salário, pelo dia vindouro. Amarga, amarga derrota.

Sábado, 9 de junho de 1945

Outro dia de descanso para mim. Acordamos que eu, enquanto não tiver mais para comer, farei a cansativa marcha de vinte quilômetros apenas a cada dois dias.

No estabelecimento em que estou registrada, recebi sêmola e açúcar pelos meus marcos; duas ou três refeições garantidas outra vez. Além disso, com minhas mãos elegantemente enluvadas, colhi todo um monte de brotos de urtiga, também recolhi armola e folhas de dente-de-leão.

À tarde, pela primeira vez desde tempos imemoriais, fui outra vez ao cabeleireiro. Mandei lavar meio quilo de sujeira de meu cabelo e fazer *mise-en-plis*. O cabeleireiro surgiu de algum lugar e se instalou na sala consideravelmente revirada de um colega desaparecido que eles buscaram ainda no último minuto para a Volkssturm, e cuja família, dizem, foi evacuada para a Turíngia. Um espelho ainda está intacto, um secador de cabelo amassado continua mais ou menos utilizável. O modo de falar do cabeleireiro correspondia inteiramente aos tempos de paz:

— Com certeza, minha senhora, mas é claro, com prazer, minha senhora...

Eu me achei inteiramente estranha diante desses modos obsequiosos de falar. O "minha senhora" é de certo modo uma moeda interna, que vale apenas entre nós. Para o mundo, somos mulheres arruinadas e lixo.

Domingo, 10 de junho de 1945

O rádio anuncia que a administração de guerra dos russos virá mesmo a Berlim, e que futuramente a Rússia chegará até a Baviera, Hanôver e Holstein; que os ingleses receberão o Reno e o Ruhr, e os americanos, a Baviera. Mundo confuso, país retalhado. Agora temos paz há um mês.

Manhã pensativa com sol e música. Li Goethe, Rilke e Hauptmann. Consolador que também eles nos pertençam e sejam da nossa raça.

À uma e trinta, saí. Marcha abafada através da Berlim ainda vazia e muda rumo a Charlottenburg, onde nos reunimos outra vez e conferenciamos. Um homem novo, um especialista em impressão, se juntou a nós. Segundo sua opinião, não tem sentido algum colocar a aquisição de papel em primeiro lugar. Quem tem papel não o larga, até o esconde, pois teme confisco. E se estiver disposto a largá-lo, falta-nos um veículo, faltam espaços para o depósito até que a impressão possa começar. Pois o parque automotivo de nosso empreendimento totaliza atualmente apenas duas bicicletas — o que é mais do que a maioria das firmas possui agora. O especialista em impressão acha que importa sobretudo arrancar das autoridades uma licença, uma distribuição oficial de papel. O engenheiro já passou por todas as repartições alemãs e russas possíveis, e falou, bastante abatido, de todos os consolos que lá recebeu. Só o húngaro transborda de otimismo. Com certeza ele é uma raposa velha. Quando mencionei no decorrer da conversa que no porão de meu antigo empregador ainda havia uma caixa cheia de fotos emolduradas de agraciados com a cruz de cavaleiro, que se pensara presentear em algum concurso, mas que não poderiam mais ser distribuídas, ele perguntou, de imediato completamente desperto:

— Fotos? Com moldura?

— Sim, perfeitamente emolduradas e envidraçadas.

— Vamos lá buscar o vidro — ordenou ele.

Ele já tem salas comerciais à mão em algum lugar, obviamente sem vidraças, como a maioria das salas em Berlim. Ora, por mim que ele arrisque o roubo. Eu ficaria à espreita com prazer. Mas eu ainda não fui verificar. Provavelmente a coisa toda já tenha sumido há muito tempo.

No caminho para casa, visitei Gisela. A loira Hertha estava novamente deitada no sofá, doente, porém desta vez não com o rosto rubro, mas branco como a neve. Ela teve, segundo disse Gisela, um aborto. Não fiz mais perguntas. Apenas dei a cada uma das três moças um dos bombons que nosso húngaro, "em agradecimento pela distinta dica do vidro", me deu para o caminho de casa. Grãos de moca recheados, muito bons. Foi lindo de ver como os rostos crispados e amargurados das moças se relaxaram quando elas experimentaram o recheio doce dos bombons.

Falei com Gisela acerca de nossos planos editoriais. Assim que um de nossos planejamentos tomar forma, Gisela poderia trabalhar conosco. Ela fez uma cara cética. Ela não consegue imaginar que em nosso país possamos criar impressos segundo nossas concepções. Ela acha que serão permitidos apenas jornais que estejam de acordo com as concepções de Moscou, e que não são as suas. Ela ainda tem muita vergonha de pronunciar a palavra "Deus" na minha frente, mas tudo que ela diz aponta nesse sentido. Estou convencida de que ela reza e tira forças disso. Ela não tem mais para comer do que eu. Seus olhos têm olheiras profundas. Mas esses olhos reluzem, enquanto os meus apenas brilham. Não podemos ajudar uma à outra agora. Mas a mera existência de outros famintos ao meu redor me mantém de pé.

Segunda-feira, 11 de junho de 1945

Outro dia só para mim. Estive na polícia e tentei conseguir alguma autorização oficial para a exploração da horta que fica atrás da casa queimada do professor K., um bom conhecido dos velhos tempos. Apresentei uma carta do velho senhor, enviada por ele ainda em março de seu refúgio brandemburguês, na qual ele me pede que cuide de sua horta. Mandaram-me de um lugar para o outro. Ninguém era responsável. Ar fétido e pequenas rixas em toda parte nos escritórios escuros forrados com papelão. Nada mudou.

A caminho, colhi minha porção de urtigas. Eu estava muito debilitada, a gordura faz falta. Sempre um véu flutuante diante dos olhos e uma sensação de estar suspensa e de ficar mais leve. Estas meras anotações já são um esforço agora, embora sejam um consolo em minha solidão, uma espécie de diálogo, um desabafo. A viúva me falou de sonhos terríveis com russos, que ela sonha ainda agora. Comigo não acontece nada assim, possivelmente porque cuspi tudo sobre o papel.

A coisa vai mal com as batatas. Já nos entregaram as rações até o final de julho, compulsoriamente; tivemos de ir buscá-las. Qualquer um cheira o motivo: os tubérculos, escavados só agora dos depósitos subterrâneos, fermentam, e a metade consiste de um lodo fedorento. Mal se consegue suportar o cheiro na cozinha, mas na varanda, é o meu receio, elas apodrecerão ainda mais rápido. Do que deveremos viver em julho? Além disso, o fogão a gás me causa desgostos. Se a pressão do gás é suficiente, então há estouros no encanamento como se fossem tiros. E o fogão elétrico, remendado como ele está, não quer mais funcionar.

Tenho de esconder o pão de mim mesma. Já adiantei cem gramas na ração matinal, não devo deixar essas antecipações se tornarem comuns.

Terça-feira, 12 de junho de 1945

A máquina de caminhar esteve outra vez em Charlottenburg. Nada mais de viagens rápidas de trem. Logo depois das primeiras experiências, algo estragou: o trem está em greve outra vez. Trabalhamos com aplicação. Agora nossos esboços e propostas devem ser apresentados a todas as repartições competentes possíveis.

No caminho, me coube uma experiência nova. Em um gramado, escavavam cadáveres a fim de trasladá-los a um cemitério. Um dos cadáveres já estava sobre o entulho. Uma trouxa lodosa, alongada, envolta em lona. O homem que escavava, um civil de certa idade, limpou o suor com a manga da camisa e se abanou com o boné. Senti pela primeira vez o cheiro de um cadáver humano. Em todas as descrições possíveis encontrei a expressão "cheiro adocicado de cadáver". Acho o adjetivo "adocicado" impreciso e de forma alguma suficiente. Essa exalação não me parece de modo algum um cheiro; é antes algo sólido, roliço, qual um mingau de ar, uma bruma que se acumula diante do rosto e das narinas, muito mofenta e densa para ser inspirada. É algo que nos deixa sem ar. Algo que nos repele como se tivesse punhos.

Em geral, Berlim fede muito agora. O tifo se alastra; a disenteria não poupa quase ninguém. Ela apanhou o senhor Pauli com força. E a perebenta, segundo ouvi à tardinha, foi buscada e deve estar deitada em alguma barraca para tifosos. Por toda parte campos de lixo empestados de moscas. Moscas e mais moscas, negro-azuladas e gordas. Que vida não devem levar esses bichos! Cada pedaço de excremento é uma esfera zumbidora e que fervilha em negro.

A viúva ouviu um rumor que circula atualmente em Berlim:

— Eles nos punem com a fome porque dia desses alguns mortos de fome atiraram contra russos.

Não acredito nisso. Em nosso bairro não se vê mais um russo sequer, aí não haveria nenhuma presa para mortos de fome. Não sei onde os ivãs foram parar. A viúva diz que uma das duas irmãs festeiras que continua em nosso prédio, Ania com o seu lindo filhinho, prossegue recebendo visitas de russos que trazem coisas diligentemente. Sabe-se lá se vai tudo bem. Em minha imaginação, já vejo a garganta branca de Ania aberta sobre o encosto do sofá.

(Rabiscado à margem no final de junho: não Ania e não a garganta, mas uma Inge, dois prédios adiante, depois de uma noite de bebedeira com quatro desconhecidos, até agora não encontrados, foi achada pela manhã com o crânio partido. Abatida com uma garrafa — naturalmente vazia — de cerveja. Certamente não por maldade ou sede de sangue, mas por nada, talvez na briga pela seqüência. Ou essa Inge riu de suas visitas. Russos bêbados são perigosos, eles se enfurecem contra si e contra todos quando irritados.)

Quarta-feira, 13 de junho de 1945

Um dia para mim. Junto com a viúva, procurei urtigas e armola. Passamos pela horta destruída e abandonada do professor. Mesmo que eu conseguisse uma autorização oficial para cultivá-la, aqui eu teria chegado tarde demais. Mãos desconhecidas cortaram galhos inteiros da cerejeira, colheram as cerejas que mal estão amarelas. Aqui nada ficará maduro, os famintos já colhem com antecedência.

Frio, temporal e chuva. Pela primeira vez passou novamente um bonde pela nossa rua. Embarquei logo, apenas para andar, mas no caminho pensei que eu bem poderia passar na Câmara Municipal e perguntar se realmente temos salário a receber pelo nosso trabalho a serviço dos russos, pela semana no terreno da fábrica. Lá reencontrei, de fato, o meu nome numa lista; cada dia de trabalho estava nitidamente anotado, os meus e os das outras mulheres. Até os descontos dos impostos estavam registrados. Um total de 56 marcos — que só receberei, porém, quando a caixa municipal tiver dinheiro outra vez. O funcionário me recomendou perguntar mais uma vez na próxima semana. Em todo o caso, voltaram a registrar, somar e cobrar; acabarei ganhando alguma coisa.

Enquanto eu aguardava na estação pela viagem de volta, debaixo de chuva e temporal, falei com um casal de refugiados. O homem e a mulher já estão há dezoito dias na estrada. Eles vêm da Tchecoslováquia, trazem más notícias.

— Na fronteira, o tcheco tira a camisa dos alemães e os espanca com o chicote para cães — diz o homem.

Depois disso, a mulher, cansada:

— Não devemos nos queixar. Fomos nós mesmos que quisemos assim.

Parece que todas as estradas do leste pululam de refugiados.

Durante a volta para casa, vi pessoas saindo de um cinema. Desci de imediato e me dirigi à próxima sessão na sala relativamente vazia. Um filme russo, intitulado *Às seis da tarde após o fim da guerra*. Depois de toda a literatura barata que eu mesma vivi, é estranha a sensação de estar outra vez sentada num cinema e deixar que nos apresentem alguma coisa.

Entre o público, ainda havia soldados ao lado de algumas dúzias de alemães, em sua maioria crianças. Poucas mulheres; elas ainda não se atrevem no escuro em meio a todos esses uniformes. De resto, nenhum dos homens se preocupa com os civis, todos olham para a tela, riem a valer. Eu devorava o filme. Ele transborda de tipos com força de viver: mocinhas avantajadas, homens saudáveis. Um filme sonoro, em russo, e visto que se passava entre pessoas simples, entendi bastante. No fim, como *happy end*, ele mostrou uma queima de fogos de artifício sobre as torres de Moscou em comemoração à vitória. Contudo, ele foi rodado ainda em 1944. Isso os nossos senhores não arriscaram, não obstante todas as fanfarras antecipadas de vitória.

A nossa desgraça alemã me oprime outra vez. Saí profundamente triste do cinema e busquei ajuda ao invocar tudo aquilo que tira o fogo de meu impulso de viver. O trechinho de Shakespeare em meu diário parisiense, quando descobri Oswald Spengler e estava desolada em razão de seu *A decadência do Ocidente*: "*A tale told by an idiot, full of sound and fury, and signifying nothing.*" Duas guerras mundiais perdidas estão cravadas malditamente fundo em nossa ossada.

Quinta-feira, 14 de junho de 1945

A máquina de caminhar esteve outra vez em Charlottenburg. Se ao menos o nosso negócio já estivesse de pé e eu recebesse o cupom II para trabalhadores, com quinhentos gramas diários de pão, para que eu pudesse salvar um pouquinho para a noite. Pois assim preciso sacrificar logo no café da manhã os seis pãezinhos de centeio que vou buscar toda manhã. Quer dizer, dois eu levo comigo para o caminho, e os devoro nos dois pontos de descanso que me permito, pois caso contrário provavelmente desmaiaria. Apesar de "assadas" no substituto de café, as batatas com gosto de podre são difíceis de engolir. Tive de eliminar algumas outra vez, o montinho se esvai ameaçadoramente.

No prédio do engenheiro, havia hoje dúzias de aparelhos de telefone no corredor. Agora os recolhem em todas as casas; segundo dizem, para os russos. Berlim sem fio de telefone! Parece que devemos nos tornar trogloditas outra vez.

À noite, algo belo: finalmente consegui no mercado de nossa esquina a ração de gordura para duas décadas, ou seja, vinte dias: vinte vezes sete igual a 140 gramas de óleo de girassol. Atenta, levei a garrafinha, que eu tinha carregado vazia comigo em vão a semana inteira, para casa. Agora o cheiro da minha cozinha é o mesmo de uma "Stolovaia" moscovita, o restaurante da gente simples.

Sexta-feira, 15 de junho de 1945

Fui buscar bem cedo os meus seis pãezinhos diários. Eles estão úmidos e escuros; no passado eles não eram assim. Não ouso mais comprar um pão, eu pegaria por engano, antecipadamente, a porção do dia seguinte.

Hoje teve lugar o roubo no porão de meu antigo empregador. O húngaro, o engenheiro e eu entramos no prédio pelos fundos, através da lavanderia. Já tínhamos aberto a caixa, que estava intocada no depósito, quando apareceu no alto da escada do porão a mulher de nosso antigo gerente, que ainda mora aqui. Gaguejei alguma coisa acerca de pastas e papéis que eu ainda tinha guardados aqui. Os dois homens se encolheram atrás da caixa. Quebramos então as molduras dos retratos, arrancamos os retratos — fotos com assinatura de jovens agraciados com a cruz de cavaleiro — e empilhamos os vidros. Papel de embrulho e corda havíamos trazido conosco. Sem sermos notados, conseguimos escapulir pela entrada dos fundos. Não me importa se descobrirem o prejuízo. No fim das contas, perdi câmera e apetrechos no bombardeio completo da empresa, onde os havia guardado por desejo do chefe. Em comparação com isso, o que são algumas vidraças? Disparamos dali com o nosso roubo, o mais rápido que pudemos. Cada um de nós carregou uma pesada pilha de vidraças até meu apartamento, onde os homens haviam guardado as duas valiosas bicicletas da firma. Recebi quatro vidraças de comissão; poderia envidraçar uma janela de meu sótão com elas se tivesse massa de vidraceiro.

À noite, andei lendo livros da biblioteca reunida de modo mais ou menos arbitrário pelo dono da casa. Encontrei o *Polikuchka* de Tolstói e o li pela enésima vez. Meti-me com um volume de dramas de Ésquilo e descobri *Os persas*. Com os seus gritos de dor dos derrotados, ela se adapta muito bem à nossa derrota — e não se adapta absolutamente. Nossa desgraça alemã tem um ressaibo de asco, doença e loucura, não é comparável a nenhum fato histórico. Há pouco o rádio transmitiu outra reportagem sobre os campos de concentração. O mais horrendo nisso tudo é a ordem e a parcimônia: milhares de pessoas transformadas em adubo, enchimento para colchões, sabão mole, esteiras — algo assim Ésquilo não conheceu.

De sábado, 16 de junho, até sexta-feira, 22 de junho de 1945

Não anotei mais nada. E não escreverei mais, passou-se o tempo. Era sábado, por volta das cinco da tarde, quando a campainha soou. A viúva, pensei. Mas era Gerd, em roupas civis, a pele tostada, o cabelo mais claro do que nunca. Por um bom tempo nenhum de nós disse nada, nos encaramos no corredor crepuscular como se fôssemos dois fantasmas.

— De onde tu vens? Te liberaram?

— Não, eu me perdi. Mas primeiro me deixe entrar.

Ele arrastava um trenó instalado sobre rodinhas e carregado com uma mala e um saco.

Eu estava febril de alegria. Não, Gerd não veio do front ocidental. No último minuto, jogaram sua unidade de defesa antiaérea para o leste. Depois que um ataque inimigo atingiu sua posição em cheio, eles se afastaram como um trio e se aninharam num casarão abandonado, onde encontraram roupas, calçados, um pacote de tabaco e comida suficiente. Até que a coisa ficou perigosa quando uma repartição local mista, formada de russos e poloneses, revistou os moradores. Então, os homens se juntaram a um grupo de berlinenses evacuados e com eles pegaram carona de volta para casa. Gerd sabia de meu endereço atual, pois tinha conservado, como última notícia do correio militar, o cartão-postal orlado em vermelho com a informação do bombardeio de minha casa. Sem dúvida, ele julgava o novo abrigo também destruído, e eu, sabe-lá-onde. Ele está completamente espantado com minha existência incólume. Balançou a cabeça por causa de minha fome; afirmou que a partir de agora arranjará o necessário. No saco, ele trouxe batatas impecáveis, bem como uma tira de toucinho. Eu logo me pus a fritar; também convidei a viúva. Ela conhece Gerd de minhas narrativas; cumprimentou-o, ela que nunca o tinha visto, com abraços efusivos e, em sua verborréia, logo mostrou o truque com o polegar e o indicador:

— Mulheres ucranianas — assim, tu — assim.

Vi que Gerd estava espantado e estranhava. De frase em frase ele foi se arrepiando cada vez mais, simulou cansaço. Espreitávamos um ao outro e poupamos palavras pessoais. É um problema sério que Gerd não tenha o que fumar. Ele imaginara que entre nós o mercado negro florescia com o antigo frescor.

Depois da refeição insolitamente gordurosa, eu estava aquecida e transbordando de contentamento. Apesar disso, à noite me reencontrei gélida nos braços de Gerd; fiquei contente quando ele me deixou. Estou arruinada para o homem pela primeira vez.

Dias irregulares, noites inquietas. Toda sorte de gente que tomou parte na caravana de Gerd veio nos visitar. Por isso, atritos constantes entre nós. Gerd queria que as visitas fossem servidas. Eu queria poupar o quanto fosse possível de batatas e toucinho para nós dois. Quando eu ficava sentada muda entre eles, ele ralhava. Se eu estivesse de bom humor e contasse as histórias que vivemos nas últimas semanas, então havia razões ainda maiores para brigas depois. Gerd:

— Vocês ficaram desavergonhadas como cadelas, todas vocês aqui no prédio. Será que não percebem?

Enojado, ele fazia caretas:

— É pavoroso conviver com vocês. Vocês perderam todas as medidas.

O que eu deveria responder? Eu me agachei e fiquei emburrada. Não consegui chorar, tudo me parecia tão absurdo, tão estúpido.

Gerd, tu ainda lembras? Era uma terça-feira, fins de agosto de 1939, de manhã, por volta das dez, quando telefonaste para o escritório pedindo para que eu folgasse o resto do dia, sem falta, e te acompanhasse num passeio. Perplexa, te perguntei sobre os motivos. Murmuraste alguma coisa sobre ter de partir e insististe mais uma vez:

— Venha, por favor, venha.

E assim, em pleno dia de trabalho, andamos através de pinheirais brandemburgueses. Estava quente. Sentia-se o cheiro da resina. Vagabundeamos em torno de um lago do bosque e atravessamos nuvens de borboletas. Tu as indicaste pelos nomes: borboleta-azul e borboleta-limão, borboleta-de-fogo, pavão-real-diurno, cauda-de-andorinha, e muitas outras mais, coloridas. No meio do caminho, com as asas abertas, silenciosamente oscilantes, tomava sol uma grande borboleta, que tu chamaste de antíopa — castanho-aveludada, com orlas amarelas e azuis. E quando pouco depois descansávamos sobre um tronco de árvore e brincavas em silêncio com meus dedos, eu perguntei:

— Tens a tua convocação no bolso?

— No bolso não — disseste.

Mas a recebeste na mesma manhã, e nós percebemos que isso se chamava guerra. Pernoitamos numa retirada hospedaria do bosque. Três dias depois, tinhas ido embora, e estávamos em guerra. Ambos sobrevivemos a ela. Será que para a nossa felicidade?

Nesse entretempo, dei a Gerd os meus diários. (Eles enchem três cadernos.) Gerd sentou-se por um momento com eles, mas logo os devolveu, disse que não conseguia se orientar em meio aos meus rabiscos e às muitas folhas intercaladas repletas de sinais estenográficos e abreviaturas.

— O que significa isso aqui, por exemplo? — perguntou ele e apontou para "estp.".

Tive de rir:

— Ora, é claro que significa "estupro".

Ele me olhou como se eu estivesse louca, e não disse mais nada.

Desde ontem ele está fora outra vez. Com um camarada da defesa antiaérea, ele pretende ir de carona até a casa de seus pais, na Pomerânia. Quer buscar mantimentos. Não sei se ele volta. É terrível, mas me sinto aliviada, não podia mais suportar a ânsia constante por álcool e tabaco.

O que mais? Nossos planos editoriais não progridem. Esperamos respostas das autoridades. O húngaro mostra os primeiros sintomas de cansaço. Apesar disso, continuamos diligentes, trabalhamos em nossos planos e fazemos o que é possível para resistir à paralisia geral. Estou convencida de que aqui e ali outros grupinhos de pessoas se mexem; mas nesta cidade de ilhas, elas nada sabem umas das outras.

Quanto à política, aos poucos algo acontece. Emigrados para Moscou que agora estão de volta se distinguem e ocupam os cargos-chave. Dos jornais não se pode tirar muita coisa — quer dizer, quando ocorre que se consiga apanhar um exemplar; na maior parte das vezes, leio o *Rundschau* no quadro ao lado do cinema, onde o fixam com percevejos para que o povo o leia. O programa de nossa nova administração municipal é singular. Ele parece se distanciar do sistema econômico soviético, denomina-se democrático e busca harmonizar todos os "antifascistas".

Há uma semana circula o boato do que os bairros do sul de Berlim serão ocupados pelos americanos, e os do oeste, pelos ingleses. A viúva, inspirada pelo senhor Pauli, é da opinião de que o nosso desenvolvimento econômico está à porta. Não sei; receio que para nós isso não fará grande diferença — visto que nossos subjugadores se abraçaram tão cordialmente às margens do Elba. Vamos aguardar. Nada mais pode me abalar com tanta facilidade.

Às vezes me espanto por não sofrer mais intensamente pela desavença com Gerd, que antes, no entanto, era tudo para mim. Pode ser que a fome abafe os sentimentos. Tenho tanto a fazer. Preciso ver se encontro uma pedra de isqueiro para o gás, pois os últimos palitos de fósforo se foram. Preciso secar as poças da chuva no apartamento; o telhado está furado de novo, ele apenas foi coberto com tábuas velhas. Preciso caminhar por aí e procurar verdura na beira das ruas, preciso ficar na fila da sêmola. Não tenho tempo para uma vida espiritual.

Ontem passei por algo engraçado: em frente ao nosso prédio estacionou uma carroça atrelada a um pangaré velho, um bicho de couro e osso. Lutz Lehmann, quatro anos de idade, veio pela mão da mãe, ficou parado em frente à carroça e perguntou com voz sonhadora:

— Mãezinha, a gente pode comer o cavalo?

Deus sabe lá o que ainda não haveremos de comer. Eu ainda estou muito longe de chegar ao limite extremo da ameaça à vida, não sei quanto falta para alcançá-lo. Sei apenas que quero sobreviver — contrariando inteiramente a razão, simplesmente qual um bicho.

Será que Gerd ainda pensa em mim?

Quem sabe acabemos nos reaproximando outra vez.

Posfácio

A autora, uma alemã, então com pouco mais de trinta anos, começou no dia 20 de abril de 1945 a escrever um diário que constitui um formidável depoimento. Na introdução às *Confessions* de Jean-Jacques Rousseau, obra que em sua época foi considerada como a mais ousada das auto-acusações, encontra-se a frase: "Dou início a uma empresa da qual não há exemplo, e cujo realizador não encontrará imitadores." Nenhuma frase seria mais apropriada para anteceder a presente obra.

Quando tive o manuscrito em minhas mãos pela primeira vez, logo me ocorreram comparações com outros diários, confissões, grandes desnudamentos. Depois de poucas páginas, não mais com os exibicionismos voluptuosos de Rousseau, mas emergiram lembranças de *Fome*, o livro do norueguês Knut Hamsun; apavorantes alusões à *Viagem ao fim da noite*, do francês Louis-Ferdinand Céline; também havia passagens que são realidade pura, com as quais Henry Miller sonhava; por fim, também achei uma ponte com as confissões do norueguês, infelizmente quase esquecido, Hans Jäger, *Amor doente*, um dos livros mais despudorados e mais desesperados que existem.

Mas a invocação de grandes nomes não deve servir para criar uma relação literária de categoria. Ela deve, ao contrário, ressaltar a singularidade de um livro que surgiu em dias e noites terríveis — não como literatura (caso das referidas *Confessions*), mas como defesa pessoal. Certas coisas só se deixam esquecer na medida em que são expressas.

Visto, pois, que aqui se trata de um documento, e não de um produto literário em cuja confecção o autor conserva um olho no público, é necessário dizer algo acerca da autenticidade. Conheço a autora há muitos anos. Ela provém de uma família burguesa, uma procedência que cinqüenta anos antes teria conduzido uma mocinha ao casamento e a nada mais. Ela recebeu uma primorosa formação escolar e logo revelou talentos que possibilitaram sua prematura independência. Desenhando, fotografando e estudando, ela atravessou boa parte da Europa, tanto de norte a sul, quanto de leste a oeste. Sua experiência e sua vivência impediram sua ligação às organizações do Terceiro Reich. Livre em suas decisões, um trabalho assumido, contudo, a reteve em Berlim no último ano da guerra — até que ficou muito tarde para deixar a cidade. Quando então o apocalipse vermelho se abateu sobre Berlim, que naquele momento, apesar de todas as evacuações, ainda abrigava quatro milhões de habitantes, a autora começou suas anotações. De sexta-feira, 20 de abril de 1945, até sexta-feira, 22 de junho de 1945, ela registrou em velhos cadernos escolares e em folhas soltas o que aconteceu a ela e aos moradores do prédio em que se refugiou.

Enquanto escrevo isto, tenho essas folhas à minha frente. A sua vivacidade, tal como se mostra na pressa das notas curtas a lápis, a agitação que elas irradiam onde a pena se exibe, sua mescla de estenografia, escrita normal e cifrada (manter semelhante diário representava perigo extremo), as terríveis abreviaturas (repetidamente esses VL = violação), tudo isso decerto se perde na neutralidade da escrita impressa. Julgo, porém, que a partir dos caracteres da linguagem seja possível ler o que a escrita impressa silencia.

Conheço o prédio que aqui é descrito. Eu morei na vizinhança. Sucedeu assim que também conheci mais ou menos bem alguns dos moradores desse prédio.

Em busca de amigos desaparecidos, voltei em 1946 a Berlim. Visitei esse prédio. Já na escada fui coberto por uma torrente de vivências. Elas me foram narradas em detalhes com tal fúria confessional, não só por homens, mas também por mulheres e moças, que por um triz não reagi da mesma maneira que o namorado que volta para casa, mencionado ao final do diário — não tivesse eu próprio vivenciado em outros cenários o suficiente acerca da força libertadora da confissão.

Meio ano depois, reencontrei a autora em outro lugar. Soube por alusões da existência de um diário. Levou outro meio ano até que eu pudesse lê-lo; e nele encontrei muitas coisas minuciosamente relatadas que eu já sabia das descrições dos outros. Encontrei as pessoas que eu conhecia. Demorou mais de cinco anos até que consegui persuadir a autora de que esse diário deveria ser publicado — em razão de sua singularidade.

De tudo isto resulta: neste livro não se descreve mais que a verdade e tão-somente a verdade. A conhecida frase "todas as personagens e acontecimentos deste livro são fictícios, qualquer semelhança com pessoas vivas ou mortas é mera coincidência" não pode ser colocada em seu início. No entanto, por razões de tato e de política, todos os nomes e numerosos detalhes foram modificados.

O fato de que a autora deseje permanecer anônima é algo que provavelmente não precisa ser justificado a um leitor do livro.

A leitura desperta os sentimentos mais discordantes. Isso reside na pessoa da autora. O que se mostra mais assustador é a frieza com que ela registra; até que notamos, perturbados, que aqui não teve lugar qualquer objetivação artística (como talvez na invenção literária do "olho-câmera" por Dos Passos), mas que a frieza tem de se expandir porque os sentimentos estavam gélidos — gélidos de horror. "Acredito que foi o desespero que fortaleceu meus nervos", relata com bastante sobriedade o marinheiro que, no conto de Edgar Allan Poe, escapou ao Maelström. Assim, a postura da autora também não pode ser chamada de fatalista, ainda que seu caráter deixe reconhecer certos traços fatalistas. A partir do conhecimento do ambiente, gostaria de rejeitar como inadmissível uma pergunta que talvez surja: não poderia a autora, numa ou noutra situação, ter se comportado de modo diverso? Cabe-me dizer aqui algo que a autora nem sequer sugere: pelo fato de falar russo, ela foi a única parlamentária para todo um prédio repleto de moradores. Na guerra entre os povos orientais e ocidentais, a bandeira branca nunca foi uma proteção genuína, e mais de um parlamentário que se apresentou voluntariamente morreu entre os fronts.

A quem cabe, afinal, diante de semelhante destino coletivo, buscar um critério moral que apenas pode ser aplicado ao indivíduo? A homem algum! — pois foram muitos os que diante da metralhadora tiveram de dizer à mulher ou à filha: "Vá com eles de uma vez!" E quem nunca esteve diante de uma metralhadora, que se cale. Mas essa busca também não cabe à mulher alguma! — na medida em que ela não tenha sido arrastada ao menos uma vez pela torrente de um destino coletivo.

É estranho que o livro não contenha ódio. Mas lá onde todos os sentimentos se enregelam, também não pode mais arder nenhum ódio. Através de Sigmund Freud sabemos que os impulsos (mas advirto que não devemos facilitar demais a sondagem das profundezas pelo emprego de vocábulos correntes da psicanálise) podem modificar seus alvos, "que eles podem se substituir uns aos outros, na medida em que a energia de um impulso passa a outro". Não será segredo para leitor algum que nos moradores desse prédio berlinense um impulso sufocou todos os demais: a fome. Mas esse é o impulso de sobreviver, não importa a que preço.

Também me parece importante o que a autora me disse certa vez no ano de 1947: "Nenhuma das vítimas pode carregar o sofrido qual uma coroa de espinhos. Eu, pelo menos, tinha o sentimento de que então me sucedeu algo que saldou uma conta." Em meio à desumanidade, buscar justiça — esta me parece ser a mais notável característica deste documento, um *document humain*, e por isso, não um *document politique*.

Deste modo, a autora escapou do turbilhão com o triunfo secreto de conseguir subir das profundezas do Maelström não porque uma lei física a ajudou, mas porque ela não se entregou, embora tivesse de renunciar a si mesma.

C.W. Ceram, agosto de 1954
(Kurt W. Marek)

“Homo homini lupus!”

Este livro foi composto na tipologia Agaramond,
em corpo 11,5/15, e impresso em papel
off-white 80g/m^2 no Sistema Cameron da Divisão
Gráfica da Distribuidora Record.